MÁS ALLÁ DE LA ANSIEDAD

MÁS ALLÁ DE LA ANSIEDAD

Curiosidad, creatividad
y cómo encontrar tu propósito de vida

MARTHA BECK

AGUILAR

El papel utilizado para la impresión de este libro ha sido fabricado a partir de madera procedente de bosques y plantaciones gestionadas con los más altos estándares ambientales, garantizando una explotación de los recursos sostenible con el medio ambiente y beneficiosa para las personas.

Más allá de la ansiedad
Curiosidad, creatividad y cómo encontrar tu propósito de vida

Título original: *Beyond Anxiety. Curiosity, Creativity, and Finding Your Life's Purpose*

Primera edición: enero, 2026

ISBN: 978-607-386-821-1

Impreso en México – *Printed in Mexico*

Para mi libre y creativa familia global.
Aunque supiera todas las palabras de todos los idiomas,
no bastarían para decir cuánto los quiero

ÍNDICE

INTRODUCCIÓN

A principios de 2020, Bo Burnham por fin se sentía listo para regresar a los escenarios. Él había sido un comediante prometedor hasta 2016, cuando empezó a sufrir ataques de pánico en el escenario y tuvo que retirarse. Tres largos años después, estaba listo para volver a actuar.

Entonces, alguien en China comenzó con una tos seca.

Los planes de Bo Burnham cambiaron, junto con los tuyos, los míos y los de todo el mundo. Pero en lugar de renunciar a su sueño de ser artista, Burnham empezó a crear con ímpetu. Encerrado en su casa, escribió, interpretó, filmó y editó él solo una rutina de comedia y música a la que llamó *Inside*. El espectáculo se lanzó de manera digital en junio de 2021, y recibió críticas entusiastas.

Inside captura la experiencia de vivir en el siglo XXI con una precisión desconcertante. "Ahí está de nuevo, esa sensación extraña", canta Burnham en algún momento, sentado a solas en su departamento, con las cámaras filmando.

Una tienda de regalos en el campo de tiro, un tiroteo masivo en el centro comercial...

La silenciosa comprensión del final de todo.

Burnham describe nuestra reacción a los peligros de nuestros tiempos (el aumento de las temperaturas, la violencia en las noticias y en los videojuegos, las avalanchas de datos, la disociación) como "esa sensación extraña". Pero, por supuesto, la sensación es cualquier cosa menos inusual. La obra de Burnham evoca el inquietante y lento terror de pertenecer a la población tecnológicamente más avanzada y mejor informada de la historia... y ver cómo la actividad humana destruye las condiciones que necesitamos para nuestra supervivencia.

Mientras nos sumergimos en noticias horribles, intercambiamos chistes sobre el colapso medioambiental, sacudimos la cabeza con incredulidad ante el caos político y vemos noticias sobre las múltiples formas en que nuestra especie coquetea con catástrofes apocalípticas, la mayoría sentimos al menos una oscura sombra de aquella "sensación extraña". Otro nombre para esta, como Bo Burnham bien sabía, es "ansiedad".

LA ERA DE LA ANSIEDAD DESMESURADA

En 1948, W. H. Auden ganó el Premio Pulitzer por su largo poema "La edad de la ansiedad". Con el debido respeto, sr. Auden, si pensaba que su época era ansiosa, tendría que ver la nuestra. En 2022, *The New York Times* calificó a la ansiedad entre los adolescentes como "la pandemia interior". La frase se basa no solo en la prevalencia de la ansiedad, sino también en la rapidez con la que aumenta.

En 2017, *Forbes Health* informó que más de 284 millones de personas en todo el mundo habían sido diagnosticadas con algún tipo de trastorno de ansiedad, y es casi seguro que los casos no notificados superan los registrados. Cuando el *Journal of Psychiatric Research* se propuso documentar las tasas de ansiedad en Estados Unidos, llegó a la conclusión de que la afección aumentaba con rapidez porque la "exposición directa e indirecta a acontecimientos mundiales que provocan ansiedad" la impulsaba.

¿Cuándo publicaron ese estudio?, se preguntarán.

En el año de Nuestro Señor 2018. ¡Ja, ja, ja, ja, ja!

¿Recuerdan los viejos tiempos, allá por 2018? ¿Recuerdan cómo todos pensábamos que habíamos estado expuestos a "acontecimientos mundiales que provocan ansiedad"?

En el primer año de la pandemia de covid-19, la prevalencia mundial de los trastornos de ansiedad se disparó nada menos que un 25 por ciento. Según *Forbes Health*, el número de personas afectadas por trastornos de ansiedad pasó de unos 298 millones a 374 millones. En 2020, casi la mitad (47 por ciento) de los encuestados afirmó sufrir episodios regulares de esta afección tortuosa que agota la vida y destruye la salud. Para 2023, aun cuando los temores relacionados con la pandemia disminuyeron para algunas personas, nada menos que el 50 por ciento de los adultos jóvenes entre 18 y 24 años reportó síntomas de ansiedad. Todo ello confiere al trastorno de ansiedad el dudoso honor de ser la enfermedad mental más común del mundo.

Dicen que las estadísticas son personas a las que se les han secado las lágrimas. Pues bien, yo, por mi parte, puedo sentir el dolor de quienes sufren ansiedad severa. Soy una de ellas.

MI PROPIA SENSACIÓN EXTRAÑA

He estudiado la ansiedad toda mi vida porque la tengo. La he tenido. La he padecido en erupciones volcánicas al rojo vivo y en olas tenebrosas que oscurecen el cielo. La he tenido durante años, en la riqueza y en la pobreza, en la salud y en la enfermedad. Recuerdo estar muy angustiada la víspera de un cumpleaños, preocupada porque el tiempo pasaba muy rápido y aún no había logrado nada significativo. Iba a cumplir cuatro años.

Las cosas solo empeoraron cuando empecé a ir a la escuela. La primera vez que me encargaron escribir un poema, mi miedo a no estar a la altura me mantuvo despierta alucinando durante cinco días y cinco noches consecutivos, hasta que mi pediatra (¡mi pediatra!) me recetó un bendito tratamiento de Valium. En la escuela, cuando me uní al equipo de debate y me levanté para hablar ante un juez, me desmayé.

La única razón por la que intenté hablar en público fue que, en algún momento de la pubertad, me di cuenta de que podía elegir entre hacer cosas que me provocaban una ansiedad atroz o vivir encerrada bajo la cama. Por suerte, la inactividad me producía tanta ansiedad como todo lo demás. Así que me lancé a la vida, no con valentía, sino con frenesí, como quien huye de un enjambre de abejas.

Llena de miedo, envié mi solicitud para ingresar a la universidad, luego a la escuela de posgrado y después en varios trabajos. Aterrorizada, me casé, viajé, tuve hijos y me dediqué a criarlos. Fui a muchos sitios e hice muchas cosas, más que algunas personas, menos que otras. Pero fuera donde fuera e hiciera lo que hiciera, siempre, siempre, siempre estaba ansiosa.

Dios, qué horror.

Toda esta ansiedad fue una de las razones por las que me incliné por las ciencias sociales. Si lograba entender la mente —mi propia mente—, entonces, quizá algún día, podría liberarme de la inquietud constante. Al principio, la información que recibía me desalentaba. Durante varios años, en muchos libros, aprendí que el cerebro humano termina de formarse a los cinco años. Fijo y terminado. Recuerdo mirar con tristeza página tras página, desolada porque mi cerebro ansioso seguiría igual siempre.

Por suerte, seguí leyendo.

Con el paso de los años, las nuevas tecnologías les permitieron a los neurólogos examinar el cerebro con mayor precisión. Resulta que la idea de un cerebro inmutable es pura ficción. Nuestra materia gris es una maravilla de la autorrevisión. Puede remodelarse de manera constante, y de hecho lo hace, dependiendo de cómo la usemos a lo largo de nuestra vida.

Este descubrimiento hizo que mi corazón se elevara como un globo aerostático. Empecé a investigar todo lo que encontraba sobre *neuroplasticidad*, un término que describe la maleabilidad de nuestro cerebro. Cada nuevo estudio que leía me daba más esperanza, en especial uno en el que los neurólogos examinaron los cerebros de monjes tibetanos tras años de meditación. Descubrieron que estos hombres tenían un tejido con densidad inusual en las regiones cerebrales asociadas a la felicidad, la compasión y la calma.

En un monje en específico, este efecto era tan pronunciado que los científicos que medían su actividad cerebral pensaron que sus equipos estaban fallando. Este hombre era un auténtico superhéroe de la tranquilidad. Pero no siempre había estado tan relajado. De hecho, había pasado toda su infancia luchando contra una ansiedad paralizante y ataques de pánico. ¡SÍ!

No quiero decir ¡SÍ!, ¡UN NIÑO TUVO ATAQUES DE PÁNICO!, sino ¡SÍ! ¡LO SUPERÓ!

Cuando me enteré de la asombrosa plasticidad de nuestro cerebro, ya había terminado mis estudios de posgrado, enseñado en la universidad durante un tiempo y abandonado el mundo académico para escribir libros y trabajar como *coach* de vida. Al final, mi carrera terminó apoyándose menos en mi formación intelectual que en mi convicción casi patológica de que todos podemos cumplir nuestros deseos más profundos y hacer del mundo un lugar mejor. Después de leer el estudio sobre los monjes tibetanos, esta convicción echó raíces tan profundas que nada la sacudía. Estaba convencida de que podía arreglar mi cerebro, tal vez sin tener que mudarme al Himalaya o formarme como monje. Creía que el camino hacia la paz ya estaba dentro de mí. Solo tenía que encontrarlo.

DESCUBRIR EL ARTE DE LA CALMA

En 2021, mientras Bo Burnham daba los últimos retoques a su brillante obra *Inside*, varias cosas convergieron para obsesionarme más que nunca con la idea de superar la ansiedad. Entre ellas se encontraban los siguientes factores:

- Muchos de mis clientes que me consultaban por Zoom estaban vueltos locos de la ansiedad, y ¿quién podría culparlos? Les preocupaba la pandemia, su futuro financiero, la agitación política, el clima cada vez más extraño y un sinfín de problemas. Para ayudarlos, empecé a investigar sobre la ansiedad con más intensidad que nunca.

- Durante el confinamiento, dediqué varios meses al desarrollo e impartición de un curso en línea sobre creatividad. El objetivo era ayudar a la gente a encontrar formas innovadoras de navegar por un mundo que se había vuelto demasiado incierto. Como parte de mi preparación, aprendí todo lo que pude sobre el funcionamiento de la creatividad en el cerebro.
- Empecé a mantener conversaciones periódicas con distintos científicos y psicólogos, entre ellos Jill Bolte Taylor, una neuroanatomista con quien había coincidido en Harvard. Jill sufrió un derrame cerebral masivo que apagó gran parte del hemisferio izquierdo de su cerebro. Su experiencia, como científica y como sobreviviente de un ictus, contiene poderosas lecciones sobre cómo nuestro cerebro produce ansiedad y cómo podemos dejarla ir.

Estas experiencias me dieron nuevas ideas para lidiar con mi mente inquieta. Me fascinó la dinámica neurológica de la ansiedad, cómo actúa en nuestro cerebro y también en nuestros comportamientos e interacciones sociales. Me intrigaba en especial la evidencia que demostraba una especie de efecto de alternancia entre la ansiedad y la creatividad: cuando una está activa, la otra parece silenciarse. Empecé a jugar con algo que llamé "el arte de la calma", porque se trataba de usar la creatividad para aquietar mi ansiedad.

Los resultados de este experimento me asombraron. En un momento de crisis mundial, cuando esperaba sentirme inquieta por completo, mi ansiedad se redujo casi a cero. Sucesos que antes me habrían provocado ataques de ansiedad (dolor físico e incapacidad, incertidumbre financiera, posibles enfermedades graves y la pérdida de seres queridos) ya no tenían el mismo efecto. A medida que desarrollaba y practicaba este "arte de la calma", me di cuenta de que me preocupaba más que nunca por los demás y por el mundo y, al mismo tiempo, sentía mucha menos ansiedad.

Dado que el confinamiento había trasladado al internet casi todas las interacciones sociales —excepto cambiar pañales de bebés—, también empecé a impartir muchas sesiones de *coaching* grupal, incluyendo reuniones gratuitas en línea que atraían a cientos de participantes. Mi mente de socióloga estaba encantada con la oportunidad de poner a prueba mis nuevos métodos para calmar la ansiedad. Guie a miles de personas a través de estas estrategias y, gracias a las maravillas de la tecnología, me dieron retroalimentación en tiempo real sobre cómo les funcionaban las técnicas. La inmensa mayoría de cada grupo afirmó que los métodos que desarrollaron les ayudaban a reducir la ansiedad de forma inmediata y constante. Fue entonces cuando decidí escribir este libro.

LAS CLAVES PARA SUPERAR LA ANSIEDAD

Sobre el escritorio donde escribo estas palabras están apilados muchos libros maravillosos que hablan de cómo reducir las preocupaciones crónicas. Todos contienen consejos estupendos. Los he leído con cuidado y en varias ocasiones. He utilizado sus consejos en mi búsqueda para sentirme menos ansiosa. He enseñado muchos de los métodos que he aprendido de ellos (¡siempre citando la fuente!) cuando trabajo con clientes. Mucha de la información que he obtenido de ellos me resultó muy útil.

Pero hasta hace poco, esto era como limpiar los establos de Augías. Tras años de una diligente higiene mental y miles de horas de meditación —algo que aconsejan muchos de esos libros—, había aprendido a superar mi ansiedad y a conectar con un estado de paz interior. Durante un tiempo. La mayoría de los días. Pero entonces surgía algo preocupante (una fecha de entrega en el trabajo, una noticia alarmante, un dolor extraño en el estómago) y mi cerebro empezaba a producir ansiedad como las vacas y caballos del rey Augías bajo los efectos de un laxante. Podía estabilizarme lo suficiente como para sonreír durante el día y dormir por la noche, pero requería de un esfuerzo constante.

Entonces, investigando desde distintas disciplinas, me di cuenta de tres *cosas* importantes que cambiarían mi vida. Me ayudaron a ver cómo la ansiedad siempre se estaba abriendo paso en mi mente y a encontrar un modo de convertirla de algo feroz en algo manso. A medida que probaba nuevas estrategias para calmarme, mi ansiedad disminuyó hasta ser casi inexistente y se mantuvo así casi todo el tiempo. Estas son las tres cosas importantes que espero sirvan de base para tu propio camino hacia la superación de la ansiedad.

Cosa importante núm. 1:
A todos nos enseñan a activar una "espiral de ansiedad" en nuestro cerebro de manera inconsciente. Mantenemos esta espiral girando y acelerándose sin darnos cuenta de que lo estamos haciendo.

Desde la primera infancia te han recompensado por pensar de una determinada manera: verbal, analítica, en líneas organizadas lógicamente. Lo haces ahora mismo mientras descifras los símbolos de una página, los conviertes en lenguaje y sigues mi razonamiento. Este tipo de concentración ha desarrollado (está desarrollando) cierta parte de tu cerebro, del mismo modo que levantar pesas puede desarrollar tus músculos. La parte de tu cerebro que estás fortaleciendo se encuentra sobre todo en tu hemisferio izquierdo, aunque todo tu cerebro esté activo casi todo el tiempo. Aunque concentrarse en este tipo de pensamiento tiene enormes ventajas, existe al menos una gran desventaja: dentro de nuestro hemisferio izquierdo hay un mecanismo neurológico al que yo llamo la *espiral de ansiedad.*

La espiral de ansiedad funciona como uno de esos rompellantas que quizá has pasado al salir de un estacionamiento: le permite al cerebro avanzar hacia una mayor ansiedad, pero no retroceder hacia la relajación. Todos los animales tienen respuestas de miedo cuando están en peligro. Pero debido a nuestra fantasiosa capacidad de expresión e imaginación, los humanos podemos mantener esa respuesta de miedo elevada de forma indefinida, estemos o no en peligro. De hecho, mientras más dominada por el hemisferio izquierdo se vuelve nuestra sociedad, más mensajes recibimos como individuos para mantener nuestra angustia en una espiral ascendente hacia niveles de ansiedad cada vez más altos.

Cosa importante núm. 2:
A medida que la sociedad nos hace más ansiosos, nosotros la volvemos más ansiosa.

La ansiedad es contagiosa. Incluso si aprendemos técnicas para reducir la ansiedad personal, relacionarnos con una cultura llena de ansiedad puede regresarnos a la zona de pánico. Nuestros cerebros y emociones están moldeados por las influencias culturales que experimentamos cada día: la presión por el buen desempeño en escuelas que clasifican a estudiantes entre sí; la necesidad de asegurar algún tipo de ingreso; el bombardeo constante de noticias alarmantes procedentes de todo el mundo; los encuentros con familiares, amigos y desconocidos que pueden estar luchando contra sus propias dificultades. Mantener la calma en una sociedad de gente inquieta es como bajar por una escalera mecánica que sube.

A medida que la sociedad nos inquieta, nosotros la inquietamos a ella. Nuestros sentimientos, pensamientos y actos de ansiedad se extienden por el mundo que nos rodea y hacen que los demás se sientan aún más ansiosos. Después, esas personas aumentan la presión social que nos pone aún más ansiosos, y nosotros bombeamos ese aumento de ansiedad de vuelta a otras personas... En fin, entiendes mi punto. La espiral de ansiedad que tenemos en la cabeza —la que hace que dicho estado aumente— se reproduce en un gran círculo y gira entre las mentes individuales y la sociedad.

Las influencias sociales que nos empujan hacia la ansiedad son infinitas, sutiles y poderosas. Las células espejo de nuestro cerebro cambian para reflejar de manera automática lo que sienten las personas que nos rodean. Las imágenes de peligro y horror se comunican de forma más rápida y universal, por lo que constantemente oímos y vemos noticias de cosas terribles que ocurren en todo el mundo. Las estructuras de nuestra vida laboral a menudo nos empujan a mantenernos nerviosos y nos generan un temor a perder nuestra ventaja competitiva o nuestra forma de ganarnos la vida.

Para contrarrestar todo esto, necesitamos algo más que unas cuantas técnicas de relajación. Necesitamos una transformación cultural respecto a cómo abordamos nuestra vida.

Cosa importante núm. 3:
La ansiedad no puede desaparecer. Debe ser reemplazada.

La naturaleza aborrece el vacío, por lo que, aunque relajemos nuestros circuitos de ansiedad altamente desarrollados, estos chocan con muchas fuerzas, dentro y fuera de nuestro cerebro, que los reactivan, a menos que llenemos el espacio que antes ocupaba la ansiedad.

Para vivir con alegría y optimismo en vez de preocupación constante, no basta con eliminar nuestros problemas; debemos usar el cerebro de otra manera. Necesitamos prácticas que guíen nuestro pensamiento hacia nuevos hábitos, nuevos modos de percibir y de relacionarnos con el mundo. Aunque algunos psicólogos y neurólogos empiezan a articular esta idea, la cultura occidental moderna no nos enseña ninguna habilidad importante para redirigir la energía ansiosa hacia formas de pensar más pacíficas. Otras culturas, por ejemplo, las órdenes monásticas tibetanas, sí enseñan estas técnicas.

Esto es lo que sabían quienes desarrollaron las primeras prácticas contra la ansiedad: la mente humana es infinitamente generativa. Siempre está creando algo. Siempre. La parte de nuestro cerebro que nos han enseñado a usar crea conceptos, historias, teorías, estrategias competitivas, pero también una sensación de carencia y, por supuesto, ansiedad.

Para dejar de hacerlo, podemos desplazar nuestra actividad neuronal hacia un conjunto diferente de estructuras y funciones cerebrales: las que generan curiosidad, asombro, conexión, compasión y admiración. Aprender a utilizar el cerebro de este modo se basa en la ciencia, pero como ya he dicho, en última instancia es un arte. Las estrategias que te enseñaré en este libro no solo te harán una persona menos ansiosa, sino que te convertirán en un artista de la calma, un genio creativo.

Esto no quiere decir que empieces a pintar retratos o a componer sinfonías (aunque bien podrías intentarlo). Significa que comenzarás a aprovechar todo el poder de tu mente humana infinitamente ingeniosa en cualquier cosa que hagas. Todos tenemos formas favoritas de expresión creativa: cocina, poesía, ingeniería, cría de animales, lo que sea. Pero, sin importar cuáles son nuestros intereses individuales, todos compartimos una manera de expresión creativa: la de darles forma a nuestras experiencias vitales. Cualquier cosa que hagas puede convertirse en un medio creativo, y, cuando dejes atrás la ansiedad y liberes tu creatividad innata, tu obra maestra será la vida más emocionante y satisfactoria que puedas imaginar.

Esta manera de vivir más allá de la ansiedad es radicalmente liberadora. Nos libera de más formas de las que podemos contar: libres para mantener un estado interior continuo de paz y autocompasión. Libres para interactuar con los demás con confianza y sabiduría, en lugar de con inseguridad y tensión. Libres para enfrentarnos a las presiones de la sociedad como poderosos navegantes y constructores de caminos, en lugar de desventurados vagabundos. Libres para crear nuestro propio futuro y afrontarlo no como avalanchas caóticas de acontecimientos aterradores, sino como milagros benéficos que se van revelando. La capacidad de alcanzar toda esta libertad es tu derecho innato; ha estado en ti desde el día en que naciste. A medida que dejes atrás la ansiedad, lo comprobarás tú mismo.

HACIA DÓNDE NOS DIRIGIMOS: LA CRIATURA, LA CREATIVIDAD Y LA CREACIÓN

Como cualquier otro arte, vivir sin ansiedad requiere práctica. Me gusta abordarlo en tres fases, por lo que este libro se divide de acuerdo con estas. En la primera parte, aprenderás a manejar tu predisposición biológica y psicológica a la ansiedad. Llamo a este proceso "calmar a la criatura".

En la segunda parte, empezarás a usar las áreas de tu cerebro que te sacan de la ansiedad y te llevan a la curiosidad, la fascinación y la creatividad. A este proceso lo llamo "activar al yo creativo" o el "yo creador". Esta parte tuya puede estar interesada en lo que la sociedad llama "arte" (música, pintura, poesía, etcétera), pero su papel más importante será descubrir o inventar enfoques creativos para resolver problemas en *cualquier aspecto de tu vida*. Tu yo creativo ve los "problemas" no como horrores que provocan ansiedad, sino como oportunidades para diseñar respuestas originales a cualquier situación.

En la tercera parte, te moverás tan lejos de la ansiedad y tan dentro de la creatividad que podrías empezar a experimentar algo que llamo "fundirse con la creación". Esta frase podría sonar extraña al oído típico occidental, ya que nuestra cultura no nos enseña mucho al respecto. De hecho, "fundirse con la creación" puede parecerte una tontería o un sinsentido, sobre todo porque no hay palabras para describirlo. Lo más parecido que puedo decir es que esta unión con la creación es un estado en el que fluyes sin esfuerzo, en el que te olvidas por completo de tu ansiedad, incluso de la parte de ti que se sentía ansiosa. De hecho, toda tu sensación de identidad puede disolverse. Pero este tipo de disolución —la de toda ansiedad— libera todo tu potencial de alegría, al igual que la metamorfosis de las larvas de libélula disuelve su forma terrestre y les da la capacidad de volar.

Esta progresión más allá de la ansiedad y hacia tu genio creativo innato es un proceso continuo. Mientras tengas un cerebro humano normal, también tendrás la capacidad de volver a caer en la ansiedad. Pero a medida que aprendas los conceptos y las habilidades que expongo en este libro, te resultará más fácil calmar a la criatura asustada de tu cerebro y liberar tu lado creativo. Cada vez que lo hagas, avanzarás hacia mayores estados de ingenio, aventura y euforia.

Todo esto puede generar una nueva "sensación extraña" que te acompañará a todas partes. Incluso cuando te enfrentes a un mundo de caos, destrucción, ira y amenazas, sentirás un brote de calma que se expandirá hacia la creatividad, la conexión y la alegría. Aprenderás a trabajar con tu mente y tu corazón del mismo modo en que un escultor trabaja con la arcilla o como un músico compone canciones. Todo lo que hagas contribuirá a tu creación artística más importante: tu propia vida. Y, mientras construyes tu mejor vida, puede que cambies el mundo.

ANTES DE EMPEZAR

A medida que aprendas a utilizar las ideas y los procesos sugeridos en este libro, intercambiando tu ansiedad por una creatividad gozosa, puede que empieces a parecerle peculiar a la gente (ansiosa) que te rodea. Es posible que estas personas te observen con el ceño fruncido, la mirada perdida, y te hagan algún comentario crítico. Aprender a vivir más allá de la ansiedad es una de las mejores cosas que puedes hacer por ti, por tus seres queridos y por el mundo, pero puede que no sea lo más fácil.

Aquí tienes algunas preguntas que me gustaría que te plantearas ahora mismo. Si la respuesta a alguna de ellas es un *no* rotundo, no pasa nada. Lee el libro (o solo túmbate un rato) y comprueba si las respuestas cambian a medida que aumenta tu ansiedad. Cuando estés harto de sentir ansiedad, quizá decidas que vale la pena aceptar el reto.

- ¿Estás preparado para cuestionar la sabiduría convencional de nuestra cultura al punto de transformar literalmente la materia gris de tu cabeza, es decir, desarrollar un cerebro que no encaja del todo en la sociedad?
- ¿Puedes aceptar que abandonar la ansiedad puede llevarte a pensar y actuar de formas compasivas y creativas pero inusuales; formas que las personas que te rodean podrían considerar incomprensibles?
- ¿Tienes la voluntad y el valor de moldear todas tus acciones según tu originalidad innata, en lugar de guiarte por lo que otros te han enseñado?

Piensa con detenimiento en estas preguntas. Vivir más allá de la ansiedad es un arte delicado; de hecho, te enseñará la paradójica verdad de que la amabilidad posee un poder extraordinario. Pero, en este mundo, ser amable puede requerir muchas agallas. No quiero asustarte: ya has pasado bastante tiempo asustado. Solo quiero que sepas que vivir más allá de la ansiedad, como cualquier arte radical, es contracultural. Sin duda, te llevará más allá de la sabiduría convencional de nuestra sociedad. Nadie puede predecir lo que harás entonces. No puedo prometerte que parecerá "normal"; solo puedo decirte que te llevará a la dicha inconcebible de tu mejor destino.

¿Sigues ahí?

¡Hagámoslo!

Primera parte

LA CRIATURA

1
LAS RAZONES POR LAS QUE ENLOQUECES Y QUIERES ESCAPAR

Escribo esto bajo el techo de paja de una cabaña en uno de mis lugares favoritos: una reserva de caza sudafricana llamada Londolozi. Hace unos minutos, mientras estaba aquí sentada y tecleaba, un ruido agudo y gutural rompió la quietud del atardecer. Reconocí el sonido como la llamada de un leopardo; lo había escuchado muchas veces. Pero nunca lo había oído sola, en pijama, por la noche, a dos metros de la fuente del sonido.

Por un momento, pensé que el leopardo estaba en la habitación conmigo, *debajo* de mí, para ser precisa, porque levité al instante hacia el mosquitero de la cama, como un cohete impulsado por la adrenalina.

Pero solo en mi mente.

Lo que ocurrió de hecho fue mucho menos dramático. Eché un vistazo justo a tiempo para ver la forma medio iluminada del animal que se deslizaba junto a una puerta traslúcida. Antes de que pudiera pensar en la palabra *leopardo*, me di cuenta de que estaba a salvo. Mi visitante se adentró en la hierba alta y proclamó su presencia con un sonido parecido al de una motosierra, mientras yo me quedé aquí sentada, sonriente, y sentí como si un buen champán hubiera sustituido mi sangre.

Ese es un ejemplo de algo que el experto en prevención de la violencia Gavin de Becker llama "el don del miedo". Lo que sentí en ese momento, cuando oí al leopardo, no era calma. Pero tampoco era ansiedad. Antes de hablar más sobre qué es la ansiedad, debemos tener claro lo que no es.

Cinco palabras: la ansiedad no es miedo.

La llamada del leopardo activó mi respuesta de lucha o huida, un recurso que la mayoría de los animales poseen. Provocó una oleada de miedo verdadero, ese que está diseñado para golpear fuerte, ponernos en movimiento y luego desaparecer. La mayoría del tiempo, esas reacciones de "miedo real" rondan como bomberos fuera de servicio, viendo redes sociales, durmiendo a medias, revisándose los lunares. Si, y solo si, nuestros sentidos detectan un peligro claro y presente, el miedo verdadero entra en acción: nos proporciona la claridad mental y la energía física necesarias para enfrentar la amenaza. En cuanto se restablece la seguridad (el incendio está apagado, el leopardo se aleja), el cuerpo vuelve a relajarse.

Es asombroso lo rápido que sucede. Ahora mismo, en menos de un segundo, pasé de la tranquilidad y la satisfacción al miedo, y de nuevo a la paz. No experimenté ninguna emoción negativa paralizante, solo una repentina y aguda concentración mental y una sacudida de energía física. El miedo real nos dice qué hacer y nos da la velocidad y la fuerza necesarias para hacerlo. Es como ser disparado por un cañón.

La ansiedad, por el contrario, se parece más a estar obsesionado. Lleva nuestra atención hacia pensamientos y fantasías preocupantes, alejándola de la situación física real en el presente. Su vaga sensación de fatalidad nos oprime sin sugerirnos ninguna acción constructiva. Y a diferencia del miedo sano, la ansiedad nunca cede. No solo puede persistir, también puede aumentar en situaciones en las que estamos a salvo. Ese temor constante empeora nuestra salud, relaciones y capacidad para cumplir sueños y esperanzas.

Entonces, ¿cómo el miedo, un regalo inestimable sin el cual todos estaríamos muertos la próxima semana, se convierte en la desgarradora tortura de la ansiedad? Excelente pregunta. Me alegro de haberla hecho.

En este capítulo, te contaré cómo tu miedo saludable puede terminar atascado en la posición de "encendido" y convertir un impulso rápido y reflejo en una espiral infinita y creciente de ansiedad. Te mostraré de qué manera tanto tu biología como tu cultura te arrastran hacia la ansiedad igual que una corriente de resaca, que a menudo te lleva antes de que te percates, así como las formas en que puedes empezar a liberarte. Este capítulo contiene algo de ciencia rudimentaria, extraída de emocionantes descubrimientos que surgen a medida que la tecnología nos enseña cada vez más sobre nosotros mismos, nuestros pensamientos y nuestro comportamiento. Esta rama de la ciencia no solo es fascinante, sino liberadora. Comprender los entresijos de la ansiedad es la clave para escapar de ella.

CÓMO EL MIEDO SE CONVIERTE EN ANSIEDAD

Cuando nos encontramos con algo desconocido, desde un insecto de aspecto extraño hasta un peinado novedoso, esto llama la atención de una antigua estructura que está en el centro del cerebro y que las criaturas han transmitido de generación en generación durante cientos de millones de años. Se llama *amígdala*, que en griego significa "almendra", porque tiene el tamaño y la forma de esta semilla. Todos los seres con columna vertebral tienen una o un homólogo cercano.

De hecho, decir que tienes "una amígdala" no es del todo exacto. En realidad tienes dos: una en el lado izquierdo del cerebro y otra en el derecho. Más adelante hablaremos sobre qué significa eso. Por ahora, imagina que tu almendra interior, dividida en dos partes, capta cualquier impresión sensorial amenazadora o desconocida: la visión de un objeto que vuela hacia ti, el sonido de un leopardo resoplando, el olor del spray para el cabello de tu suegra. De inmediato, la almendra interna de tu cerebro envía un pulso de alarma, como un pequeño chillido silencioso: "¡Aaah!".

En un abrir y cerrar de ojos, ese grito de alarma llega a otras estructuras: a las capas cerebrales generadoras de emociones que compartimos con otros mamíferos y a las partes lógicas y verbales que son exclusivas de los humanos. En momentos de gran peligro, esta respuesta de miedo puede hacernos casi sobrehumanos. Sin siquiera pensarlo, saltamos lejos de la serpiente de cascabel, lanzamos botes salvavidas o levantamos el auto que aplasta a nuestro ser amado (esperemos que no todo a la vez).

Para la mayoría de las criaturas, la experiencia del miedo termina cuando el peligro inmediato desaparece. Eso ocurrió en mi cerebro cuando el leopardo visitante se escabullía. He visto a muchos otros animales relajarse tras escapar del peligro, y me refiero a *justo* después. Una vez vi cómo un león que acababa de devorar la mayor parte de un ñu decidía atacar a otro ñu. El antílope salió disparado. Después de unos cien metros, el felino se dio por vencido y se quedó atrás jadeando. De inmediato, con su posible asesino aún a la vista, el ñu se relajó y volvió a pastar.

Los humanos reaccionaríamos de la misma manera si no fuéramos tan inteligentes (en comparación con el ñu promedio, que perdería una batalla intelectual con una cuchara). Nuestros cerebros, distintos a los de cualquier otro animal, pueden guardar información como un relato verbal y expandirla con imaginación. Nos gusta creer que somos la especie "racional", tan fría y lógica como Sherlock Holmes. Pero, de hecho, nuestros pensamientos y decisiones se rigen en gran medida por lo que ocurre en los niveles emocionales de nuestro cerebro.

Eso significa que tu brillante mente humana a menudo reacciona más al grito de la almendra interna y al destello emocional del miedo que a la situación real. Podemos sobresaltarnos por casi cualquier cosa: unos pasos detrás de nosotros, el ceño fruncido del jefe, una noticia. Esto es lo que ocurre cuando vemos que una amenaza es real y está presente. Todo el cerebro entra en acción para hacer frente al peligro. Pero aunque la amenaza no sea real, aunque veamos que la persona que está detrás de nosotros es un ser querido, que el jefe frunce el ceño porque tiene gota y no porque esté enfadado, y que la noticia requiere sabiduría a largo plazo en lugar de un ataque de pánico inmediato, el lado izquierdo del cerebro tiende a reaccionar ante cada alarma de amenaza haciendo dos cosas: *1)* inventa explicaciones que justifiquen el sentimiento de miedo y *2)* busca formas de controlar la situación.

EXPLICACIONES Y CONTROL: CÓMO LA ANSIEDAD ECHA RAÍCES

Las historias aterradoras que crea nuestro cerebro para justificar cualquier sensación de temor tienden a sonar racionales para la persona que las experimenta. Lo mismo ocurre con las tácticas de control que utilizamos para sentirnos al mando. Como *coach*, he visto a personas gastar cantidades asombrosas de tiempo y energía intentando controlar todo tipo de situaciones. Algunas siguen a sus cónyuges a través de aplicaciones telefónicas en todo momento con la teoría de que la vigilancia constante es la forma de mantener vivo el amor. He visto a padres que casi se mudan a las escuelas de sus hijos, creyendo que, si pueden controlar todos los aspectos del plan de estudios, sus pequeños tendrán un futuro feliz garantizado. He visto a jefes destruir sus empresas controlando todos los aspectos de la vida laboral de los empleados hasta que estos lograron liberarse y huyeron.

El impulso de control es tan profundo y poderoso que podemos creer que actuamos de manera lógica incluso cuando nuestras estrategias se vuelven francamente extrañas. Por ejemplo, hace un par de años, mi amiga Jennifer se alojaba en la misma cabaña de Londolozi donde escribo esto. En su primera noche, despertó y vio (adivinaste) a un leopardo justo del otro lado de la puerta. Puede que se tratara del mismo animal que acababa de pasar junto a mí. Pero cuando visitó a Jennifer, trajo consigo un tentempié. Mi amiga se despertó sobresaltada por el estimulante sonido de los colmillos royendo huesos y cartílagos. El enorme felino estaba a unos metros, con los ojos hundidos en el cadáver ensangrentado de un impala.

Por supuesto, la amígdala de Jennifer soltó un grito descomunal. Pero su neocórtex, afectado por el *jet lag*, fue más allá que el mío. De inmediato formó una teoría ("¡Por esto hay que tener miedo!") y una estrategia de control ("¡Esto es lo que hay que hacer para mantenerte a salvo!"). Su teoría era que, como llevaba una pijama con estampado de leopardo, el animal la percibiría como una rival territorial. Su estrategia de control, que puso en práctica con rapidez y firmeza, consistió en sentarse en posición vertical, envolverse en una manta beige y hacerse pasar por un montículo de termitas.

Al día siguiente, cuando contó la historia durante el desayuno, Jennifer se rio tanto que apenas podía respirar. Su sistema nervioso, al igual que el mío, volvió al modo "seguro" después de que el leopardo concluyera su visita. Pero en muchas situaciones un cerebro humano nervioso no se relaja después de que ha pasado el peligro. En cambio, sigue imaginando más escenarios sobre lo que podría salir mal. Y aquí hay un punto clave: los pensamientos que el neocórtex recuerda e imagina vuelven a la amígdala izquierda *como si ocurrieran de verdad.*

EL BUCLE INFINITO DE LA ESPIRAL DE ANSIEDAD

Ahora mismo, al escuchar la sinfonía de los animales que me rodean en la noche africana, podría sumergirme en un torbellino de ansiedad. Mi cerebro generaría pensamientos e historias que me mantendrían despierta toda la noche; comenzaría a gritar cosas como:

- "Este lugar está plagado de leopardos. ¡Están por todas partes!".

- "Ese animal espera a que me duerma. Entonces romperá la puerta y me atacará".
- "He oído que te matan mordiéndote el cuello hasta asfixiarte. ¿Cómo se sentirá?".
- "O... espera... ¿te sacan primero los intestinos? Eso podría ser aún peor. ¡Podría tardar en morir!".
- "Tal vez me inmovilizaría y empezaría a comerme viva. ¡Oh, no! ¿Por dónde empezaría?".

A medida que esas historias de miedo se desarrollaran, mi amígdala izquierda reaccionaría a cada nuevo pensamiento como si ese escenario aterrador ocurriera de verdad. Cada pensamiento provocaría un grito más fuerte y, en cada ocasión, el hemisferio izquierdo respondería al nuevo grito pensando: "¡Dios mío, esto es aún peor de lo que creía!". Luego inventaría historias más aterradoras para justificar el nuevo nivel de miedo, reforzado por la imaginación, lo que haría que la amígdala izquierda gritara aún más fuerte, y provocaría que mi neocórtex creara historias de terror todavía peores... y así una y otra vez.

Los ingenieros lo llaman "ciclo de retroalimentación no regulado": algo que se alimenta de su propia energía de modo que solo sube, nunca baja. Cuando esto ocurre en la parte de nuestro cerebro que genera el miedo, lo llamo la *espiral de ansiedad*.

LA ESPIRAL DE ANSIEDAD, POR DENTRO Y POR FUERA

Si eres de los que se preocupan mucho, conoces la sensación de estar acostado, sano y salvo, aterrándote cada vez más, no por sucesos reales, sino por los que *podrían pasar.* (Como dijo una vez un autor desconocido: "Soy un hombre viejo y he conocido muchos grandes problemas, pero la mayoría de ellos nunca sucedieron"). Es probable que también sepas lo que es calmarte a ti con cantidades heroicas de autodisciplina, levantarte después de una noche en vela, lleno de determinación para hacer de este un día mejor, solo para encontrarte de nuevo sumido en la ansiedad después de quedarte atascado en el tráfico, mirar una factura inesperada o recibir una bronca de un compañero de trabajo estresado.

La espiral de ansiedad tiene una circularidad que da náuseas, como un carrusel que no para de acelerar y crear más fuerza centrífuga. En mi caso, en muchas ocasiones el proceso ha sido como una nebulosa: sacudidas de intensa alarma seguidas de pensamientos aterradores sobre posibles desastres, que desencadenan sacudidas de alarma aún más intensas. Puede que al principio no seas capaz de frenar tu ansiedad, pero si te propones *observarla* sin tratar de cambiarla, empezarás a reconocer la fuerte sacudida de un impulso de miedo y notarás cómo aumenta el ímpetu de tus pensamientos aterradores.

Por ejemplo, una clienta a la que llamaré Kayla entró una vez en una habitación donde su marido estaba escribiendo en el celular. Él de inmediato borró la pantalla y se volteó hacia ella con mucho entusiasmo. "Sentí una sacudida horrible", me dijo Kayla. "Pensé: 'Miente. ¿En qué está metido? ¿En apuestas? ¿Porno? ¿Tiene una aventura?'". Con cada pensamiento, la sacudida de pavor aumentaba y empeoraba a medida que las historias se multiplicaban. Cuenta: "Me sentí tan traicionada que empecé a discutir. Cuando admitió que planeaba mi fiesta de cumpleaños, estaba casi convencida de que mi matrimonio había terminado".

Simón tenía un patrón similar en el trabajo, donde ocupaba un puesto directivo al frente de un equipo de tres hombres mayores. Simón, un genio de la tecnología, tenía más habilidades que sus subordinados. Pero le preocupaba mucho que lo consideraran inmaduro, por lo que intentaba actuar con "más autoridad" y presumía de sus conocimientos. Esto lo hacía parecer crítico y arrogante. Sus colegas pronto se sintieron tan ansiosos cerca de él como él se sentía cerca de ellos.

Jared y Sophie quedaron atrapados en una espiral de ansiedad cuando nació su hija Ruby. Cada tos o estornudo de la pequeña disparaba una oleada de miedo que enviaba a sus padres a sitios de internet con la misión de aprender —y controlar— todo lo que pudiera estar mal con la salud de su bebé. A medida que sus mentes creadoras de historias asimilaban etiquetas como "virus respiratorio sincitial" y "enfermedad por reflujo gastroesofágico", Sophie y Jared se ponían tan tensos que Ruby percibía su estado de ánimo y empezaba a gemir, lo que aceleraba la espiral de ansiedad de sus padres y enviaba a toda la familia a múltiples visitas médicas innecesarias.

Kayla y su marido, Simón y sus compañeros de trabajo, y la pequeña familia de Ruby distan mucho de ser casos raros. Las espirales de ansiedad empiezan en individuos, pero se extienden a grupos en casi cualquier situación social. Recuerda que la ansiedad es contagiosa. Cada vez que interactuamos con otras personas, corremos un alto riesgo de quedar atrapados en sus espirales de ansiedad, lo que acentuará la nuestra. Y los humanos hemos incorporado una versión a gran escala del mecanismo de ansiedad de nuestros cerebros en la sociedad que creamos. La cultura moderna es como una espiral de ansiedad masiva en la que innumerables cerebros inteligentes tejen historias aterradoras y estrategias de control las 24 horas del día, los siete días de la semana. Nuestra capacidad para comunicarnos al instante con un gran número de personas nos permite propagar la miseria con mayor rapidez y alcance que nunca.

He aquí un ejemplo de una espiral de ansiedad colectiva muy grande. Hace unos días, cuando subí al avión con destino a Sudáfrica, mi equipaje contenía (lo confieso) un rizador de pestañas. Los agentes de seguridad del aeropuerto fruncieron el ceño, lo consideraron peligroso y lo confiscaron. No me atreví a preguntarles cómo pensaban que iba a utilizarlo como arma. (¿Rizarme las pestañas hasta que se volvieran tan prominentes que distrajeran a la tripulación, lo cual causaría que perdieran la concentración y abrieran las puertas en pleno vuelo? ¿Rizar las pestañas del piloto hasta que se volviera irreconocible y sufriera una crisis existencial? ¿Matar de vergüenza a otros pasajeros cuyas pestañas eran demasiado lacias?).

Si mis bromas te ofenden, te pido disculpas. Y lo entiendo. Los atentados de 2001 fueron muy reales y por completo aterradores. Los viajes en avión inquietan a mucha gente y, desde aquel 11 de septiembre, esa inquietud se ha intensificado muchísimo en nuestra espiral de ansiedad colectiva. El simple hecho de ver un avión de pasajeros puede desencadenar un grito descomunal, ya que la mente reproduce las imágenes de aquel espantoso día. En respuesta a esos recuerdos y a otros intentos de terrorismo, la sociedad ha generado muchas estrategias de control, algunas lógicas, otras no. Por ejemplo: *si todos los viajeros llevan sus líquidos en botellas pequeñas, estaremos seguros.*

Si todo el mundo se quita los zapatos antes de embarcar, estaremos a salvo. Si confiscamos todos los rizadores de pestañas, estaremos a salvo. Si atacamos a cualquier persona o cosa a la que no estemos acostumbrados, estaremos a salvo. Y, sobre todo: si siempre estamos preocupados, estaremos a salvo.

Esta es la lógica contraproducente de la ansiedad: nos hace creer con convicción que la única manera de estar a salvo es jamás sentirse a salvo. Debido a esos sistemas de retroalimentación descontrolados en nuestro interior, es fácil caer en esta clase de razonamiento circular que permea la sociedad.

Las fantasías de ansiedad colectiva determinan la forma en que interactuamos con nuestras familias, instituciones, religiones y, en definitiva, con todas nuestras estructuras y actividades sociales. Operando desde la ansiedad, los familiares buscan controlar al detalle la vida de sus seres queridos; los conspiracionistas publican especulaciones sombrías en línea, empujándose mutuamente a mayores niveles de paranoia; la gente de ambos bandos políticos trata con desesperación de controlarse entre sí, tornándose más escandalosa, ofensiva y radical conforme crece su ansiedad.

A veces, los rumores aterradores o los peligros imaginarios provocan una espiral de ansiedad colectiva con el tamaño y la fuerza de succión de un tornado. Es como si alguien gritara "¡fuego!" en un teatro lleno de mil millones de personas. Naciones enteras pueden caer en fantasías colectivas de amenaza… y la gente se vuelve tan desconfiada que apenas puede verse entre sí a través de las historias de horror que rugen en sus mentes. Las espirales de ansiedad colectiva han creado violencia, injusticia, discriminación, matanzas, sufrimiento y guerras indescriptibles.

¡Esto sí que da miedo! ¡Entonces debemos controlarlo! ¿Cierto?

¿Ves cómo funciona?

La mala noticia es que, por mucho miedo que tengamos y por mucho que intentemos controlar a otras personas y situaciones, las acciones basadas en la ansiedad tienden a engendrar más ansiedad, lo que conduce a espirales ascendentes de terror y violencia. La buena noticia es que tenemos otra opción.

UN CEREBRO, DOS PUNTOS DE VISTA

Todo este tiempo hemos hablado de lo que ocurre en el hemisferio *izquierdo* de tu cerebro cuando percibes algo amenazador. Ahora consideremos tu hemisferio *derecho*. No tienes que ir más lejos para empezar a liberarte de la ansiedad. También es la mejor posición desde la cual resolver las dificultades reales y válidas a las que nos enfrentamos como individuos y como especie.

A lo largo de este libro, hablaré mucho de las diferencias entre los hemisferios izquierdo y derecho del cerebro. Sé que esto es simplificar; en cualquier momento, ambos hemisferios cerebrales están en marcha, intercambiando información, dando forma a tu conducta en una armonía compleja con muchas partes. A los científicos les molesta que las personas que no son expertas en la materia generalicen sobre si una persona es "del hemisferio izquierdo" o "del hemisferio derecho". Pero, como dice Iain McGilchrist, psiquiatra de Oxford: "Sería igual de insensato creer que, por tanto, no hay diferencias entre hemisferios. Hay algunas muy importantes, que se encuentran en el núcleo de la condición humana".

Desde hace tiempo, los neurólogos saben que el hemisferio izquierdo es responsable del pensamiento analítico, lógico y verbal, mientras que el derecho está más sintonizado con las percepciones sensoriales, las emociones y la intuición. Esto se hace evidente cuando las personas pierden la función de determinadas partes del cerebro a causa de una enfermedad o un accidente. Sus deficiencias muestran a los neurocientíficos lo que ocurría en las distintas partes de sus cerebros antes de que ocurriera la tragedia.

Mi amiga Jill Bolte Taylor lo entiende mejor que nadie. Por un lado, es una neuroanatomista muy cualificada. Por otro, mientras trabajaba como neurocientífica en Harvard, sufrió un derrame cerebral masivo que inhabilitó gran parte de su hemisferio izquierdo de manera temporal. Ella fue la primera persona que me dijo —tanto en sus escritos como en sus conversaciones— que hablar de "la amígdala" o "el neocórtex" como una estructura uniforme es engañoso. Al haber estudiado y experimentado la diferencia entre los dos hemisferios, Jill es muy consciente de que las dos mitades del cerebro desempeñan funciones muy diferentes, de maneras muy distintas.

La vista desde la derecha

Una mañana, mientras Jill se preparaba para otro ajetreado día en Harvard, una vena se rompió dentro de su cabeza. La sangre entraba en su hemisferio izquierdo con cada latido de su corazón. Poco a poco, la sangre inundó partes de su cerebro, las hizo fallar y al final apagarse. En cuestión de horas, Jill perdió la capacidad de lenguaje, de seguir un razonamiento secuencial y de percibir el tiempo lineal.

También perdió todo rastro de ansiedad.

Con el hemisferio izquierdo inactivo, Jill experimentaba su existencia como un campo de energía del tamaño del universo entero. En esta conciencia del hemisferio derecho no había tiempo, solo un momento presente infinito. Jill no podía recordar los nombres de los objetos comunes, mucho menos los de las personas, pero estaba en sintonía con la energía física y emocional de sus semejantes. Más tarde escribió que su conciencia se sentía "como una gran ballena deslizándose por un mar de euforia silenciosa". Era muy consciente y estaba llena de una compasión y gratitud inexpresables.

Por fortuna, Jill estaba rodeada de otros neurocientíficos. Tenían fe en que podría recuperarse porque sabían que nuestros cerebros son maleables: podemos cambiar sus estructuras desde dentro solo con pensar de forma diferente. Jill tardó más de ocho años en llevar a cabo la casi milagrosa tarea de reconstruir el hemisferio izquierdo de su cerebro. Recuperó la capacidad de lenguaje, de lógica y la noción del tiempo. Pero decidió, de forma deliberada, permanecer menos dominada por el hemisferio izquierdo que antes. Ahora conocía el modo de —según sus propias palabras— "entrar en la consciencia del hemisferio derecho".

Al principio, la descripción que Jill hacía del hemisferio derecho como un lugar maravilloso me confundió, porque chocaba con lo que ella misma llamaba "una montaña de investigaciones neurocientíficas que respaldan la idea de que el hemisferio izquierdo es la fuente de la felicidad". Pero, según escribió en su libro *Cerebro lúcido*, "la felicidad no es lo mismo que la alegría". "Aunque la felicidad y la alegría son emociones positivas, son muy distintas desde el punto de vista psicológico y neuroanatómico". La felicidad del hemisferio izquierdo proviene de condiciones externas positivas, mientras que el hemisferio derecho experimenta una alegría que nace del interior.

Esta diferencia aparece en muchos libros sobre cómo ser feliz. Por ejemplo, aquí tienes un consejo del psicólogo John B. Arden:

> Supongamos que durante los últimos días has estado triste y te has alejado de tus amistades. Tal vez te hayas dicho: "No quiero poner cara de felicidad". Deberías obligarte a llamar a un amigo y salir a comer cuando no te apetece.

Este consejo se basa en la convicción de Arden de que, si se le da control total, el hemisferio izquierdo puede bloquear lo que percibe como la tristeza o mal humor del cerebro derecho. Arden afirma que las personas se deprimen después de un ictus en el hemisferio izquierdo, pero no después de un ictus que afecta el hemisferio derecho, justo lo opuesto a lo que experimentó Jill Bolte Taylor.

Cuando le pregunté a Jill sobre esto, me dijo que, por lo general, los médicos que quieren informes verbales sobre la felicidad no pueden obtenerlos de personas cuyos hemisferios izquierdos están desconectados, porque esos pacientes no pueden utilizar el lenguaje. En cuanto a su depresión tras el ictus, me dijo: "La gente pensaba que debía de estar deprimida porque lloraba mucho. Pero no estaba deprimida. Estaba asombrada". Como científica social, me han enseñado a darle importancia a la palabra de los observadores, pero sobre todo a la de las personas que han experimentado en carne propia. Por esta razón, entre otras, estoy a favor de la perspectiva de Jill.

POR QUÉ NUESTRO CEREBRO TIENDE A GIRAR A LA IZQUIERDA

Se podría pensar que, dado que todos tenemos acceso al estado de asombro y dicha que Jill encontró en su hemisferio derecho, entraríamos en este estado tan seguido como pudiéramos y nos quedaríamos ahí el mayor tiempo posible. Pero la evolución nos ha dado la tendencia opuesta: tendemos a centrarnos en lo que nos hace sentir peor, o al menos más incómodos. Dos de los mecanismos responsables de ello son el *sesgo de la negatividad* y algo que llamo el "salón de espejos". Reconocer y comprender estas peculiaridades neurológicas puede ayudar a alejarnos de su influencia.

El sesgo de la negatividad

En unas vacaciones, mi familia recibió una figura de cartón de tamaño real de Lin-Manuel Miranda, el genio que trajo al mundo el musical *Hamilton*. El recorte luce idéntico al verdadero: misma altura, misma silueta, misma sonrisa con hoyuelos encantadores. Después de desenvolverlo, brindamos por la salud de Lin-Manuel, lo abrazamos por los hombros y nos tomamos unas *selfies.*

El problema fue que nuestro perro, Bilbo, no lo percibió como un buen chiste. Lo único que sabía era que un extraño humano bidimensional inmóvil de olor extraño había invadido nuestra casa. Bilbo no se altera fácilmente, pero cuando lo hace, el drama puede llegar a ser shakespeariano. Ladró al ver el recorte. Entonces lo atacó con valentía, gritando: "¡VETE, DEMONIO DE PESADILLA! ¡VUELVE A TU ODIOSA GUARIDA Y NO NOS ATORMENTES MÁS!".

Durante casi una hora, intentamos que Bilbo dejara de salvarnos de Lin-Manuel Miranda. Nada funcionó. Sostuvo con mucha nobleza su lucha hasta que nos dimos por vencidos y guardamos la figura en un armario. Fue entonces cuando la cosa se puso intensa.

Ahora, todos en mi familia saben lo que hay en ese armario. Todos lo hemos visto muchas veces. Con frecuencia nos vemos envueltos en un acontecimiento que nos provoca un escalofrío de terror. Primero, se oye el chirrido de las bisagras cuando alguien abre esa puerta en particular. A continuación, se escucha un grito espeluznante; luego el estruendo de unos pies que huyen; y al final, la risa temblorosa de la desafortunada persona que, una vez más, ha sorprendido a Lin-Manuel Miranda acechando en la oscuridad, esperando a que Bilbo baje la guardia.

La razón por la que ese trozo de cartón tiene el poder de aterrorizar a mi familia una y otra vez es que nosotros —y todos los humanos— compartimos la tendencia de Bilbo de percibir cualquier peligro posible en cualquier situación. En cuanto notamos algo extraño, las respuestas de lucha o huida entran en acción. Si quieres ver con qué intensidad y rapidez ocurre esto, busca en Google "broma de peligro invisible" y mira unos cuantos videos. (Aviso: estas bromas consisten en que alguien finge tener miedo, lo que provoca una reacción inmediata de lucha o huida en otra persona. Nunca le haría esta broma a nadie. Tampoco quiero que nadie me la haga a mí. Pero hay que reconocer algo: es un ejemplo muy claro de lo rápido que entramos en pánico, incluso sin pruebas de que haya peligro).

El sesgo de negatividad es nuestra tendencia a ver el peligro en todas partes. Es una gran ventaja evolutiva, porque temer todo nos motiva a evitar las pocas cosas que son en verdad peligrosas. Por ejemplo, si encuentras una serpiente, es posible que no sepas si se trata de una especie inofensiva o venenosa. Asumir que la serpiente es peligrosa cuando no lo es podría privarte de una bonita relación con una serpiente amistosa. Pero suponer que es inofensiva cuando no lo es puede hacer que te muerda y te mate. Es mejor pecar de precavidos, y eso es lo que hace nuestro cerebro.

Este sesgo hace que nos preocupemos por los riesgos sociales y emocionales, además de los físicos. Si alguien te hace tres cumplidos y una crítica, tu cerebro se centrará en el insulto. Si tu publicación en Instagram recibe mil "me gusta" y un comentario que solo dice "¡MAL!", tu cerebro se centrará en el comentario negativo. En medio de una aprobación casi universal, puede que te sientas devastado por la queja de una desconocida de que tu mención de las "sopas nutritivas" despertó su temor a ahogarse y merecía una advertencia de contenido sensible.

Cuando el sesgo de negatividad que estimula la ansiedad entra en acción, el pensamiento puede volverse delirante. En un estado de ansiedad, dejamos de percibir cualquier información que nos diga que no hay nada que temer. Pensamos que nuestra visión ansiosa del mundo es completa y perfecta, porque *el hemisferio izquierdo es incapaz de creer que algo más allá de sus propias percepciones sea real.* Como resultado, a menudo nos quedamos atrapados en un salón de espejos neurológicos.

El salón de espejos

Tenía unos cinco años cuando entré por primera vez al salón de espejos de un parque de diversiones. No me hizo ninguna gracia. A mis ojos, el "salón" (de hecho, una pequeña habitación) parecía un horrible universo alienígena. Las paredes, el techo y el suelo estaban cubiertos de espejos deformados que creaban reflejos grotescos. Como cada espejo reflejaba a los demás, la habitación también parecía interminable. Aterrorizada por todas esas imágenes monstruosas, me desorienté tanto que no encontré la salida.

Por suerte, una amiga me sacó de aquella horrible habitación. Pero más tarde, en varias ocasiones, me vi atrapada en una galería metafórica de espejos que se materializaba desde los reflejos ansiosos del hemisferio izquierdo de mi cerebro. Es posible que te haya ocurrido lo mismo, porque la espiral de ansiedad, al igual que un salón de espejos carnavalesco, está estructurada de tal forma que nos resulta difícil encontrar la salida. La parte del cerebro que produce ansiedad magnifica su pensamiento distorsionado mientras niega que exista cualquier otra cosa.

Es asombroso ver cuán literal puede ser esto. Por ejemplo, un día, el famoso neurólogo y escritor Oliver Sacks, que entonces era un interno de psiquiatría, se presentó en el hospital y encontró a uno de sus pacientes comportándose de forma extraña. Este joven se había despertado de una siesta y empezó a gritar que alguien había puesto una pierna *amputada* en la cama. No dejaba de señalar su propia pierna izquierda, acusando a las enfermeras de haberla puesto allí como una horrible broma de mal gusto.

Sacks escuchó al paciente despotricar sobre la pierna alienígena. Luego preguntó: "Si esto, esta cosa, no es su pierna izquierda, ¿dónde está su pierna izquierda?".

El paciente miró a su alrededor, se quedó boquiabierto y dijo: "No tengo ni idea. Ha desaparecido. Ha desaparecido". Luego se agarró la pierna izquierda —ese objeto macabro y repulsivo— y la arrojó al suelo. El resto de su cuerpo la siguió. El paciente se quedó tumbado, cada vez más aterrado, al darse cuenta de que la pierna extraña estaba de alguna manera *unida a él*.

Esta extraña afección, denominada *negligencia hemiespacial*, solo afecta a personas con daño en el hemisferio derecho (el opuesto a la zona donde se produjo el ictus de Jill). Estos pacientes pueden afeitarse o maquillarse solo el lado derecho de la cara, ignorar a cualquiera que esté a su izquierda y dibujar imágenes que dejan en blanco de un lado. La vista de estas personas no tiene nada de malo. Pero han perdido la capacidad de prestar atención a cualquier cosa que su hemisferio izquierdo no perciba ni controle, incluida la mitad de su cuerpo.

Esta extraña ceguera de la atención también se aplica a la forma de *pensar* del hemisferio izquierdo. Cuando generamos una historia basada en la ansiedad, los cerebros se aferran a ella como *la única realidad*, volviéndose resistentes a cualquier otra forma de pensar. Tomemos un grupo de personas ansiosas, por ejemplo, personas con creencias políticas extremas o sectarios convencidos de que su líder, un antiguo vendedor de alfombras llamado Ralph, es un mago poderoso. Muéstrales pruebas irrefutables de que algo en lo que creen es incorrecto. ¿Qué ocurre? Las investigaciones demuestran que *su creencia en la idea refutada, de hecho, se fortalece.*

Frente a la nueva información, el lado izquierdo del cerebro no se abre. No ve las pruebas como información valiosa, sino como una amenaza para su *statu quo,* su verdad... ¡No! *¡La verdad!* La evidencia lógica de que es incorrecta solo hace que la espiral de ansiedad se dispare. El hemisferio izquierdo genera incluso más miedo, con lo que magnifica sus historias aterradoras.

Una vez dentro del salón de espejos del hemisferio izquierdo (es decir, de nuestra ansiedad), cualquier cosa puede parecer monstruosa. La simple amabilidad puede parecer una mentira manipuladora. El descanso y la relajación parecen débiles. El optimismo es estúpido. Todo va por nosotros, excepto las cosas que queremos, las cuales parecen escasear de una manera terrible. Desde esta perspectiva mental, nunca hay suficientes cosas buenas en el mundo: nunca hay suficiente dinero, estatus, poder, amor, retretes de oro, cereales para el desayuno, nada. Esta óptica hace que el mundo parezca sombrío y sin alegría, pero por Dios, *parece real.*

Dado que el sesgo de negatividad y el salón de espejos afectan la forma en que identificamos lo que es cierto, la ansiedad puede cegarnos ante incoherencias o errores en nuestro pensamiento. Entonces, ¿cómo encontramos la salida? Reconociendo la sensación de sufrimiento. Ver el mundo desde dentro de la espiral de ansiedad se siente horrible. Podemos ver esa terrible sensación como una señal: "¡Hola! ¡Estás siendo manipulado por tu sesgo de negatividad! Estás perdido en el salón de espejos". Cuando nos damos cuenta de eso podemos entonces adoptar una mejor mentalidad.

USA TU MENTE BRILLANTE PARA SALIR DE LA ESPIRAL DE ANSIEDAD

En la película *Una mente brillante,* basada en una historia real, el matemático John Nash lucha contra la esquizofrenia y emplea su prodigioso cerebro racional para desmentir sus delirios psicóticos. Se da cuenta de que varias personas importantes en su vida nunca envejecen, aunque lleven décadas conviviendo con él. El mismo Nash describió su proceso mental: "Poco a poco empecé a rechazar de manera intelectual algunas de las líneas de pensamiento influenciadas por los delirios".

Rara vez hay personas tan racionales que utilicen la lógica para ver lo ilógico de sus creencias. Pero si queremos vivir en paz, necesitamos aprender esta habilidad. La ansiedad (sentirse aterrorizado y en peligro todo el tiempo, incluso en situaciones en las que estamos a salvo) no es una psicosis del nivel de John Nash, pero es delirante. Es una forma desequilibrada de pensar que pone demasiado énfasis en las percepciones del cerebro izquierdo. Cuando nos damos cuenta, podemos restablecer una visión del mundo más equilibrada si activamos el hemisferio derecho. De hecho, se puede. Hazlo ahora mismo. Prueba el siguiente ejercicio.

Nueva habilidad
SAL DE TU ESPIRAL DE ANSIEDAD

1. En primer lugar, piensa en algo que te provoque una ligera ansiedad, nada que sea horrible de verdad, sino una situación que te ponga un poco nervioso, como acordarte de comprarle un regalo a un familiar o presentar la declaración de impuestos a tiempo. Observa cómo sientes esa ligera ansiedad en el cuerpo y en las emociones. Descríbela aquí:

   ____
   ____
   ____

2. Olvídate de eso por un momento. En su lugar, piensa en tres cosas que te guste saborear. Imagínalas. Enuméralas aquí:

   ____
   ____
   ____

3. Ahora enumera tres cosas que te guste oír. Imagina que las oyes:

   ____
   ____
   ____

4. Ahora, tres cosas que te guste ver. Visualízalas mientras las escribes aquí:

   ____
   ____
   ____

5. Ahora, tres cosas que te guste oler. Recuerda los olores:

   ____
   ____
   ____

6. Ahora, tres cosas que te guste sentir en la piel. Imagina que las tocas:

____

____

____

7. A continuación, comprueba si puedes recordar o imaginar una situación en la que todos o la mayoría de los elementos anteriores hayan estado presentes. Como el cerebro de cada humano es único, a algunas personas les resulta más fácil recordar una experiencia, mientras que otras pueden evocar sensaciones con facilidad a través de la imaginación. Si no te funciona ni la imaginación ni la memoria, piensa en un lugar donde puedas reunir algunas cosas que te gusten con cada uno de tus sentidos. Después, pasa un rato en ese lugar, concentrándote en la percepción de cada objeto.

____

____

____

Ahora —o cuando puedas traer a tu mente esas percepciones sensoriales—, escribe una breve descripción del escenario que combina algunas de tus percepciones sensoriales favoritas. Hazlo en tiempo presente. Incluye al menos una imagen de cada uno de tus cinco sentidos. Por ejemplo: "Estoy sentado en mi sillón favorito, bebiendo champán y comiendo chocolate belga. El gato ronronea en mi regazo mientras le acaricio el pelo. Afuera veo un hermoso bosque y a mis hijos jugando. Escucho sus risas, el viento en los árboles y el canto de los pájaros. Una brisa fresca entra por la ventana abierta, trayendo el aroma de los pinos y el océano. Además, recibo el mejor masaje de pies de mi vida".

____

____

____

8. Describe de forma breve las sensaciones físicas y emocionales que surgieron al componer esta fantasía:

____

____

____

9. Observa qué le ha ocurrido a tu ansiedad mientras te dedicaste a componer, experimentar y escribir sobre esta escena.

FÍJATE EN LO QUE ACABA DE PASAR

Si de verdad hiciste el ejercicio anterior, es decir, si realmente dedicaste tiempo a imaginar, recordar y experimentar todas esas sensaciones agradables, ¡espero que hayas disfrutado de tus breves vacaciones de la ansiedad!

Dicho esto, lo más probable es que leyeras las instrucciones y pensaras: "Vale, entendido. Ya sé por dónde va esto". De hecho, eso es lo que te han enseñado a hacer. Nuestra cultura está dominada por el pensamiento verbal y abstracto, más prominente en el hemisferio izquierdo, por lo que tu socialización te empuja hacia la suposición de que leer sobre una experiencia o pensar en ella con palabras es lo mismo que vivirla. De hecho, te han enseñado a creer que pensar es *superior* a sentir.

Tal vez descartaste todo el ejercicio anterior por estúpido, básico o sin importancia. Tal vez al rellenar los espacios en blanco sentiste que tu ansiedad disminuía durante unos segundos y luego invalidaste toda la experiencia con la mente: "Bueno, sí, es bonito, pero esa escena es solo algo que he soñado en mi imaginación. No es real".

Es cierto que creaste tu escena relajante al centrarte de forma selectiva en ciertos recuerdos, percepciones y fantasías. Pero eso es lo mismo que haces cuando ves el mundo como un lugar aterrador e inseguro.

Cuando el hemisferio izquierdo nos empuja a abrazar de forma miserable el sesgo de negatividad y el salón de espejos, nos predisponemos a creer que nuestras percepciones son correctas desde el punto de vista objetivo. En cambio, cuando usamos el hemisferio derecho para crear una experiencia interna, sabemos que se trata de una elección. Si nos alejamos lo suficiente de la espiral de ansiedad, veremos que los miedos, al igual que las fantasías positivas, se construyen a partir de fragmentos de información seleccionados. Y este reconocimiento puede llevarnos a una nueva forma de vivir y de pensar.

LA VIDA EN UN CEREBRO EQUILIBRADO

Conocí a Jill Bolte Taylor cuando me envió un correo electrónico para coordinar una llamada por Zoom. Cuando la imagen de Jill apareció en la pantalla de mi computadora, vi que no estaba en una casa. Detrás de ella se alzaba un bosque frondoso, envuelto en una niebla creciente. Jill estaba en su casa de verano: un barco en un lago en algún lugar del Medio Oeste de Estados Unidos. Vivir allí, me dijo, la ayudaba a permanecer en el tipo de asombro y paz que experimentó por primera vez cuando su hemisferio izquierdo dejó de funcionar.

Jill me dijo que había estructurado su vida para acceder a los mejores aspectos de todo su cerebro. (Acaba de publicar

Cerebro lúcido, un libro maravilloso y muy recomendable). Además de usar su hemisferio izquierdo a través de la investigación científica y de la escritura, Jill moldeó su vida para iluminar el lado derecho de su cerebro. Cuando no estaba en comunión con la naturaleza, iba en moto acuática al pueblo para comprar alimentos, repuestos para el barco y material de arte. Sí, material artístico. Aunque sigue siendo una gran científica, Jill es también una artista que hace todo tipo de cosas hermosas: pinturas, vidrieras, esculturas de piedra caliza. Es un ejemplo vivo de cómo un cerebro equilibrado crea. Y crea. Y crea.

LA ESPIRAL DE CREATIVIDAD

Cuando nos alejamos de la ansiedad y empezamos a utilizar ambos lados del cerebro para formar pensamientos y percepciones, nos encontramos con algo a lo que yo llamo la *espiral de creatividad*. Al igual que el hemisferio izquierdo, el derecho puede formar su sistema de retroalimentación en espiral, desde la almendra interna hasta las capas superiores del cerebro y viceversa. Este patrón es la imagen especular de la espiral de ansiedad. Pero en el hemisferio derecho los efectos de la espiral están muy lejos de la ansiedad. Mientras que la espiral del lado izquierdo del cerebro provoca miedo y nos hace querer controlar las cosas, la espiral del lado derecho provoca *curiosidad* y nos hace querer *crear* cosas.

Cuando ves algo que no te resulta familiar, tu amígdala derecha grita junto con su gemela ansiosa de la izquierda. Pero como el hemisferio derecho no registra el tiempo, solo percibe lo que está ahí en ese momento. Si el leopardo se aleja o la serpiente resulta ser una cuerda, el hemisferio derecho deja de lado el miedo y despierta la curiosidad. En este punto, escribe Jill, las capas profundas de nuestro hemisferio derecho son como niños fascinados, deseosos de explorar, sentir y experimentar, despreocupados por el pasado o el futuro.

Las capas superiores del hemisferio derecho del cerebro, a diferencia de las del hemisferio izquierdo, evitan analizar, predecir o preocuparse por el control. En cambio, establecen conexiones entre ideas, acciones y personas. Mientras que el lado izquierdo *analiza* (la palabra analizar significa "separar las cosas"), el lado derecho *sintetiza*, es decir, une las cosas. Al trabajar con la materia prima de todo lo que percibimos en el momento presente, el hemisferio derecho armoniza, combina y relaciona las cosas, a menudo de formas muy originales.

La espiral de ansiedad bloquea la información que proviene del hemisferio derecho. Por el contrario, la espiral de creatividad acoge todo lo que percibimos, incluidos los datos que fluyen a través del hemisferio izquierdo. Puede usar las percepciones de este para crear cosas útiles (como una máquina que ahorra trabajo), satisfactorias (como la solución a un misterio), emocionantes (como conocer a un nuevo amigo) o expresivas (como entonar una canción de amor). Esas experiencias crean una retroalimentación positiva: una sensación de fascinación y "fluidez". Sentimos mayor curiosidad y el deseo de experimentar más, lo que nos lleva a investigar más, lo que a su vez conduce a conexiones más ingeniosas… y así, una y otra vez.

Los estudios sobre la creatividad indican que estas dos formas de pensar parecen alternarse, es decir, cuando una se activa, la otra se desactiva. La ansiedad bloquea la creatividad de tal manera que incluso el ligero estrés que supone que nos digan que nos pagarán por resolver un rompecabezas nos hace menos capaces de pensar de forma creativa. Pero del mismo modo, adentrarnos en la espiral de creatividad puede sacarnos de la espiral de ansiedad.

Lo acabas de hacer si usaste el ejercicio anterior para centrarte en tus sentidos físicos e imaginar, recordar o construir una escena que combinara algunas de tus imágenes, olores, sabores, sonidos y sensaciones táctiles favoritas. Ahora, para practicar, hagamos otro ejercicio.

Primero, busca un momento en el que puedas estar en un lugar que te resulte acogedor, aunque solo sea un rincón de una habitación. Vivimos en un mundo de sensaciones mucho más estimulantes que todo aquello para lo que evolucionaron nuestros cuerpos y cerebros, por eso las luces brillantes, los ruidos fuertes, los grandes grupos de personas, los entornos ajetreados y otros aspectos de tu vida "normal" pueden resultar bastante estresantes. Si te identificas con esto —e incluso si no—, tómate un pequeño descanso en un espacio iluminado de forma natural y sin demasiado ruido.

Cuando estés en un espacio tranquilo, usarás toda tu maravillosa mente y un único objeto físico para anclar tu sistema nervioso en el aquí y ahora. Al concentrar todos los sentidos en algo que puedes sostener y mover con la mano izquierda, activas algo llamado *propiocepción*, o la sensación que te dice cómo está colocado tu cuerpo y cómo se mueve, y enfocas todo el cerebro en la tarea de percibir algo en el aquí y ahora. La experiencia física de apreciar algo en el momento presente frena el miserable recorrido de la espiral de ansiedad.

Nueva habilidad
APRECIACIÓN DE OBJETOS

1. Busca un momento en el que no estés en peligro inmediato y no tengas que interactuar con nadie por unos minutos.
2. Cierra los ojos. Imagina o recuerda que contemplas un paisaje inmenso y hermoso. Observa si tus ojos se relajan, como si contemplaran un amplio horizonte. Deja que la respiración se haga más profunda y observa si los ojos se relajan aún más. Si no es así, no pasa nada.
3. Ahora, sin dejar de respirar de forma profunda, abre los ojos y mira a tu alrededor en busca de cualquier objeto pequeño que tenga un significado positivo, algo que encienda una chispa de placer. Por ejemplo, puedes fijarte en tu taza de café favorita, un libro o la camiseta que más te pones. Cualquier cosa positiva a la mano servirá.
4. Toma el objeto. Cárgalo, siente su peso, textura y temperatura. Examínalo con los ojos. Acércalo a tus oídos y ráscalo para que haga ruido. Huélelo. Si te apetece probarlo y te parece higiénico, adelante, pruébalo.
5. Ahora piensa en todo lo que tuvo que suceder para crear ese objeto y que llegara a tu vida. Imagina cómo fue creado: por la naturaleza, por el hombre, por ambos. Reflexiona cómo te ha ayudado en el pasado y cómo sigue añadiendo placer o comodidad a tu vida.
6. Si sientes que te invade la ansiedad, respira profundo y vuelve a pensar en las cualidades que aprecies del objeto. Recuerda algunos momentos positivos. Por ejemplo:
   - "He tomado café en esta taza muchas mañanas. Está siempre a mi lado y nunca se queja. Me encanta sostenerla en los días fríos y sentir cómo me despierta cuando bebo de ella. Es una taza fantástica".
   - "Recuerdo que compré este libro en rebaja. Los tres dólares mejor invertidos de mi vida. Este libro me ha consolado tan-

tas veces, me ha enseñado cosas que necesitaba saber y me ha animado cuando pensaba que todo estaba perdido. ¿Quién habría pensado que *Plomería para dummies* podría cambiar tanto mi vida?".

- "Esta camiseta ha sobrevivido a mil lavados. Es suave, desteñida y tan cómoda... Me encanta la palabra estampada en la parte delantera: BREATH (respira, en español). Me encanta que cuando me pongo una chaqueta encima solo se vean las letras del medio: EAT (come). ¡Qué buen consejo!".

7. Si te apetece, escribe aquí cinco pensamientos positivos sobre tu objeto:

____

____

____

____

____

8. Observa cómo, mientras apreciabas el objeto de manera activa, tu ansiedad disminuyó un poco.
9. Cada vez que te sientas un poco ansioso, busca un objeto que aprecies: una señal de alto que te mantenga más seguro, una nube que traiga la lluvia necesaria, una piedrecita que te guste tocar. Observa cuántos objetos están presentes para ayudarte, sin juzgarte ni exigirte nada.
10. Si tus amigos piensan que este ejercicio es extraño, debes saber que estás teniendo progresos significativos.

AVANZA HACIA UN LUGAR MÁS TRANQUILO

Mientras tengamos un cerebro como el nuestro, siempre tendremos una alarma de peligro, un sesgo de negatividad y una tendencia a quedarnos atrapados en el salón de espejos del hemisferio izquierdo. Mientras vivamos con otras personas, sobre todo en la sociedad moderna, encontraremos información aterradora y gente preocupada que está muy instalada en sus salones de espejos. Podemos confiar en que la biología ancestral activará nuestro sistema de alerta de emergencia cada vez que veamos un leopardo junto a la puerta, un hombre de cartón plano en el armario o a alguien ponerse nervioso cerca de nosotros. Pero también podemos aprender a detenernos y usar todo el cerebro para que el miedo saludable nunca se desvíe y se convierta en una espiral creciente de ansiedad.

Imagina lo diferente que habría sido tu infancia si cada día, en la escuela y en casa, te hubieran enseñado a bajar el ritmo, a respirar hondo y a dejar de preocuparte. ¿Y si te hubieran enseñado personas como Jill, que acceden de forma deliberada a todo su cerebro y saben cómo encontrar un lugar más allá de la ansiedad? ¿Y si todos los adultos a tu alrededor hubieran acordado que alejarte de las percepciones ansiosas, acceder a tu creatividad, sentirte seguro en el momento presente y conectar con todo lo que amas son las habilidades que más necesitas para vivir una vida de éxito? Podrías haber hecho casi cualquier cosa. Podrías haber sido una persona diferente.

Pero eso no pasó, ¿verdad?

Sin culpar a nadie, casi todos ignoramos los innumerables momentos en los que estamos a salvo. En cambio, pasamos años sumidos en la ansiedad, al gritar y huir en nuestros pensamientos de las distintas versiones de Lin-Manuel Miranda que llenan los armarios de nuestra mente. Nos enseñan que esta ansiedad constante es lógica y prudente. Vemos que nuestra sociedad en su conjunto avanza hacia la espiral de ansiedad, llevándonos con ella y reconfigurando los cerebros para que nos sintamos cada vez más ansiosos.

En el próximo capítulo, examinaremos más de cerca la constante presión social que intenta acelerar nuestras espirales de ansiedad. Cuando comprendamos cómo funciona eso, empezaremos a separar nuestro sentido de la realidad de las historias que nos metieron en la cabeza. Entonces comenzaremos a reconfigurar nuestro cerebro para avanzar hacia el asombro y el gozo.

Como escribió el psicólogo James Hollis, la ansiedad "te ha encerrado en un estrecho corredor de la vasta mansión de posibilidades". Si puedes rastrear la espiral de ansiedad en tu mente y en tu vida, si puedes alejarte de ella aunque solo sea durante un par de segundos, ya estás dejando atrás ese mundo encogido y contorsionado. Es hora de explorar la mansión.

2
CRIATURAS ANSIOSAS EN UNA CULTURA ANSIOSA

Nicky aparece puntual para su cita en la pantalla de mi laptop (donde llevo a cabo la mayor parte de mis sesiones de *coaching* estos días). Por lo que puedo ver, tres cosas destacan de ella: *1)* su departamento en Manhattan decorado con buen gusto, *2)* su traje Versace y *3)* su estado de ansiedad astronómico. Dado que Nicky es una estrella emergente en un prestigioso bufete de abogados, me sorprende lo mal que se ve. Después de saludarme, se inclina como Atlas cargando el mundo y se lleva las manos al pecho, tratando de contener las lágrimas. Espero un momento y le pregunto con delicadeza qué le pasa.

—Oh, nada —dice ella—. O, no sé, tal vez todo. —Se frota la sien con la punta de sus dedos muy bien cuidados—. No me va bien, sin más. Estoy nerviosa todo el tiempo. No puedo dormir. Estoy llegando al límite. Estoy tan ansiosa.

—Vale —le digo—. ¿Qué es lo que te produce más ansiedad?

—Todo. —Nicky emite una carcajada sin gracia—. Me angustia fracasar. Tengo miedo de que mi carrera se venga abajo. Tengo miedo de decepcionar a la gente: a mi jefe, a mi equipo, a mis padres. Tengo miedo de no tener nunca una familia propia, porque, si alguna vez me tomo el tiempo de salir con alguien, mi carrera se vendrá abajo.

Nicky me cuenta un poco sobre su historia personal: nació en Puerto Rico, se mudó con sus padres a Nueva York cuando tenía diez años, con la esperanza de una vida mejor. Nicky es la primera de su familia en graduarse de la universidad, ni qué decir que la primera en hacerlo de la facultad de derecho, y sus logros enorgullecen a todos. En la escuela y en el trabajo, siempre ha sido la niña prodigio, asumiendo las tareas más agotadoras con una alegre sonrisa. Nadie en su empresa sabe lo cansada que está, ni lo mucho que tiene que luchar cada día para soportar el ambiente despiadado, racista y machista que existe en su lugar de trabajo.

Hace unos meses, Nicky fue al médico con la esperanza de que le diera pastillas para dormir. La envió a un psiquiatra, que le diagnosticó un trastorno de ansiedad y le recetó medicación y terapia. La ayudaron. Un poco. Durante un tiempo. Pero la ansiedad de Nicky fue aumentando poco a poco. Ahora, dice, se siente peor que nunca.

En este punto, dejemos a Nicky por un momento y veamos si su historia te resulta familiar. Quizá tú también has trabajado muy duro y has logrado mucho, pero te sientes tan ansioso que no puedes disfrutar de los frutos de tu trabajo. Quizá después de dedicarte al hogar y a la crianza de los hijos, te sientes abrumada por la rutina agotadora de la maternidad, que tiene poco reconocimiento pero muchas exigencias. Quizá decidiste desafiar a la sociedad y convertirte en artista, músico, actor o escritor, solo para terminar luchando ansiosamente por ganar dinero mientras tu creatividad se agota. O quizá te sientes tan intimidado por las exigencias a las que te enfrentas cada día que estás demasiado ansioso para comprometerte con algo.

Bueno, al menos no estás solo.

Hay un factor común detrás de todas estas situaciones, pero la mayoría hemos aprendido a no verlo. Las personas a las que Nicky ha consultado (familiares, amigos, médicos, su terapeuta) se han centrado en su ansiedad como un problema, como una gripe. Ninguno de ellos ha sugerido que la ansiedad de Nicky sea una respuesta sana y normal a su estilo de vida, que es en extremo *anormal*.

—¿Qué? —replica Nicky cuando se lo digo. Deja de llorar y me mira como diciendo: "¡Mi vida es muy normal! No, *mejor* que normal. ¡Estoy viviendo el sueño americano!".

—Mmm —digo—. Bueno, parece que te está afectando como una pesadilla.

A medida que nuestra sesión continúa, Nicky y yo discutimos las tres cosas que quiero que aprendas de este capítulo.

Primero: vivimos en una cultura muy sesgada hacia un tipo muy específico de pensamiento y de comportamiento: el que prefiere el hemisferio izquierdo. Este sesgo es tan fuerte que un experto, el psiquiatra y académico de Oxford Iain McGilchrist, dice que todos actuamos como "personas con daño cerebral en el hemisferio derecho". Como el hemisferio izquierdo es también la parte del cerebro que se atasca en espirales de ansiedad, esto nos convierte en presa fácil de esta.

En segundo lugar, la forma en que nuestra cultura intenta reducir la ansiedad también tiende a estar dominada por el hemisferio izquierdo del cerebro. Nos sometemos a análisis psicológicos (recordemos que analizar significa desmenuzar). Atacamos la ansiedad, luchamos contra ella como guerreros en una misión de búsqueda y destrucción. Esto, como veremos, nos provoca más ansiedad, no menos.

Tercero: existe una mejor forma de afrontar la ansiedad, que nos aleja de nuestros modelos culturales dominados por el hemisferio izquierdo y permite que nuestra sabiduría inherente nos guíe hacia una forma de ser más equilibrada desde el punto de vista cerebral. Este enfoque nos ayuda a calmarnos no solo a nosotros mismos, sino también a las personas que nos rodean, incluso en situaciones difíciles o peligrosas. Al final de este capítulo, deberías tener los conocimientos y las habilidades para hacerlo.

LAS FORMAS ANTINATURALES DE NUESTRA SOCIEDAD

Si Nicky hubiera nacido hace unos miles de años (un abrir y cerrar de ojos, en términos evolutivos), su vida habría estado marcada por los ritmos y ciclos de la naturaleza. Durante la mayor parte de la historia de la humanidad, la gente se acostaba cuando oscurecía, dormía varias horas más por noche que la mayoría de nosotros hoy día y se despertaba con los sonidos del viento, el agua, los pájaros, los animales y las voces de los demás. Vivían en entornos naturales que contenían pocas líneas rectas o ángulos rígidos, realizando tareas cotidianas como la caza, la búsqueda de alimentos, la jardinería, la pesca, la fabricación de vasijas, el tejido y la cocina. Estas actividades sin duda requieren esfuerzo, pero el hecho de que muchos humanos modernos sigan haciéndolas como pasatiempo, por diversión, es un claro indicio de que evolucionamos para disfrutarlas.

El cuerpo de Nicky, como el tuyo y el mío, sabe que evolucionó para vivir así. Si lleváramos a Nicky a un bosque, en pocas horas disminuirían cuantificablemente sus hormonas del estrés, la tensión muscular y la presión arterial. Su resistencia a las infecciones aumentaría, junto con el número de células anticancerígenas. También aumentaría su capacidad para resolver problemas, disminuiría su riesgo de depresión y dormiría mejor. Los científicos pueden medir estas respuestas en personas que visitan entornos naturales, aunque sea de manera breve, y nosotros hemos evolucionado para vivir en ellos todo el tiempo.

En cambio, Nicky se pasa la vida en entornos llenos de líneas rectas, ángulos rígidos, donde todo es artificial, desde los aperitivos hasta las telas y la luz. Nuestro hemisferio izquierdo lo aprueba con entusiasmo. Como escribe McGilchrist: "Al hemisferio izquierdo le gustan las cosas hechas por el hombre [...] porque nosotros las creamos. No están, como las cosas vivas, en constante cambio y movimiento, fuera de nuestro alcance". También son más fáciles de manejar con las herramientas preferidas del hemisferio izquierdo: la fuerza, la lógica y el control.

Para funcionar en los mundos artificiales que hemos creado, obligamos a nuestros cuerpos a operar según las agujas del reloj, en lugar de hacerlo de acuerdo con las estaciones, con nuestro estado de salud o con sensaciones físicas como el hambre, la sed o la fatiga. Clasificamos a nuestros hijos en grupos del mismo tamaño y los obligamos a estar sentados durante horas, prestando atención a cosas que nunca encontrarían en la naturaleza, a pesar de que los científicos han demostrado que los niños aprenden mejor cuando están al aire libre, en movimiento, utilizando un foco de atención abierto y todos sus sentidos para resolver problemas que les son inmediatamente útiles.

Pero, por supuesto, nuestros sistemas escolares no se diseñaron para que los niños aprendan cualquier cosa que les guste. Se diseñaron poco después de la Revolución Industrial para prepararlos para trabajos en los que se sentarían en cadenas de montaje o escritorios bajo luces fluorescentes, harían tareas mecánicas o procesarían información, mientras fingían que les gustaba.

Aquellos que consiguen trabajos codiciados y de gran prestigio como el de Nicky pueden pasar la mayor parte de su vida centrados en cosas que solo el hemisferio izquierdo puede entender: fechas de entrega, textos escritos, hojas de cálculo, presentaciones de PowerPoint tan aburridas que los espectadores pueden sentir cómo sus mentes se convierten en papilla. La mayoría de estos trabajos (la mayoría de los trabajos, punto) los obligarán a dejar a sus familias y a otros seres queridos para poder pasar la mayor parte de su tiempo con extraños a quienes les asignaron un trabajo similar.

Esta cultura tan desequilibrada, dice el psicólogo de Princeton Les Fehmi, "nace del hemisferio izquierdo". Durante los últimos siglos ha avanzado cada vez más hacia el pensamiento del hemisferio izquierdo y ha recompensado a las personas que valoran su definición de productividad por encima de cosas como la empatía y el significado. Se centra en un único objetivo: maximizar la riqueza material. O, como dice McGilchrist, "acaparar cosas". Para el hemisferio izquierdo, esta parece ser la única tarea que vale la pena realizar. "Su propósito es la utilidad", dice McGilchrist, "y su adaptación evolutiva radica en la capacidad de apoderarse de objetos y acumular".

Este es el modo de vida que nos ha hacinado en entornos artificiales, ha destruido innumerables ecosistemas naturales, ha contribuido a que cientos de millones de personas se masacren entre sí y ha cambiado el clima del planeta con efectos de posible alcance apocalíptico. Ha llevado a muchos de nosotros, incluida Nicky, al agotamiento, la depresión y una intensa ansiedad.

CÓMO LAS COSAS SE VOLVIERON TAN "WEIRD"

Todo esto nos ha alejado por completo de la forma en que nuestros cuerpos y mentes están diseñados para funcionar. Y nuestros cerebros luchan por seguir el ritmo. En el año 2000, el antropólogo biológico Joseph Henrich acuñó el acrónimo WEIRD ("raro", en inglés) para describir a los países occidentales, educados, industrializados, ricos y democráticos (*Western, Educated, Industrialized, Rich, Democratic*). Henrich cree que los ciudadanos del mundo WEIRD tenemos una psique muy distinta a la de nuestros antepasados: más obsesionados con los objetos, más impulsivos y —lo has adivinado— más ansiosos.

El modelo del pensamiento WEIRD surgió hace unos cientos de años en Europa occidental. Tras rechazar el dominio de la religión, los líderes intelectuales de esta época se propusieron comprender el mundo desde una perspectiva del todo materialista: midieron, analizaron, calcularon y etiquetaron cosas. En otras palabras, se encerraron en su hemisferio izquierdo del cerebro y se quedaron allí.

No hay que olvidar que el efecto espejo del hemisferio izquierdo hace que tenga certeza absoluta de que sus percepciones son correctas, que ninguna otra forma de pensar es... ¡vaya!, *correcta*. Esta actitud inspiró a los pensadores europeos de la Ilustración a difundir su nueva mentalidad por todo el mundo.

Para los estándares del hemisferio izquierdo, este esfuerzo fue un éxito rotundo. Cuando los exploradores europeos se encontraron con pueblos con valores y estilos de vida diferentes, se ponían manos a la obra para esclavizarlos, explotarlos o matar al mayor número posible, arrebatándoles todas sus pertenencias, incluidos sus cuerpos y sus hijos. Los conquistadores obligaron a los sobrevivientes de las culturas subyugadas a adoptar los valores occidentales para desenvolverse en su nuevo mundo. Para el hemisferio izquierdo, esto tenía sentido. ¡Todo era progreso! ¡Derecho divino! ¡El destino de la humanidad!

Y esto aún continúa.

CÓMO NUESTRA ECONOMÍA SE CONVIRTIÓ EN UNA FÁBRICA DE MIEDO

A medida que esta cultura del hemisferio izquierdo nos aleja de los ritmos de la naturaleza, nuestros cerebros neuroplásticos se han adaptado a las condiciones a las que nos enfrentamos. En otras palabras, cada uno de nosotros se socializa para estar cada vez más dominado por el hemisferio izquierdo. Eso significa que también operamos desde las partes de nuestros cerebros que crean espirales de ansiedad. No es de extrañar que las personas como Nicky, que se sientan en cubículos, se centran en el procesamiento de información y compiten con compañeros de trabajo que apenas conocen, tiendan a ser ansiosas.

De hecho, en nuestra cultura fomentamos la ansiedad como un medio para impulsar cada vez más la productividad. A pesar de la gran cantidad de pruebas que demuestran que somos más creativos e ingeniosos cuando estamos tranquilos, a menudo nos decimos a nosotros mismos —y a los demás— que el miedo es un gran motivador, un componente necesario para alcanzar grandes logros. Creemos que para seguir siendo productivos debemos *mantenernos* ansiosos.

Incluso el fundador de Amazon, Jeff Bezos, uno de los seres humanos más ricos de la historia, escribió a sus accionistas: "De manera constante les recuerdo a nuestros empleados que tengan miedo, que se despierten cada mañana aterrorizados". Vivir con miedo, afirma, es la forma de mantenerse a la vanguardia. Sin duda, esta filosofía le ha ayudado a adquirir su enorme fortuna. Pero ¿es realmente "normal" que más de un millón de empleados de Amazon sientan terror desde el momento en que se despiertan todos los días para que algunas de las personas más ricas del mundo puedan hacerse aún más ricas?

¡Por supuesto!, grita el hemisferio izquierdo.

La sabiduría convencional de nuestra cultura nos dice que nuestra mejor oportunidad de tener una buena vida es ser un Jeff Bezos, alguien que se encuentra en la cima de la pirámide social y financiera. Porque así es como nos enseñaron a esperar y a soñar, ayudamos a crear sistemas en los que la opresión continua de muchas personas comunes, que apenas sobreviven en términos económicos, sustenta la riqueza extrema de una pequeña minoría. Y para mantener esta situación —hacerla aún más extrema, con mayor riqueza en la cima de la pirámide— todo el mundo vive en un estado de perpetuo temor que hace casi imposible disfrutar de la vida. Y lo que es aún más irónico, las personas que se encuentran en la cima de la pirámide también suelen vivir en un estado de ansiedad. Como dijo Shakespeare: "Inquieta yace la cabeza que lleva una corona".

La mayoría de las personas que conozco acepta esta pirámide de ansiedad como el orden natural de las cosas y sucumben a la misma resignación con la que toleran las realidades de la gravedad o del clima. Pero producir riqueza extrema para unos pocos aterrorizando a casi todos los demás no es una ley natural. Es algo que hemos creado, siguiendo las tendencias más materialistas, asustadizas y controladoras de nuestro hemisferio izquierdo.

Y así volvemos a Nicky, acurrucada y llorando en su precioso departamento. Se ha pasado la vida cumpliendo de forma impresionante con una cultura WEIRD. Y ninguna de las personas que intentaron ayudar a reducir su ansiedad parece haberse dado cuenta de que este esfuerzo la ha desconectado de todo lo que sostuvo a los seres humanos durante decenas de miles de años: su propio cuerpo, sus seres queridos, las plantas y los animales, los entornos naturales, su sentido de lo espiritual.

¿Recuerdas a Jill Bolte Taylor, quien vivía en un lago en el bosque, estudiaba ciencias y hacía arte? Muchos podrían considerar su estilo de vida como extraño, incluso excéntrico. Pero desde el punto de vista biológico y psicológico, la vida cotidiana de Jill es mucho más normal que la de Nicky. Tras experimentar la "euforia silenciosa" de la vida con el hemisferio izquierdo discapacitado, Jill eligió vivir de un modo que equilibrara las funciones de sus dos hemisferios. Decidió no volver al prestigioso estilo de vida que ella llama "subir la escalera de Harvard". En cambio, creó una vida en la que puede prosperar de verdad, en cuerpo, mente y alma.

Entonces, ¿cómo podemos desligarnos de nuestra forma "normal" de pensar, el conjunto mental que rige nuestra cultura y nos hace girar en ciclos de ansiedad? La mayoría de mis clientes creen que la mejor estrategia es contraatacar. Están dispuestos a hacerle la guerra a la ansiedad con todas sus fuerzas. Esto es valiente y admirable. Pero no funciona.

CÓMO EMPEORAMOS NUESTRA ANSIEDAD AL LUCHAR POR MEJORARLA

Al hemisferio izquierdo le encanta luchar. Se nutre de la competencia y la conquista. Entre los rasgos culturales propios del hemisferio izquierdo se encuentra nuestra veneración por el camino del guerrero. Aunque la mayoría de nosotros no pasamos mucho tiempo atacando físicamente a otras personas, nos exigimos a nosotros mismos y a los demás luchar por cualquier cosa que merezca la pena. ¡Lucha por mantenerte sano! ¡Lucha por conquistar a tu verdadero amor! ¡Lucha por tu autoestima! ¡Lucha por la paz, porque eso no es en absoluto contradictorio! ¡Lucha, lucha, lucha!

Incluso muchos estilos de psicoterapia se proponen de manera explícita "combatir" las enfermedades mentales. Los primeros psicoterapeutas empezaron bajo la etiqueta de "analistas", los que diseccionan la psique. Desde Freud, los expertos en salud mental han intentado aislar y examinar cada pequeña parte de una mente perturbada, como los cirujanos que cortan el tejido tumoral o los relojeros que desmontan una pieza de relojería para ver por qué dejó de funcionar.

El terapeuta de Nicky, por ejemplo, es devoto de los análisis detallados. En cada sesión, Nicky articula con mayor claridad todos los traumas tempranos que contribuyeron a su trastorno de ansiedad. Tras un año así, Nicky dice: "Entiendo mucho mejor mi ansiedad. ¿Por qué no desaparece?". La razón por la que ella y su terapeuta no han encontrado la pieza que falta en la máquina de la mente de Nicky es que su mente no es una máquina. Los seres humanos ansiosos no somos mecanismos rotos. Somos criaturas asustadas.

Cuando te sientes ansioso, la criatura primitiva que vive en el núcleo de tu cerebro funciona tal como la naturaleza lo había previsto. Trata de encontrar tu entorno natural y tus formas de comportarte y, cuando no lo consigue, se preocupa. Someterla a análisis o ataques no ayuda. A menudo oigo a la gente decir cosas como:

- "Intento vencer esta estúpida ansiedad con todas mis fuerzas".
- "Necesito controlarme y acabar con mi ansiedad".
- "Tengo un compromiso total para superar mi ansiedad".
- "Lucho contra mi ansiedad con todas mis fuerzas, pero siempre me gana".

Estas son las valientes palabras de un guerrero, y suenan del todo normales para casi cualquier persona en nuestra cultura. Ahora consideremos algunas cosas que nunca he oído decir a un cliente:

- "Pienso darle a mi ansiedad mucho espacio para que haga lo que quiera".
- "Me encantaría ayudar a que mi ansiedad prospere".
- "Me gustaría tener una conexión más estrecha con mi ansiedad".
- "Valoro mucho mi ansiedad".

Estas afirmaciones pueden parecer extrañas porque contradicen la forma en que nuestra cultura nos enseña a pensar. Pero piensa en cómo respondes a estos diferentes enfoques. Supongamos que te apuntas a una sesión de *coaching* para cambiar tu vida conmigo. Entro, te miro a los ojos y te repito las cosas "normales" que la gente dice sobre la ansiedad. Te digo:

- "Intentaré vencerte con todas mis fuerzas".
- "Quiero controlarte y acabar contigo".
- "Estoy decidida por completo a superarte".
- "Voy a luchar con todas mis fuerzas hasta que gane".

¿Cómo te hace sentir esto? ¿Relajado y cooperativo? ¿Impresionado y emocionado? ¿O muy *muy* incómodo? ¿Estás más interesado en seguir mis instrucciones o en buscar tu gas pimienta?

La parte de ti que siente ansiedad responde de la misma manera cada vez que te propones "vencerla", "superarla", "acabar con ella" o incluso "analizarla". Ante tal antagonismo, se asusta más que nunca, ¿cómo no? Así que se fortalece, se atrinchera y se prepara para sobrevivir a tus embestidas más belicosas. Tu ansiedad neta aumenta.

A continuación, imaginemos que cuando acudes a mí para que te asesore, empiezo con mi lista de afirmaciones "extrañas" que nadie hace sobre su ansiedad:

- "Pienso darte mucho espacio para que hagas lo que quieras".
- "Me encantaría ayudarte a prosperar".
- "Me gustaría tener una conexión cercana contigo".
- "Te valoro mucho".

Puede que frunzas el ceño con recelo, ya que apenas nos conocemos y esto es algo para una tercera cita, pero dudo que te haga salir corriendo de la habitación. Puede que incluso sientas curiosidad por lo que haría a continuación.

Esto no es psicología a nivel de ciencia espacial, amigos. Todos sabemos que ninguna parte nuestra —ninguna criatura que haya existido— quiere ser atacada, controlada o destrozada. Sabemos que nos relajamos más cuando nos sentimos respetados y comprendidos. Así que durante el resto de este capítulo —quizá el resto de tu vida— me gustaría ayudarte a imaginar otro enfoque de la ansiedad, uno que comienza por respetar la forma en que evolucionamos para pensar y comportarnos.

CONVERTIRSE EN UN SUSURRADOR DE LA ANSIEDAD

Relajar nuestra ansiedad es un poco como aprender a "susurrar" a los caballos, en lugar de seguir la vieja tradición de "domarlos". Durante siglos, hemos domado a los caballos a la manera del guerrero: atacar, abrumar, herir, dominar. Algunos domadores aún lo hacen. Entre los métodos más populares está el de incapacitar al caballo para que corra, golpearlo, darle patadas, azotarlo y causarle miedo y dolor hasta que se "quiebre" y deje de defenderse.

Por fortuna, los entrenadores modernos empiezan a aplicar técnicas conocidas en el ámbito ecuestre como "susurro de caballo". Los expertos en este método empiezan por observar cómo interactúan los caballos entre sí. Luego imitan el "lenguaje" equino, que se compone de movimientos, gestos y energía (por ejemplo, deambular por un camino sinuoso con la mirada enfocada de forma suave es la manera en la que dicen: "No estoy aquí para cazarte ni hacerte daño, solo quiero formar parte de tu manada").

Una vez observé a unos susurradores de caballos trabajar con mustangos salvajes que acababan de reubicar desde tierras públicas. Estos animales eran tan salvajes como los venados. Rara vez habían visto personas y nunca habían sentido el contacto humano, solo los arriaron —aterrorizados, sin duda— hacia camiones de transporte. Antes de que los susurradores entraran al potrero con ellos, cada uno se colocó un casco y firmó un documento donde reconocía que los caballos podían matarlos. Los acompañé para observar, esperando un gran drama.

De hecho, fue algo aburrido.

Durante unos cuatro días, los humanos pasaron horas de pie cerca de los animales. A veces, alguien se acercaba con tranquilidad a un caballo y luego se alejaba despacio. Los susurradores utilizaban tácticas como cambiar la inclinación de su peso o relajar la mirada para comunicar seguridad a los caballos en su propio "lenguaje". Buena parte de esto era tan sutil que ni siquiera lo noté. Pero a los pocos días, a diferencia de las semanas que podría llevar "domar" un caballo, esos mustangos se dejaban acariciar y cepillar por sus nuevos amigos humanos. Todo el proceso fue lo opuesto a un combate violento.

Los caballos y los humanos tienen amígdalas muy similares, al igual que la mayoría de las criaturas. Por eso lo mejor es calmarse a uno mismo —y a los demás— con técnicas suaves y sutiles, como las que se usan en el susurro de caballos. Esto es cierto incluso en ocasiones que parecen requerir acciones bélicas, situaciones en las que ser amable y sutil nos parece a la mayoría una estupidez.

Susurrar a la ansiedad cuando hay mucho en juego

En el verano de 2000, un grupo de rebeldes en Filipinas secuestró a un estadounidense de veinticuatro años llamado Jeffrey Schilling. El líder era un terrorista infame llamado Abu Sabaya. Exigió un rescate de diez millones de dólares a los padres de Schilling, quienes revisaron con minucia sus carteras y le pidieron ayuda al gobierno estadounidense. El FBI envió un equipo de agentes liderado por el mejor negociador de rehenes de la agencia, Chris Voss.

Creo que no hace falta decir que las crisis de rehenes son asuntos de alta ansiedad: todos son hostiles, están armados y listos para apretar los gatillos. Pero cuando Voss llegó a Filipinas, no amenazó, no lanzó ninguna granada de mano, no pateó a nadie en la cara. Trabajaba con un colega filipino llamado Benjie, un soldado condecorado que se comunicaba con Sabaya por teléfono en tagalo, su lengua natal. Estos son algunos de los métodos que Voss le pidió a Benjie que utilizara en las conversaciones posteriores con el secuestrador:

- Una voz suave, baja y amable
- Silencio reflexivo
- Preguntas curiosas
- Escucha atenta
- Resumir en voz alta la posición de Sabaya
- Mostrar empatía

A Benjie no le gustó nada esto. Odiaba a Sabaya con una pasión ardiente. El hombre había matado a uno de sus hombres, además de haber violado y asesinado a personas inocentes sin el menor remordimiento. Así que cuando Voss sugirió escuchar con atención a Sabaya, incluso empatizar con él, Benjie se puso furioso. ¿Y cómo reaccionó Voss mientras Benjie gritaba y maldecía? Recurrió a lo siguiente:

- Una voz suave, baja y amable
- Silencio reflexivo
- Preguntas curiosas
- Escucha atenta
- Resumir en voz alta la posición de Benjie
- Mostrar empatía

Ante esta reacción tan tranquila, Benjie despotricó un rato y poco a poco se le agotó la energía. Pronto empezó a cooperar con Voss, practicando las técnicas contraintuitivas del negociador mientras los días de tensión se extendían a semanas. Poco a poco, Benjie se convirtió en un hábil negociador.

Después de muchas conversaciones, Sabaya pareció aburrirse del tono reflexivo y apagado de Benjie. También parecía aburrido de su rehén, pues bajó la guardia y le dio a Schilling la oportunidad de escapar a la selva, donde un equipo de comandos lo rescató.

Sabaya llamó a Benjie por última vez para decirle que debían promoverlo: "Iba a herir a Jeffrey. No sé qué hiciste para evitar que lo hiciera, pero fuera lo que fuera, funcionó", dijo.

Esto sería una película terrible. No se puede comer palomitas mientras se ve a hombres rudos empatizando entre sí con voces lentas y suaves. Sin embargo, la historia de Benjie y Sabaya me emocionó más que todas las películas de Rambo juntas, porque me mostró una verdad bastante simple: en cualquier situación estresante, desde una pelea doméstica hasta una crisis con rehenes, tratamos con una cosa básica: la amígdala humana activada.

Todas las amígdalas de todas las criaturas responden a condiciones similares: hacen sonar la alarma cuando aparece algo peligroso o desconocido, y se calman en el momento en que les das tranquilidad, quietud y espacio para relajarse. Esto significa que podemos emplear con nosotros mismos y con los demás las mismas estrategias que usan los susurradores de caballos para calmar a los mustangos. Las habilidades que Voss enseñó a Benjie pueden sustituir nuestra costumbre de convertir cada desacuerdo en una guerra. Aprender estas habilidades empieza por calmar nuestras propias criaturas ansiosas interiores. Cuando lo hagamos, descubriremos que las personas que nos rodean también se calman. Incluso en situaciones de miedo, podemos sacarnos a nosotros mismos —y a menudo a los demás— de las espirales de ansiedad que nuestra cultura garantiza.

Las habilidades básicas

El método que Voss le "enseñó" a Benjie de hecho ya estaba presente en sus instintos. De manera natural, accedemos a tácticas similares cuando tratamos con criaturas asustadas. Es probable que hayas usado técnicas para calmar la amígdala si alguna vez cuidaste a un bebé, un cachorro, un gatito o cualquier otro ser vulnerable. Sabías en automático que ayudaría moverte con suavidad, respirar de manera profunda, emitir sonidos suaves y evitar asustar a la criatura intentando inmovilizarla y controlarla por completo.

Debido a que Benjie usó este enfoque en lugar de amenazas de fuerza o argumentos analíticos, pudo calmar a Sabaya sin que el secuestrador siquiera notara lo que ocurría. Los métodos de Benjie parecían extraer la energía antagónica del conflicto como por arte de magia. (Como dice Iain McGilchrist, "la magia es la forma en que el hemisferio izquierdo ve poderes sobre los que no tiene control").

La ansiedad y el estrés en tu propia mente y cuerpo pueden disiparse de manera similar si estás dispuesto a aplicar algunas habilidades de "susurro a la amígdala" en ti. El siguiente ejercicio te ayudará a empezar. Acercarte a tu ansiedad de esta manera puede sentirse extraño o contraintuitivo al principio (recuerda, a Benjie le tomó un tiempo antes de aceptar probar los métodos de Voss). Pero a medida que repitas el proceso y sientas cómo te afecta, te volverás cada vez más hábil al susurrarle a tu propio cerebro ansioso.

Para comenzar, tómate unos minutos en los que no vayas a interactuar con otras personas. Nota cualquier sensación de tensión o ansiedad en cualquier parte de tu cuerpo. Concéntrate en esta sensación incómoda. Imagínala como un animal joven: un cerdito, un cordero, un patito. Esta es tu "criatura ansiosa".

En el recuadro de la página siguiente escribe qué animal es tu criatura ansiosa y cómo lo vas a llamar. Haz un pequeño dibujo si quieres.

MI CRIATURA ANSIOSA

Ahora cierra los ojos e imagina que ves a esa criatura ansiosa acurrucada en tu interior, recelosa, tambaleante y preocupada. Si no puedes visualizarla, siéntela. Comprueba si puedes encontrar la parte tenue y asustadiza de tu interior que se tensa cuando sientes ansiedad. Prométele a esta criatura que tienes toda la intención de mantenerla a salvo. Obsérvala. Fíjate en que no puedes obligarla a relajarse, incluso cuando quiere. A continuación, aplica las siguientes técnicas para susurrarle a tu amígdala.

Habilidad de susurro a la amígdala núm. 1: suspira

Cada vez que exhalas, tu ritmo cardiaco disminuye un poco. Exhalar frena tu respuesta de lucha o huida para que tu ritmo cardiaco no se eleve de manera peligrosa. Por eso, en cientos de culturas humanas, incluso otras especies, una exhalación larga y lenta es una forma universal de empezar a reducir cualquier reacción de estrés.

Ahora mismo, inhala profundo y exhala con un largo suspiro. Intenta fruncir los labios y empujar el aire a través de una pequeña abertura, usa tu diafragma un poco más de lo normal y permite que la exhalación dure más. Haz esto tantas veces como quieras. (Si empiezas a sentirte mareado, toma algunas respiraciones normales entre suspiros). Observa que, al hacerlo, tu cuerpo se siente un poco más relajado.

Habilidad de susurro a la amígdala núm. 2: relaja el enfoque de tus ojos

De niño, es probable que fueras sometido a una letanía de órdenes como "¡concéntrate!", "¡escucha!", "¡mírame!", "¡presta atención!". Estas instrucciones significaban que debías concentrar la atención del hemisferio izquierdo, tipo láser, en lo que el interlocutor considerara importante. Este enfoque de atención agudo, que nuestra cultura considera tan productivo, es de hecho parte de la respuesta de lucha o huida que puede paralizarte cuando quieres hacer algo constructivo.

Relajar el foco de nuestra atención, en especial el foco de los ojos, envía un mensaje poderoso a nuestras criaturas ansiosas: está bien relajarse. Prueba esto ahora mismo: si estás leyendo este libro en una página o en una pantalla, detente un momento y mira el espacio entre tu cuerpo y la superficie de lectura. Si estás escuchando un audiolibro, pon pausa y luego escucha el silencio que existe alrededor.

A veces invito a la gente a hacer esto cuando estoy en una videollamada con docenas o cientos de participantes. Primero, les pido que califiquen su ansiedad del 1 al 10 y que escriban el número en el chat. La mayoría de las puntuaciones de ansiedad superan el cinco. Luego les pido a todos que miren el espacio vacío entre sus ojos y sus computadoras mientras escuchan el silencio tras cualquier sonido que puedan oír. Después de unos segundos, les pido que califiquen su ansiedad de nuevo. Casi todos reportan una caída dramática, incluso a veces la mayoría de las personas escribe un gran cero.

Inténtalo. Después sigue adelante. Y con "sigue" quiero decir que te muevas.

Habilidad de susurro a la amígdala núm. 3: deja que tu criatura ansiosa se mueva

Cuando tratamos con niños asustados, a menudo intentamos encerrarlos, abrazarlos, hacer que se estén quietos. Para una criatura ansiosa esto puede parecer un cautiverio forzoso. Voss no trató de impedir que Benjie despotricara y zapateara; se limitó a esperar a que el soldado descargara su adrenalina. Más tarde, Benjie empleó la misma estrategia con Sabaya.

Intentar que tu cuerpo deje de moverse cuando estás ansioso es un poco como pisar el acelerador y el freno al mismo tiempo. Tu criatura ansiosa puede sentir el impulso de caminar, golpear una almohada o solo temblar. Déjala. El movimiento, en especial el temblor, es una forma muy eficaz de manejar el estrés actual o postraumático. A menudo vemos el temblor como un signo de debilidad, pero de hecho es una forma poderosa para que el sistema nervioso se regule hacia un estado de paz. Así que, en la medida en que las circunstancias lo permitan, deja que tu criatura ansiosa mueva tu cuerpo como quiera.

Habilidad de susurro a la amígdala núm. 4: acepta a tu criatura ansiosa; si no puedes hacerlo, acepta la parte de ti que se niega a aceptarla

Una criatura ansiosa y asustada es como un bebé que llora y no se calma: inocente pero también agotador. Si intentamos forzarlo a que deje de sentir, se pone cada vez más ansioso.

Cuando aceptamos la ansiedad de cualquier criatura ansiosa, todo empieza a calmarse.

Así que, una vez más, imagina a tu pequeña criatura ansiosa, tu chinchilla o tití o lo que sea, conmocionada y temblorosa en el centro de tu psique. Imagina que le dices: "¿Sabes qué? Puedes seguir teniendo miedo. No intentaré cambiarte. Te acepto tal como eres".

Muchas personas se indignan cuando les pido que prueben esto. Dicen cosas como: "Eso es una tontería. ¡Odio a mi criatura ansiosa! ¡Solo quiero que se calme y se calle!".

Si esto sucede, dirige tu atención a la propia ira que tienes hacia la criatura ansiosa. Imagina que le dices a esta parte enojada: "Puedes seguir enojada. No intentaré cambiarte. Te acepto tal como eres".

Ante esto, puede que empieces a preocuparte: "¡Pero si en la iglesia me enseñaron que la ira es peligrosa y está mal! Tengo que acabar con esto". (Puede que esto resulte muy persuasivo si fuiste criado de acuerdo con las normas de género femeninas tradicionales, del mismo modo que "¡Deja de ser tan cobarde!" puede resonar para quienes fueron criados de acuerdo con las normas de género masculinas tradicionales). Fíjate en la parte que protesta. Imagina que le dices: "Puedes seguir horrorizada. No intentaré cambiarte. Te acepto tal como eres".

¿Entiendes la idea? *Acepta todo lo que sientas, incluida cualquier parte de ti que se niegue a aceptar lo que sientes.* Si sigues así el tiempo suficiente, empezarás a conectar con tu auténtica capacidad de aceptación. En ese momento, tu criatura ansiosa —que no entiende las palabras, pero es muy sensible a tu energía— empezará a calmarse.

Por mucho que proteste tu psique, siempre puedes superarla aceptando lo que siente. Por eso Voss enseñó a Benjie a escuchar de manera atenta a Sabaya y luego resumir su postura. Es como un movimiento de artes marciales que se enfrenta a un movimiento de gran fuerza, como un puñetazo o una patada, sin emplear fuerza alguna, solo apartándose. Al no encontrar resistencia, el atacante caerá por su propia aceleración.

Todo esto puede ocurrir en tu imaginación, en silencio. Ahora es el momento de usar tu voz. No palabras, solo voz.

Habilidad de susurro a la amígdala núm. 5: murmurar, tararear o cantar

Cuando estamos ansiosos, se nos hace un nudo en la garganta. Nuestra voz sube tanto de tono como de volumen. Relajar los músculos respiratorios al hablar con voz baja y lenta nos tranquiliza, tanto porque nos obliga a aflojar esa tensión como porque la vibración física de una voz tranquila ayuda a regular nuestro sistema nervioso.

Voss entrena a los negociadores de rehenes para que desarrollen lo que él llama "la voz de DJ de madrugada". Se trata del tono tranquilo y meloso que podrías escuchar en la radio o en tu programa favorito de consejos que se transmite en vivo a las tres de la mañana. Voss recomienda imitar la voz profunda, mesurada y reflexiva que usaba Oprah al entrevistar a sus innumerables invitados de televisión. Si no la has visto, búscala en Google. Después, dedica unos minutos a encontrar tu propia voz baja y pausada.

La amígdala siempre sigue los tonos y las vibraciones de las voces humanas. Se pone más ansiosa cuando alguien grita y menos cuando escucha suaves cantos o tarareos. De hecho, las investigaciones demuestran que cantar es una de las formas más potentes de ayudar a regular un sistema nervioso alarmado. Después de que un cocodrilo casi le arrancara una pierna, mi amigo Boyd Varty se calmó y sobrevivió el viaje a un hospital lejano repitiendo el canto yóguico *Amaram hum madhuram hum* ("Soy eterno, soy dichoso"). A tu amígdala no le importan las palabras que uses, pero se sentirá tranquila por el sonido y la vibración.

Habilidad de susurro a la amígdala núm. 6: emplea el discurso interno amable (DIA)

¿Recuerdas al monje tibetano que mencioné en la introducción? ¿El que padecía un terrible trastorno de ansiedad de niño y más tarde se volvió tan tranquilo y feliz que los investigadores pensaron que su equipo de escaneo cerebral se había averiado? Bueno, gran parte de la transformación en su cerebro la logró usando algo llamado "meditación de bondad amorosa". Años antes de aprender este término, me topé con algo similar.

Llamo a este proceso DIA, acrónimo de "discurso interno amable". Lo usé durante años antes de contárselo a nadie. Siendo honesta, me avergonzaba. Tenía bastante seguridad de que mis conocidos intelectuales se burlarían de la sugerencia de que todos deberíamos aceptar con cariño nuestras propias amígdalas. Pero luego tuve una clienta con una ansiedad tan terrible que decidí enseñarle mi método secreto, y vi cómo empezaba a sentirse mejor en cuestión de minutos. Ahora hablo de este método todo el tiempo. Me ha ayudado a dejar de preocuparme por lo que piensen mis conocidos intelectuales. He aquí cómo hacerlo:

- Ya sea en silencio o usando tu voz tranquila, suave y de "DJ de madrugada", recuérdale a tu criatura ansiosa que sabes que está ahí. Recuerda, no entenderá las palabras, pero sentirá tu intención. Al concentrarte en la amabilidad, despertarás una parte del cerebro que vive en la compasión y nunca se atasca en la ansiedad. Para obtener el efecto, *es crucial enmarcar tus oraciones como si te dirigieras a otro ser.* No llames a tu criatura asustada "yo" y no hables *de* ella, háblale *a* ella. Di cosas como:

    - "Estás bien".
    - "Te veo".
    - "Estoy aquí contigo".
    - "Sé que estás muy asustada".
    - "No pasa nada".
    - "Todo está bien en este momento".

    Estas palabras pueden sonar banales para tu intelecto. Pero mientras las repites, observa que algunas de ellas ayudan a que tu criatura ansiosa se calme, aunque sea solo un poco. Repite las frases que mejor funcionen.
- Cuando sientas que tu ansiedad disminuye, aunque sea un poco, empieza a dispensarte deseos amables, como los de la meditación tibetana de la bondad amorosa:

    - "Que te sientas segura".
    - "Que te sientas en paz".
    - "Que estés protegida de todo mal".
    - "Que seas feliz".
    - "Que te sientas libre".

- Puedes ser cualquier deseo compasivo que se te ocurra. Cuanto más tiempo sigas dirigiéndole buenos deseos a tu criatura ansiosa, más probabilidades tendrás de recuperar el equilibrio interior.
- Antes de volver a la vida normal, imagina que metes a tu criatura en una cómoda caja acolchada que luego llevas en una pequeña bolsa colgada de una correa sobre tu hombro. Prométele a la criatura que te darás cuenta de cuando se preocupe y la ayudarás a calmarse siempre que necesite tu atención.
- Mantén tu promesa.

SENTIRSE BIEN AL PARECER RARO

Tal vez estés pensando que susurrarle a tu amígdala suena como un proceso complicado. Pero, de hecho, como es instintivo, es mucho más normal que detallar todo lo que salió mal en tu infancia o enlistar todos los votos religiosos que pudiste haber hecho y luego roto. Aquí tienes un resumen de todo el proceso que he descrito antes:

- Observa a tu criatura ansiosa
- Suspira
- Relaja el enfoque de tus ojos
- Muévete un poco
- Acepta lo que sientes
- Emite sonidos relajantes
- Dispénsate deseos amables

A Nicky le ha tomado unos cinco minutos dominar esto durante nuestra primera sesión. Cuando ha repasado los pasos varias veces, le salen de forma natural, como es probable que te ocurra a ti. Esto es bueno porque recurrirás a este proceso a menudo; tu cerebro y tu cultura siempre tendrán un sesgo de negatividad, por lo que calmar a tu criatura es algo que repetirás muchas veces hasta que lo conviertas en tu segunda naturaleza. Le pido a Nicky que realice su rutina de autorregulación emocional cada mañana a primera hora y luego de nuevo cada vez que se sienta ansiosa. Nos despedimos hasta nuestra próxima sesión.

Lo que sucede a continuación es del todo lógico desde la perspectiva de la naturaleza de Nicky, y del todo ilógico desde la perspectiva de nuestra cultura. Empezó a cultivar algunos alimentos.

"No lo planifiqué de antemano", me cuenta Nicky en nuestra siguiente sesión. "Solo ocurrió". Un día, tras calmar a su criatura ansiosa de camino a casa desde el trabajo, se detuvo en una floristería. Mientras compraba una pequeña jardinera de madera, un poco de tierra para macetas, una planta de tomate cherry y semillas de varias hierbas, tuvo la extraña pero agradable impresión de estar comprando regalos para su criatura ansiosa. De vuelta en su departamento del décimo piso, montó un pequeño jardín cerca de una ventana de la cocina.

"No estoy segura de por qué estoy haciendo esto", me dice después de traer su computadora para mostrarme sus nuevas plantas. "O sea, ¿es normal?".

Desde el punto de vista cultural, no tanto. Pocas personas con departamentos caros en Manhattan cultivan verduras en sus cocinas. Pero, desde el punto de vista fisiológico y psicológico, la jardinería es una de las cosas más normales que Nicky puede hacer. Algunos de sus recuerdos más felices incluyen ayudar a su abuela a cultivar verduras y hierbas. Cuidar su pequeño huerto y cocinar con sus "cosechas" conecta a Nicky con la naturaleza, su abuela, su cultura puertorriqueña y su cuerpo. Los aromas, las texturas, los sabores y las acciones sencillas ayudan a calmar todo su sistema nervioso.

Nicky no menciona su jardín en el trabajo. Otros abogados, en especial sus jefes, lo considerarían una pérdida de tiempo contraproducente. Pero con menos ansiedad y más paz interior, ella encuentra un nuevo sentido del equilibrio. A medida que practica las habilidades para susurrar a la ansiedad y se permite disfrutar de su jardín, se tranquiliza a la hora de establecer límites en el trabajo, aceptar menos proyectos y crear fechas de entrega más realistas. La calidad de su trabajo aumenta y la calidad de su vida mejora a pasos agigantados.

A medida que aprendas a susurrarle a tu criatura ansiosa, podrías empezar a hacer cosas que son extrañas desde la perspectiva de nuestra cultura, pero naturales y curativas para ti. Uno de mis seres queridos llama a esto "sentirse bien al parecer raro". Y cuando te hayas distanciado un poco de tu socialización, estarás listo para calmar a tu criatura ansiosa incluso en las áreas donde las experiencias traumáticas te han dejado más vulnerable. En el próximo capítulo veremos cómo calmar a esta criatura intensa.

3
CUANDO LAS CRIATURAS ANSIOSAS SE QUEDAN ATASCADAS

Hace algún tiempo, cuando deambulaba por los pasillos del mundo académico, conseguí un trabajo con un profesor exigente, grosero y agresivo al que llamaré Malaquías Aguaestancada. Nadie lo quería; desde luego que yo tampoco, pero yo le agradaba porque me arrastraba a sus pies como un golden retriever sumiso.

Aguaestancada me ordenaba a menudo hacer tareas tediosas con poca antelación. Cuando intentaba decir que no o incluso "ahora no", me quedaba paralizada. Me mantenía allí de pie, queriendo negarme, pero sintiéndome absorbida por el temido vórtice del acuerdo entusiasta. "Pues... claro", decía. "Me encantaría introducir cuatro mil cuestionarios en un enorme conjunto de datos informáticos plagado de errores. Claro que puedo terminarlo el fin de semana".

Yo le sonreía de forma maniaca, con ganas de golpearlo con una lámpara. Tan pronto como me despedía, salía corriendo hacia mi departamento, susurrando: "¡Huye! ¡Huye!" (ojalá estuviera exagerando). Luego intentaba apresurarme con mi nueva tarea, solo para descubrir que mi mente y cuerpo se habían quedado tan flácidos como espaguetis cocidos. Seguía arrastrándome, odiándome a mí misma y a Aguaestancada, preguntándome por qué, por qué, por qué siempre me metía en este tipo de situaciones.

Una palabra: *ansiedad.*

Mi relación con Aguaestancada —y con muchas otras personas— era dominada por un conjunto de reacciones conocidas en términos técnicos como *cascada de defensa.* Siguiendo directrices que evolucionaron mucho antes que el pensamiento cognitivo, algunas partes de mi sistema nervioso estaban asumiendo el control de mis pensamientos, percepciones y comportamiento. Como no entendía lo que estaba pasando, todas las buenas intenciones del mundo no me ayudaron a romper el patrón. Mi mente consciente se abrumó antes de que pudiera dirigirme a mi criatura interior ansiosa.

En este capítulo, hablaremos sobre las formas en que tu criatura ansiosa secuestra tus pensamientos, estados de ánimo y comportamientos. Luego te enseñaré algunos pasos que puedes seguir para volver a entrenar a tu yo ansioso. Antes de que empezara a seguir estos pasos, me sentía como un mono asustadizo, a menudo abrumada por reacciones que no podía controlar. Ahora me siento como alguien que tiene ese mismo mono asustadizo como mascota. Tengo mucha más capacidad para mantener la calma y la relajación, incluso cuando me enfrento a circunstancias que antes disparaban reacciones intensas.

LA CASCADA DE DEFENSA

Una de las cosas más desconcertantes de los patrones de ansiedad es que pueden dar lugar a muchas reacciones diferentes, dando la ilusión de tener causas distintas cuando, de hecho, la ansiedad es la raíz de todas ellas. Es probable que hayas experimentado cada parte de la cascada de defensa, pero quizá favoreces un tipo de respuesta sobre otro. Comprueba si alguna de estas historias te suena familiar:

- Jim disfruta de una copa con su amigo Leonard en su bar favorito cuando, de repente, Jim siente una oleada de ira. No está seguro de por qué; solo quiere golpear a Leonard en la garganta. En lugar de hacerlo, termina su cerveza y se aleja de su desconcertado amigo sin dar explicaciones.
- Fred y Brita tienen una fantástica segunda cita. Brita es genial, piensa Fred: brillante, inteligente y divertida. Pero luego empieza a sentirse juzgado. No puede precisar por qué; es solo una sensación. Con tristeza, se da cuenta de que Brita es tan crítica como todas las otras mujeres que ha conocido. Su tercera cita nunca sucede.
- En una cena, Lindsay está sentada junto a Chris, un hombre extrovertido, carismático y con muchas opiniones. Lindsay se inclina hacia Chris, hace preguntas, asiente con la cabeza, ríe de sus chistes. Conforme avanza el tiempo, se siente cada vez más asqueada: primero por Chris, quien le parece arrogante y desagradable, y luego, cada vez más, por su propia adulación, que parece incapaz de detener.
- Recién salida de la universidad, Emma consigue una codiciada pasantía en un noticiero de televisión, donde trabaja para una famosa presentadora. Emma desea con desesperación impresionar a su mentora, pero cada vez

que la mujer le hace una pregunta, la mente de Emma se queda en blanco. Solo se queda allí y emite pequeños jadeos. Sus posibilidades de conseguir un trabajo remunerado no pintan bien.

- Kirby disfruta de su nuevo trabajo en una tienda de mejoras para el hogar. De hecho, acaba de ser ascendida a gerente de piso. Pero en lugar de sentirse emocionada por su nuevo puesto, Kirby termina llamando para reportarse enferma todos los días durante una semana. Pasa esos días recostada en el sofá, viendo de nuevo alrededor de cuarenta temporadas de *Survivor*.

Si estas experiencias fueran aisladas o si solo ocurrieran de vez en cuando, no tendrían importancia. Pero no es el caso. Jim a menudo tiene inexplicables oleadas de ira. Fred termina por desaparecer de la vida de todas las mujeres con las que sale. Lindsay finge que se divierte en compañía de fanfarrones. Emma se paraliza con frecuencia bajo presión. Y Kirby nunca ha podido pasar más de unos pocos meses en un trabajo sin retirarse a su "Fortaleza de la Soledad" en el sofá.

Cada uno de ellos vive bajo el dominio de la cascada de defensa. Aunque sus comportamientos parecen diferentes, todos están reaccionando a una sensación innata de amenaza. Ya he mencionado la famosa respuesta de lucha o huida, que Walter Bradford Cannon nombró en 1915, cuando descubrió que muchos animales segregan la misma mezcla de hormonas de estrés de alta acción cuando están en peligro. Desde entonces, otros científicos han añadido nuevos elementos a la complejidad de las respuestas al miedo, incluyendo la complacencia, la parálisis y el colapso.

Por ejemplo, Jim tenía problemas de ira que le provocaban entrar en modo de "lucha" sin previo aviso. Cuando Fred se esfumó de la vida de Brita, estaba actuando de manera inconsciente bajo una respuesta de "huida". La compulsión de Lindsay de halagar a Chris provenía de un instinto de "complacer". Esta es una respuesta de autoprotección a menudo vista en depredadores sociales, es decir, criaturas que podrían matarse sin dificultad entre sí, pero que también necesitan llevarse bien. Los humanos somos una de esas especies, al igual que los perros (busca en Google "perros culpables" para ver algunos ejemplos adorables de complacencia).

La tendencia de Emma a "paralizarse" evolucionó para ayudar a los animales a esconderse de los depredadores. Su objetivo es la invisibilidad y funciona, incluso en situaciones donde alguien no quiere ser invisible. El tiempo de Kirby en el sofá puede no parecer autodefensa, pero lo es. "Colapsar" es el intento desesperado del sistema nervioso por sobrevivir a un peligro ineludible. El cuerpo se desconecta y espera ayudarse a sí mismo a superar la crisis y curarse de cualquier lesión que pueda haber sufrido. Si alguna vez has perdido de repente toda la fuerza de voluntad, la motivación y la energía, con toda probabilidad te encontrabas en un estado de colapso involuntario.

Todas estas reacciones son muy eficaces para protegernos en determinadas situaciones. La ira es una respuesta sana a la injusticia o al ataque. Huir nos ayuda a sobrevivir para luchar otro día. Un poco de adulación recíproca (ofrecer elogios o ayuda) facilita muchos encuentros sociales. Cuando no sabemos qué hacer, paralizarnos puede evitar que cometamos errores fatales. Y cuando estamos enfermos o atrapados, colapsar puede ser la mejor manera de conservar energía, descansar y sanar.

El problema es que podemos experimentar estas reacciones de manera involuntaria cuando no son útiles. Más aún, cualquier parte de una cascada de defensa puede convertirse en una espiral de ansiedad. Podemos entrar en modo de lucha, huida, complacencia, parálisis o colapso, y luego contarnos historias para justificar esa reacción, preparando todo para que suceda de forma más fácil la próxima vez que nos sintamos amenazados.

Por ejemplo, mi relación con el profesor Aguaestancada sacó a relucir todas las partes de la cascada de defensa. Expliqué mis reacciones de lucha, huida, complacencia, parálisis y colapso como una respuesta a mi situación: era claro que Aguaestancada era un completo idiota, pero necesitaba el trabajo y, desde el punto de vista político, era inteligente mantener contento al hombre. Estos argumentos de explicación y control alimentaron mi asustada amígdala izquierda, profundizando la creencia de que *tenía que* comportarme de esa manera. Como cualquiera atrapado en una espiral de ansiedad, acepté mi propia propaganda sin cuestionar.

Esto es típico de las personas que desarrollan patrones de ansiedad repetitivos. Jim se dice a sí mismo que sus arrebatos de ira son inevitables porque la gente es idiota y es probable que todo el mundo quiera golpear a los demás la mayor parte del tiempo. Fred cree que las mujeres son críticas por naturaleza y se ve como un caballero solitario en búsqueda de una damisela que lo acepte. Lindsay te dirá que solo es una buena chica sureña, criada para dar halagos educados. Emma se culpa por paralizarse en el trabajo y piensa que necesita más educación y mejor preparación. Y Kirby a menudo dice que solo es una *hippie* de corazón: no importa qué trabajo consiga, tarde o temprano lo abandonará.

Todas estas explicaciones son posibles, pero como no reflejan lo que en realidad sucede, refuerzan patrones disfuncionales y los empeoran aún más. Lo que ocurre en cada caso es que la criatura ansiosa de alguien ha captado una señal de peligro, ha tomado los controles físicos del cuerpo y ha puesto en marcha una cascada de defensa. Las cosas empiezan a tener más sentido cuando identificamos los verdaderos disparadores que ponen en marcha nuestros patrones reactivos.

DISPARADORES EMOCIONALES

El concepto de *disparadores* psicológicos se ha vuelto muy popular en tiempos recientes, sobre todo debido a los debates en línea, que a veces presentan una versión confusa del término. Conozco a una mujer que, al iniciar una videollamada con varios colegas, pulsó el botón de "silenciar" y empezó a hablar mal de otras personas en la reunión, para el deleite de algunos amigos que estaban en la misma habitación con ella. Habló pestes de todos en la pantalla, mientras ellos intentaban decirle que por accidente había desactivado el silencio y que podían oír cada palabra que decía. En una hábil defensa, proclamó que se había sentido "disparada" —alterada, provocada— por la apariencia hostil de todos en esa reunión y que tenía que honrar su verdad insultándolos de la manera más entretenida posible.

Así no es como funcionan los disparadores. Los científicos utilizan el término más bien para identificar momentos en los que no podemos controlar nuestras respuestas. Por ejemplo, la psicóloga Catherine Pittman describe a un veterano del ejército que comenzó a tener ataques de pánico en la ducha unos diez años después de regresar de la guerra de Vietnam. Con el tiempo, se dio cuenta de que su esposa había empezado a comprar la misma marca de jabón que él había usado durante su servicio militar. Fue el olor del jabón lo que *disparó* una reacción traumática, sin que su mente consciente supiera la razón.

DESCIFRA TUS DISPARADORES

Los cerebros humanos son maestros en la creación de disparadores. Lo hacen al asociar recuerdos sensoriales con experiencias dolorosas. El antiguo sistema de alarma en tu cerebro tomará cualquier cosa que haya sucedido en los instantes previos a un evento traumático y la marcará como parte de lo que causó el problema. Por ejemplo, si tuviste un accidente automovilístico —incluso un choque leve— mientras usabas una camisa roja y escuchabas cierta canción, ese tono de rojo o esa canción en particular podrían desencadenar una cascada de defensa sin que sepas por qué.

Las personas que viven en peligro a largo plazo terminan apartando su consciencia del trauma día tras día, año tras año. Si perteneces a un grupo marginado (una persona de color, una persona trans o una persona neurodivergente, por ejemplo), eres consciente de que enfrentas constantes amenazas de daño físico y psicológico. Puedes vivir bajo una lluvia constante de lesiones, pequeñas y grandes, que pueden ocurrir en cualquier momento y en cualquier lugar. Esto puede llevar a una represión a largo plazo de los instintos defensivos y de autoprotección normales. Esta supresión constante de las respuestas al trauma a menudo conduce a muchos disparadores de ansiedad y agotamiento total.

Sea cual sea nuestra situación, ralentizar el paso y hablar sobre los momentos en que nos sentimos ansiosos puede ayudar a nuestras mentes conscientes a "descifrar" nuestros disparadores psicológicos. Esto a menudo no sucede hasta que estamos en lugares seguros con personas seguras que pueden ayudarnos a articular nuestras propias experiencias. Una clienta llamada Ángela me dijo que no tenía idea de lo enojada y asustada que estaba al crecer siendo negra en una comunidad en Montana donde predominaban los blancos. Nunca había cuestionado la forma en que se la trataba a ella y a otras personas negras. También creía que sus variados problemas de salud (dificultad para dormir, problemas digestivos, irritación de la piel, episodios de depresión) eran síntomas aislados.

Solo después de que George Floyd muriera a manos de un agente de policía de Mineápolis durante el confinamiento por covid-19, Ángela empezó a hablar de manera abierta de la dinámica racial a la que se enfrentaba cada día. Pronto se dio cuenta de que sus problemas "aislados" eran la prueba de un sistema nervioso saludable que trataba de responder dentro de un entorno donde por lo general Ángela tenía que ocultar sus sentimientos.

Como *coach*, a menudo he observado cómo las personas descifran sus disparadores de ansiedad con solo hablar de momentos en los que se sintieron fuera de control. Esto es lo que ocurrió con cada cliente que describí antes:

- Jim recordó que justo antes de sentir el impulso de golpear a Leonard, este había levantado su vaso de whisky y lo había girado, lo mismo que solía hacer su padrastro cuando estaba bastante borracho como para empezar a ponerse violento.

- Fred creció en una religión puritana. No era religioso de adulto, pero años de condicionamiento lo habían dejado con una vergüenza inconsciente sobre los sentimientos sexuales. Al recordar su cita con Brita, Fred se dio cuenta de que su sensación de ser juzgado le había llegado justo cuando empezaba a sentirse atraído por ella.
- Dos padres narcisistas criaron a Lindsay y solo le ofrecían aprobación cuando ella los trataba con adoración. "Todo lo que querían oír de mí era '¡Oh!' y '¡Ah!'", me dijo. En su vida adulta, cuando se encontraba con alguien de comportamiento narcisista, su sistema nervioso activaba la respuesta de complacencia.
- De niña, Emma se perfilaba como una prodigio del violín, hasta que sus padres contrataron a un famoso y costoso profesor, que la regañaba con dureza por el más mínimo error. Empezó a paralizarse durante las clases de música y luego en cualquier situación en la que se sintiera evaluada.
- Los disparadores de Kirby se formaron durante años de lucha con una dislexia no diagnosticada. Si trabajaba muy duro, podía mantenerse al día en la escuela, pero apenas. El esfuerzo la agotaba. Al verse forzada una y otra vez a dominar habilidades para las que su cerebro no estaba preparado, comenzó a sufrir bloqueos incluso cuando trataba de esforzarse al máximo. Con el tiempo, cualquier desafío podía desencadenar un colapso involuntario.

Reconocer sus disparadores ayudó a cada una de estas personas a sentirse menos desquiciadas, menos temerosas de sus propias cascadas de defensa. Sus reacciones tenían sentido a la luz de las dolorosas experiencias a las que habían sobrevivido. Pero como las espirales de ansiedad son tan persistentes y nuestros hemisferios izquierdos son tan propensos a encerrarse en sus sistemas de creencias, el simple hecho de conocer el acontecimiento que originó un patrón basado en la ansiedad puede no ser suficiente para disolverlo.

De hecho, a veces nuestros disparadores se crean y se activan justo donde podemos verlos, pero *aun así* no podemos evitar que nuestra ansiedad se desbloquee y nos controle en contra de nuestro buen juicio. Las partes de nuestros sistemas nerviosos que crean estas respuestas no responden a la lógica y no abandonarán sus patrones habituales solo porque nos resulten vergonzosos. Estas criaturas ansiosas no son solo bebés asustados. Son más bien poderosos animales salvajes que vencen sin esfuerzo nuestras mejores intenciones.

Por ejemplo, una amiga mía (la llamaré Cassie) nació con una personalidad dominante y más tarde desarrolló miedo a volar. Esta combinación se volvió problemática cuando Cassie viajaba. Solía llamarme desde distintos aeropuertos después de bajar de varios aviones y me decía con tristeza: “Lo hice de nuevo”.

Lo que había hecho “de nuevo” era tomarse un Xanax con un vaso de vino antes de que el avión siquiera despegara. Ya en el aire, miraba por la ventana y luego agarraba el brazo de quien se sentaba a su lado. Al final, cuando su ansiedad había superado al Xanax, se arrancaba el cinturón de seguridad, se ponía de pie en el pasillo y gritaba: “¡Hay que aterrizar ya! ¡Estamos a punto de estrellarnos!”.

Las azafatas no tenían que aplicar la fuerza física con Cassie para que volviera a sentarse, bueno, al menos no mucha. Y, por supuesto, los demás pasajeros no se unían a ella en pánico... bueno, no todos. Ella sabía que su comportamiento era irracional. Antes de cada viaje, se comprometía a no hacer una escena. Pero cuando su disparador se activaba, su criatura ansiosa seguía su protocolo con una implacabilidad despiadada.

Yo solía tener un problema similar con las pruebas médicas. Comenzó cuando los médicos diagnosticaron a mi hijo con síndrome de Down antes del nacimiento y empeoró en los años siguientes, a medida que una serie de enfermedades autoinmunes me incapacitaban y me atormentaban con dolor. Me sometí a innumerables pruebas médicas, muchas de las cuales causaban incomodidad física y llevaban a diagnósticos desalentadores. ¡No te preocupes! ¡Ahora estoy bien! Pero incluso después de que mis síntomas disminuyeron, todavía tenía un miedo épico a dichas pruebas.

Esta fobia solía acechar en el fondo de mi mente, pero salía de su escondite cada vez que necesitaba un chequeo de rutina, como una mamografía. Si tú o un ser querido han experimentado este emocionante procedimiento, saben que implica desnudarse casi por completo, luego abrazar una enorme máquina fría de metal y permitir que algunas partes muy especiales del cuerpo sean aplastadas. Este proceso convierte el término "presionado" en algo totalmente nuevo. Cuando termina, ¡puedes esperar con impaciencia la posibilidad de que te diagnostiquen un cáncer!

Durante años, no pude hacerme una simple mamografía sin convertirla en una gran producción. En primer lugar, alguien más tenía que llevarme al examen, porque me asustaba y gritaba ante cualquier cosa que viera fuera del auto, incluido el cielo. Podía obligarme a cambiarme al pequeño camisón que las enfermeras llamaban "bata". Pero cuando la máquina de mamografía y yo estábamos acurrucadas para nuestro baile, mi cuerpo comenzaba a temblar de manera incontrolable. Mientras las "mandíbulas de la vida" se cerraban, me desmayaba como una damisela del siglo XIX. El único consuelo era que nunca llegaba a caer al suelo ya que terminaba colgada del aparato por un pezón angustiado.

Estaba desesperada por encontrar una manera de detener este patrón. Y al final lo hice. Pero primero tuve que aprender un poco sobre cómo mi sistema nervioso creaba las cascadas de defensa.

CÓMO LAS REACCIONES DISPARADORAS TOMAN EL CONTROL

Recuerda que, al lidiar con cualquier forma de ansiedad, nuestra tarea no consiste en luchar contra nuestro propio sistema nervioso, sino ayudarlo a relajarse y disfrutar cooperando con nuestras intenciones conscientes, como animales sensibles que han aprendido a confiar en humanos amables. Cuando nos vemos secuestrados por patrones de ansiedad, lidiamos con cosas salvajes en el sentido estricto: secciones de nuestro sistema nervioso que evolucionaron mucho antes de que apareciera el pensamiento cognitivo. Comprender cómo nuestros sistemas nerviosos activan diversas reacciones de defensa puede ayudarnos a apaciguar incluso las partes más preocupadas de nuestras criaturas ansiosas.

Algunos psicólogos creen que algo llamado *circuito polivagal* controla la cascada de defensa. Se trata de una gran colección de nervios que conectan tu cerebro con otras partes de tu cuerpo (*poli* significa "muchos" y *vagal* significa "errante", por lo que el circuito polivagal es un conjunto de nervios que deambulan por todo tu ser). Parte de este sistema evolucionó hace eones en organismos a los que nunca invitarías a tus reuniones familiares. Otras partes del sistema polivagal aparecieron por primera vez en los mamíferos primitivos. Y luego están las partes que son únicas del ser humano.

Estas ramas nerviosas de reciente evolución son esenciales para comunicar señales de peligro o de seguridad entre los humanos. Conectan nuestros cerebros con los músculos de nuestros rostros y cabezas, creando expresiones faciales y movimientos de cabeza que envían señales emocionales sin que tengamos que pensarlo. Por eso los bebés de todas las culturas sonríen cuando están contentos, y la mayoría de los adultos les devuelven la sonrisa de manera automática. Cuando no estamos tan alegres, incluso si intentamos actuar felices, mostramos "microexpresiones" involuntarias que duran cerca de un quinto de segundo y revelan nuestros verdaderos sentimientos. Nuestras mentes conscientes pueden no ver una microexpresión de ira o de miedo en la cara de alguien, pero la rastreamos de manera subconsciente y podemos sentirnos incómodos sin saber por qué.

Al bajar de la cabeza, llegamos a la parte de tu sistema nervioso que conecta tu cerebro con tus pulmones, corazón y diafragma. Esta parte de tu sistema nervioso acelera tu ritmo cardiaco y respiratorio cuando sientes peligro. Evolucionó en mamíferos prehumanos y desencadena las respuestas de lucha, huida y complacencia que acabamos de discutir. Una respuesta activada de lucha, huida o complacencia viene con manifestaciones físicas como una cara enrojecida, una sonrisa servil, oleadas de ira o de terror y un deseo desesperado de sentir conexión y aprobación de otra persona.

Si una situación peligrosa se prolonga lo suficiente o si creemos que no podemos escapar de una catástrofe de ninguna manera, la sección más antigua del circuito polivagal podría tomar el control. Aquí encontramos nervios que se conectan con la parte inferior del abdomen y el intestino. En circunstancias normales, nos ayudan a descansar y a digerir, dos funciones básicas necesarias para mantener la vida. Pero en situaciones desesperadas, esta parte de nuestro sistema nervioso causa las reacciones de parálisis y colapso que hicieron que Emma se quedara en blanco y Kirby se desplomara en el sofá. El llamado "colapso vagal dorsal" nos da esa sensación de "golpe en el estómago", la impresión de que este se nos hunde hasta los pies. Incluso puede hacernos perder el conocimiento, como me pasó a mí bajo el dominio de una máquina de mamografía.

Todo este sistema de alarma no solo controla nuestras reacciones internas, sino que también escanea de manera constante el entorno para ver si estamos seguros o amenazados. Sus percepciones son tan sutiles que a menudo no somos conscientes de ellas. Los teóricos polivagales las llaman *neurocepciones*. Yo las llamo "sentidos arácnidos". Estos receptores sensibles activan la cascada de defensa cuando perciben cualquier cosa que pudiera representar algún tipo de peligro, incluso cuando no hay nada peligroso. Luego, cuando recuperamos la seguridad, frenan nuestras defensas y nos devuelven la paz.

Esta desaceleración implica algo conocido como el *freno vagal*, que, al igual que los frenos de un automóvil, disminuye tu ritmo cardiaco y otras reacciones de miedo. Este sistema para frenar la ansiedad se basa en el hemisferio derecho de tu cerebro, que envía una señal de "despejado" por la rama derecha del circuito polivagal a tu corazón. Sin embargo, si te quedas atrapado en una espiral de ansiedad, girando en el salón de espejos de tu hemisferio izquierdo, no puedes activar este sistema calmante. Tus frenos de la ansiedad fallan y puedes salir disparado hacia patrones autodestructivos.

LUZ VERDE, LUZ AMARILLA, LUZ ROJA

Algunos expertos en el circuito polivagal comparan todo este sistema con las luces de tráfico verde, amarilla y roja. Cuando nuestros sistemas nerviosos se sienten seguros, nos dan la "luz verde" para proceder con calma y cooperación. Cuando sentimos peligro, incluso de manera subconsciente, se enciende la "luz amarilla", que señala algo así como "¡Precaución! ¡Lucha, huida, complacencia!". Y luego están los horrores ineludibles, o al menos lo que percibimos como horrores ineludibles. (Algunas personas pueden sentirse igual de atrapadas por una reunión con Ed de contabilidad como por un accidente en una mina de carbón; el cerebro y el cuerpo reaccionan más a nuestras creencias que a nuestras circunstancias reales). Cuando creemos que no hay salida de una mala situación, nuestros sistemas nerviosos nos dan la "luz roja". Es como si hubiéramos chocado contra una puerta de cristal. Nos sentimos aturdidos. Nos falta energía para hacer cualquier cosa, incluso para preocuparnos. Por supuesto, las circunstancias únicas han condicionado el sistema nervioso de cada persona, de modo que lo que activa tu estado de luz verde, amarilla o roja puede ser diferente de lo que cambia las luces para otra persona.

Estos tres estados determinan no solo cómo nos sentimos y nos comportamos, sino también cómo se nos presenta el mundo. Cuando estamos en un estado de luz verde, todo nos parece tan amigable como la Ciudad Esmeralda de Oz. Desde una perspectiva de luz amarilla, el mismo entorno de repente parece amenazante: cada perro está listo para morder, cada negocio intenta estafarnos y cada palmada en la espalda se siente como un golpe abusivo. Cuando llegamos al territorio de la luz roja, toda la energía positiva se aplana. Podemos rumiar de forma obsesiva sobre problemas enormes como la guerra o el cambio climático mientras nos sentimos tan desanimados que sacar la basura equivale a escalar el Everest. Si estamos en un estado de luz roja, recibir flores es solo una exposición forzada a alérgenos. ¿Videos adorables de gatitos? Meros recordatorios de que todos los seres vivos algún día habrán de morir. Nuestras vidas —y nosotros mismos— se vuelven insoportables.

A veces tomamos un control rudimentario sobre estas manifestaciones de ansiedad al implementar un tipo de respuesta del sistema nervioso para tapar otro. Cuando la madre de Kirsten se estaba muriendo de cáncer, ella evitó la desesperación enfureciéndose con todos los médicos y enfermeros del hospital. A Marcus le aterrorizan los conflictos, así que cuando su esposa le dice que está enfadada, se obsesiona con fechas de entrega en el trabajo y se preocupa por las tareas que puede controlar, en lugar de atender las dinámicas de la relación. Daniel se avergüenza de su propia ira, así que cuando está un poco enfadado, suele fumar un poco de marihuana y caer en un colapso de luces rojas, donde puede confiar en sí mismo para permanecer pasivo.

Cuando entendemos que podemos estar atrapados en un estado de luz amarilla o roja, o usando una respuesta para evitar otra, empezamos a ver que nuestras versiones aterrorizadas o desesperanzadoras de la realidad, por convincentes que sean, no son precisas. Provienen de nuestras criaturas ansiosas activadas, y podemos hacer algo al respecto. En lugar de sentirnos abrumados por las partes más antiguas y poderosas de nuestro propio sistema nervioso, podemos asociarnos con ellas. Podemos depender de sus instintos para mantenernos a salvo cuando hay peligro real, y luego asegurarnos de que nos devuelvan a un estado de presencia alegre tan pronto como estemos fuera de peligro. El resto de este capítulo te ayudará a crear esta invaluable asociación.

ASOCIARTE CON TU ANSIEDAD MÁS SALVAJE: ESPERAR HASTA QUE NO PASE NADA

Los entrenadores de animales a menudo emplean un proceso de cuatro pasos que aprendí de un veterinario que trabajaba en un zoológico. Lo recomendó para enseñarle a cualquier criatura a relajarse ante algo que dispare una cascada de defensa. Funcionó para calmar mi ansiedad, así que comencé a enseñárselo a mis clientes. Llamo a mi propia versión de este proceso "Esperar hasta que no pase nada". Así es como se hace:

1. Establece una situación en la que la criatura en cuestión (un animal, tu propia criatura ansiosa) se sienta segura.

2. Expón de forma gradual a la criatura a algo que dispare su ansiedad. Cuando la criatura se ponga un poco nerviosa, pero antes de que entre en una verdadera cascada de defensa, detente y quédate quieto. Solo siéntate allí.
3. Quédate justo al borde de la zona de confort de la criatura, sin hacer nada hasta que se aburra y se relaje. Luego, avanza un poquito.
4. Repite según sea necesario.

He aprovechado esta estrategia para calmar mis propios patrones de ansiedad en muchas situaciones. Por ejemplo, aunque no puedo decir que me gusten las pruebas médicas, esperar a que no pase nada me ha calmado de forma considerable. Empecé en casa pensando acerca de una mamografía que me iba a hacer, recordándome que estaba bien en ese momento, hasta que noté que mi ansiedad disminuía un poco. Entonces llegué con anticipación a la consulta del médico y permanecí en el auto hasta que el aburrimiento reemplazó la ansiedad. Después, aproveché que llegaba temprano para pasar el rato en la sala de espera hasta que mi sistema nervioso se relajó.

Hoy día, puedo ir en auto a una mamografía, charlar con las enfermeras y acercarme a la máquina con tranquilidad. En ese momento, todavía me pongo un poco tensa (mi reeducación no ha terminado), pero no es nada que no pueda manejar. Sí, tengo que concentrarme en la respiración. Sí, empiezo a morderme el interior del labio. Pero cuando la máquina termina, puedo decir con sinceridad esas tres palabritas que pueden significar tanto: *me mantuve consciente*.

Así que ahora te ayudaré a conectar muy gradualmente con las partes de tu sistema que disparan tu ansiedad más intensa.

Esta es la única forma de ayudar a tu sistema nervioso a desarmar los disparadores del trauma que pueden enviarte a una cascada de defensa no deseada. Mientras sigues las instrucciones a continuación, recuerda no apresurarte. Descifrar un disparador de ansiedad puede tomarte varias repeticiones. Está bien. La persistencia, no la velocidad, es la clave del éxito. Cuando entrenas a un animal asustado, lento es rápido. Y te prometo que el esfuerzo vale la pena.

Primer paso: establece un santuario

Tus sesiones de entrenamiento comienzan identificando un lugar específico donde tu criatura ya se siente bastante tranquila: tu dormitorio, tu oficina, tu cómodo sillón junto a la ventana. Llamaremos a este lugar tu santuario. Si jamás te sientes tranquilo en ningún lugar, elige un sitio donde nadie te moleste durante unos minutos. Siéntate o acuéstate en tu santuario durante al menos diez minutos todos los días, practica las habilidades de calma de los dos capítulos anteriores y deja que tu respiración fluya de forma natural.

Segundo paso: llena tu santuario con "destellos"

Cuando hayas establecido este lugar seguro, hazlo más relajante llenándolo con objetos que te ayuden a calmar tu sistema nervioso. La autora y trabajadora social clínica Deb Dana, experta en teoría polivagal, tiene una palabra para estas cosas: las llama "destellos".

Un destello es lo contrario de un disparador; es cualquier objeto o experiencia que crea un momento de facilidad o alegría no forzada. Funciona de la misma manera que un disparador negativo: nuestros "sentidos arácnidos" lo detectan, luego alertan de manera inmediata a todo nuestro sistema polivagal, pero en lugar de hacer sonar una alarma, encienden la luz verde. La vista, el sonido, el olor, el sabor, la sensación o el recuerdo de un destello crea de forma automática una pequeña burbuja de gratitud y de aprecio.

Los destellos pueden ser cualquier cosa que nuestros instintos primarios asocien con la comodidad o el deleite: el olor de las flores, un rayo de sol a través de las hojas, un abrazo. ¿Recuerdas la "voz de DJ de madrugada" de Chris Voss? Funciona porque una voz humana tranquila es una poderosa señal de seguridad para el circuito polivagal humano. Una voz así puede calmarnos incluso si no sabemos por qué. Cualquier cosa que hayamos aprendido a asociar con la seguridad puede tener este efecto. Por ejemplo, tengo una amiga cuyos padres solían calmarse fumando. Desde el punto de vista intelectual, sabe que fumar mata, y no fuma. Pero el olor a cigarrillos la hace sentir más segura.

Debido al sesgo de negatividad de nuestros cerebros, nuestros sistemas nerviosos suelen ir por el mundo destacando cada disparador mientras pasan por alto los destellos. Cuando estamos atrapados en un estado de luz amarilla o roja, esta tendencia empeora. El mundo entero puede aparecer ante nosotros como un mar de disparadores rojos y amarillos sin un solo destello de luz verde. *Esto es una ilusión*. Para salir de ella, busca los destellos. Cázalos de manera activa e insistente. Al principio, pueden parecer muy escasos. Pero cuando empieces a encontrarlos, comenzarán a aparecer en tu esfera de atención sin dificultad. A medida que tu estado polivagal se desplace hacia el verde, te darás cuenta de que están en todas partes.

Mira a tu alrededor ahora mismo, dondequiera que estés, y busca diez cosas que "destellen". Citaré algunas de las mías para mostrarte cómo funciona. Mientras escribo esto los siguientes objetos se encuentran a mi alrededor, cada uno de los cuales me da una burbuja de alegría y me ayuda a sentirme segura (por supuesto, estos pueden no funcionar para ti; los destellos de cada persona, como los disparadores, son únicos):

- Una manta cálida y suave que se siente como un abrazo
- Una taza de té con limón
- Un frasco de ibuprofeno que acaba de quitarme un dolor de cabeza
- Una hermosa piedra amatista que vi por primera vez en la casa de una querida amiga y que ella me regaló después
- Un video de TikTok, enviado por otra amiga, que muestra a un bulldog que hace ruidos extraños mientras un beagle lo mira con evidente horror

¡Dios mío, empiezo a sentirme *mucho mejor*! Ahora noto cosas como el olor a hojas caídas afuera de mi ventana abierta, una canción que me encanta sonando en mi mente y maravillosos "amigos de papel" (libros que me han consolado e inspirado durante años).

¡Bueno, ahora es tu turno!

Diez destellos que están cerca de mí aquí y ahora:

1. ______________________________

____

2. ______________________________

____

3. ____
____

4. ____
____

5. ____
____

6. ____
____

7. ____
____

8. ____
____

9. ____
____

10. ____
____

Cuando empieces a identificar los destellos, puedes empezar a reunirlos en tu vida diaria y llevarlos a casa para decorar tu santuario. Si un destello es intangible o demasiado grande para llevarlo, busca un objeto pequeño que te lo recuerde (a mí me gusta encontrar pequeñas piedras de cuarcita en Sudáfrica que me recuerdan toda la sabana salvaje). O toma una foto de algún destello (un árbol en flor, la sonrisa de un amigo, tu restaurante favorito); luego imprímela y pégala en la pared de tu santuario. Añade los que quieras de manera indefinida.

Tercer paso: disfruta tu estado de luz verde

Cada vez que vayas a tu santuario, concéntrate en los destellos que te rodean y disfruta de las sensaciones positivas asociadas a cada uno. Si te sientes ansioso, usa el DIA: dile suavemente a tu criatura ansiosa que tiene permitido sentir lo que sea que esté sintiendo, pero asegúrale que, por el momento, todo está bien.

Cuando puedas sentir incluso unos pocos minutos de relativa calma, empieza a observar de cerca cómo se siente el estado de luz verde de tu sistema nervioso. Escanea de forma lenta cada parte de tu cuerpo. Tal vez sientas un ligero zumbido de energía en tus extremidades, una sensación de ligereza en el pecho, un calor en el abdomen o una somnolencia cómoda que te haga querer entrecerrar los ojos. Incluso si las sensaciones son sutiles, sintonízate con ellas y permíteles expandirse, llenando tu atención. Escribe una descripción de estos sentimientos aquí:

Mi estado de luz verde se siente así:

____

____

____

____

____

Cuarto paso: piensa en algo que te lleve al territorio de luz amarilla

Ahora es el momento de empezar a conectar con las partes de tu sistema nervioso que activan la cascada de defensa. Comienza pensando en algo que te haga sentir el *inicio* de tu estado de luz amarilla. Estamos trabajando de la forma más lenta y gradual posible, así que no te sumerjas en un gran espectáculo de horror mental. Piensa en un pequeño factor estresante cotidiano, algo que cause una mínima preocupación, como el hecho de que necesitas renovar tu licencia de pesca, limpiar el lavadero, cortarte el cabello o lo que sea.

El objetivo aquí es mantenerte anclado en tu estado de luz verde mientras comienzas a explorar las sensaciones físicas de tu condición de luz amarilla. (Deb Dana ofrece muchas formas de hacer esto en su maravilloso libro *Anclados. Cómo entablar amistad con tu sistema nervioso con la teoría polivagal*). Observa todo lo que sucede en tu cuerpo a medida que empiezas a acercarte a una reacción de estrés. Siente cómo tu corazón late un poco más fuerte y rápido. Nota qué músculos se tensan. No intentes controlar tu expresión facial; solo observa lo que hace de manera natural. Considera también tu estado de ánimo. ¿Quieres atacar, escapar, explicar, desaparecer o todo lo anterior? De nuevo, escribe una descripción:

Mi estado de luz amarilla se siente/se ve así:

____

____

____

____

____

Si esto te provoca una reacción de ansiedad completa, está bien. No estás acostumbrado a usar tus frenos vagales, así que ir despacio puede no salirte de forma natural al principio. Puedes verte absorbido por una espiral de ansiedad y encontrarte en pánico total. De nuevo, está bien. Usa tus habilidades para susurrarle a la ansiedad y volverás a la normalidad con la rapidez suficiente. Ya sea que logres mantener tu ansiedad baja o pierdas el control y la veas dispararse, pasa al siguiente paso tan pronto como te sientas capaz de actuar de forma deliberada.

Quinto paso: vuelve a tu estado de luz verde

Cuando estás en territorio de luz amarilla, puede ser difícil no seguir el patrón de lucha de tu sistema nervioso (irritarse, rumiar sobre tus enemigos), de huida (recordar que tienes que salir corriendo a comprar un nuevo masajeador de pies ¡ya!) o de complacencia (encontrar a alguien que quiera algo y dárselo, sin importar lo que te cueste). No hay nada malo con estas reacciones, pero ahora mismo nos estamos enfocando en reentrenarte para que te calmes sin involucrarte en ellas.

Para volver de la alarma de luz amarilla a un estado de luz verde, permanece en tu santuario y pon en marcha la siguiente secuencia que yo llamo "ir al ESPACIO" (SPACE). Estos son los pasos:

Surrender (rendición)

Lo que sea que estés sintiendo, ríndete al hecho de que esas sensaciones están ahí. No luches contra ellas. En su lugar, ofrece a tu yo de luz amarilla algo de aceptación y de DIA: "Adelante, siente lo que estás sintiendo. Te acompaño. Que encuentres consuelo. Que estés bien".

Peace (paz)
Si sigues ofreciendo amabilidad y observando tu estado interno, tarde o temprano sentirás que una parte de ti se relaja. Concéntrate en ese florecimiento de paz, incluso si es diminuto. Respira en él.

Appreciation (aprecio)
Al saborear la sensación de paz, por pequeña que sea, mira a tu alrededor, en tu santuario, a tus destellos. Toca un objeto querido. Huele los libros, o las flores, o el café. Aprecia la pequeña belleza de cada elemento. Ofréceles un silencioso agradecimiento.

Connection (conexión)
Elige un destello que te recuerde una conexión con otro ser. Este ser puede ser una persona, pero también puede ser una mascota o incluso una planta. Lo importante es que disfrutes la presencia de este ser querido y que este te disfrute a ti.

Enjoyment (disfrute)
Al sostener o contemplar este objeto, concéntrate solo en esa cosa hermosa durante unos diez segundos. Ve si puedes dejar que el gozo se filtre por todo tu cuerpo.

Sexto paso: pasar de un estado de luz verde a uno de luz amarilla

La idea de todo este entrenamiento de la criatura no es eliminar tus reacciones de autoprotección, sino evitar que actives una cascada de defensa cuando no hay un peligro real presente y te quedes atrapado en un estado de luz amarilla o roja después de que termine una experiencia difícil. Así que, cuando hayas pasado del verde al amarillo, y viceversa, repite el proceso. Vuelve a abordar en tu mente el tema que te preocupa, observando de cerca las sensaciones que se producen al entrar en alerta de luz amarilla. Luego, regresa al estado de luz verde usando el ESPACIO (SPACE) o disfrutando de tus destellos.

Después de un tiempo, puedes notar que, aunque las respuestas de lucha, huida o complacencia no son cómodas, tampoco son letales. Es decir: no tienes por qué tener miedo de estas sensaciones. Un aumento de preocupación o de ira no tiene que ser una señal de que estás poseído por demonios o de que debes dejar tu matrimonio y empezar a enterrar oro en el sótano bajo tu porche. Tus reacciones de luz amarilla no son divertidas, pero tampoco son intolerables. Permanece en el estado de luz amarilla, observándolo de cerca, hasta que te aburras.

Espera hasta que no pase nada.

Cuando te sientas calmado, toma un destello y vuelve a un profundo estado verde de paz y gratitud.

Séptimo paso: sumérgete en la zona roja

Cuando hayas adquirido cierta habilidad para moverte entre los estados de luz verde y amarilla, puedes comenzar a aprovechar tu tiempo de entrenamiento en el santuario para pensar en lo que te asusta de verdad. Comienza con algo que no afecte de forma directa tu vida, algo que podría hacerte colapsar. Si necesitas un tema útil para la luz roja, echa un vistazo a las noticias. Las historias sobre niños que mueren en zonas de guerra y el derretimiento de los glaciares son suficientes para sumir a cualquiera en un estado de luz roja rápidamente.

Un estado de luz roja a veces es llamado "colapso tónico". Mientras contemplas algo distante pero terrible, observa cómo se siente este estado de colapso. Puedes perder todo el tono muscular y sentir que tu cuerpo se desploma. Tu presión arterial puede bajar hasta que te sientas mareado. Puedes sentir náuseas. Las reacciones emocionales pueden incluir desesperación, entumecimiento e indiferencia. ¿Cómo las describirías?

Mi estado de luz roja se siente así:

____

____

____

____

____

Nota que puedes sentir todo lo que acabas de escribir sin ser destruido. Al igual que las reacciones de lucha, huida y complacencia, un colapso físico y emocional puede ser tolerado. Solo se vuelve insoportable si luchamos contra él.

De hecho, si estás en un estado de luz roja y te dices: "No debo sentirme así", es probable que recurras a una energía maniaca disfuncional o a sustancias que alteran tu estado de ánimo para crear una especie de supresión. Solía depender de cosas como hablar en público y sesiones de trabajo de emergencia de toda la noche para inyectar adrenalina en mi sistema. Usar los sistemas de alarma de luz amarilla era la única forma que conocía para sacarme de la zona roja. (Recurrir a un tipo de ansiedad para bloquear otro es común, como vimos con

Kirsten, quien usó la rabia para bloquear el dolor cuando su madre estaba enferma; con Marcus, quien se distrae de sus conflictos de pareja obsesionándose con las fechas de entrega de su trabajo; y con Daniel, quien fuma marihuana para permanecer en un estado de colapso cuando de otro modo se enojaría).

Creo que así fue como terminé postrada en cama por todas esas enfermedades autoinmunes que mencioné antes (y la razón por la que ya no tengo síntomas es que aprendí a volver a mi estado de luz verde). Si resistimos de manera frenética a un colapso a corto plazo, podemos quedarnos atrapados en uno por mucho tiempo.

Por otro lado, si permitimos que las partes antiguas de nuestro sistema nervioso tengan sus reacciones de desmayo y colapso, nos daremos cuenta de que no tienen por qué destruir nuestra vida. Dale a tu criatura de luz roja algo de ESPACIO y no la presiones para que cambie demasiado rápido. Espera en la zona roja hasta que no pase nada.

Octavo paso: vuelve a la zona verde, pase lo que pase

Algunas personas piensan que está mal sentir paz cuando ocurren catástrofes globales terribles. Su lógica —del hemisferio izquierdo— dice que mantenerse deprimido, enojado y asustado motiva la acción positiva. Pero todos los horrores que los humanos han perpetrado han provenido de personas atrapadas en el pánico o la ira, buscando poder, estatus y cosas. La gente a su alrededor a menudo estaba demasiado colapsada por el miedo o el horror como para encontrar soluciones.

Por el contrario, cuando estamos en un estado de luz verde, nuestros sistemas nerviosos se mueven de modo automático hacia la conexión positiva y la resolución ingeniosa de problemas. La paz interior no es pasiva; responde al dolor o al daño con calma e inteligencia. Y los actos de amor son la única salida a los problemas que los humanos ansiosos han creado.

Con eso en mente, suelta un gran suspiro, sacude la parálisis de la zona roja de tus manos y pies, y vuelve a este momento. Solo descansa en tu santuario, aquí y ahora. Date un poco de ESPACIO. Asómbrate con las cosas pequeñas y perfectas; celebra las experiencias de alegría y belleza. Encuentra el camino de vuelta a la zona verde, una y otra y otra vez.

DESARROLLAR UN SANTUARIO DE VIDA SILVESTRE INTERNO

Si un animal salvaje aprende a confiar en ti, y viceversa, la naturaleza se vuelve un lugar más seguro para ambos. Así, en lugar de ser sorprendido por ataques inesperados de las partes más antiguas y salvajes de tu propio sistema nervioso, puedes dejar que te adviertan y te protejan con sus "sentidos arácnidos".

Si tienes el privilegio de vivir en relativa seguridad, puedes dejar de reaccionar de forma exagerada a situaciones en las que nada te amenaza. Si eres miembro de un grupo marginado o vives en una región conflictiva del mundo (es decir, si te enfrentas a amenazas reales todos los días), puedes usar tu cascada de defensa de manera sabia. Te volverás más perspicaz sobre qué personas y situaciones son peligrosas de verdad, cuáles son disparadores porque le recuerdan el peligro a tu sistema y cuáles son seguras. Podrás llevar tu sistema nervioso a su estado de luz verde cada vez con mayor facilidad para que puedas descansar, conectarte y sanar.

He visto a muchísimas personas asociarse con sus salvajes criaturas ansiosas. Jim recibió terapia para tratar sus recuerdos de abusos y recuperó su personalidad relajada y amistosa. Fred dejó de sentir vergüenza sexual y de culpar a las mujeres con las que salía. Lindsay, que ahora se da cuenta de que sus propias reacciones se activan cuando conoce a un narcisista, ha aprendido que no necesita ser complaciente. Las reacciones de parálisis de Emma se están disipando poco a poco, volviéndola más asertiva y segura de sí misma. Kirby se puso en contacto con su rabia contra el sistema que la atacaba por su dislexia. Ha conectado con otras personas que comparten su experiencia y empieza a sentir una auténtica autoestima.

Enfrentarnos a nuestros lados salvajes, a nuestras respuestas de ansiedad en apariencia intratables, puede liberarnos para ayudarnos a sentirnos tranquilos y confiar en los aspectos de nuestra vida que antes eran campos de minas emocionales. Ahora que has aprendido a calmar las cosas salvajes dentro de tu sistema nervioso, estás listo para enfrentarte a las criaturas más difíciles de todas: los aspectos en conflicto de tu psique que pueden estar atrapados en espirales de ansiedad.

4
LA CRIATURA, UNIDA

La palabra escrita me parece adictiva; si no estoy leyendo o escribiendo, siento como si mi cerebro muriera de sed. Sin embargo, también desearía poder dibujar o pintar todo el día, todos los días, sin que un solo pensamiento verbal cruzara mi mente. Me emociona explorar lugares desconocidos por todo el mundo. Por otro lado, detesto viajar y trato de evitarlo. Y aunque quiero dedicar cada momento de mi vida a servir a la humanidad, seamos honestos: no me agrada la gente.

Todo lo anterior es cierto. En esencia, soy un cúmulo andante de paradojas. Esto hizo que cualquier intento de manejar mi ansiedad fuera muy complicado. Me sentía ansiosa por la soledad, luego ansiosa por ver gente. Me preocupaba quitarles tiempo a mis hijos para trabajar, luego me preocupaba quitarle tiempo al trabajo para cuidar a mis hijos. Me sentía ansiosa porque no dormía lo suficiente, luego ansiosa porque creía que debía trabajar toda la noche.

"¿Que yo me contradigo?", escribió Whitman. "Sí, me contradigo. ¿Y qué? Soy inmenso y contengo multitudes".

Gracias, Walt, por reivindicar tus contradicciones internas, dándonos al resto permiso implícito para hacer lo mismo. Al fin aprendí a hacer esto cuando me encontré con algo llamado *psicología de las partes*. La idea básica es que todos estamos formados por muchos "yoes" o "partes", cada una de las cuales puede verse como una persona completa con sus propias opiniones, historia y preocupaciones. La terapia basada en este concepto ha demostrado ser en extremo beneficiosa para personas con alta ansiedad, incluyéndome a mí. En este capítulo, te daré algunos consejos útiles que sospecho te ayudarán también.

TUS MUCHOS "YOES" ANSIOSOS

Es probable que puedas identificar varias partes discordantes de tu propia psique. Tal vez tienes un "yo ambicioso" que haría cualquier cosa por mantener tu trabajo y un "yo soñador" que está harto de trabajar. Una parte nostálgica que ve a tu abuela como una fuente de sabiduría y una parte políticamente progresista que discrepa con cada palabra anticuada que dice. Quizá eres una madre amorosa que adora a sus hijos y una adulta tan hambrienta de conversaciones inteligentes a la que una hora más con esos niños le destruirá el cerebro.

No sé cuál de tus "yoes" lee este libro, pero sé que hay otros. ¡Hola, parte que está leyendo esto ahora mismo! ¿Quién más está ahí dentro? ¿Quizá algunos "yoes" a los que no les gustan los libros de autoayuda o ningún libro en absoluto? ¿Tal vez algunas partes que levantan una ceja cada vez que escuchan el término "*coach* de vida"? Por supuesto, no me refiero a ti, querido lector. Sé que has estado siguiendo el hilo. Incluso es posible que hayas hecho los ejercicios de los últimos capítulos y hayas sentido cómo disminuye tu ansiedad. De hecho, ¡puede que no te quede ninguna ansiedad perceptible!

Pero, claro, es posible que todavía tengas mucha ansiedad. Me refiero a los otros "tú", que también eres tú. Todos ustedes.

Lo que quiero decir es que aunque algunas partes de tu psique puedan estar tranquilas, otras pueden seguir estando ansiosas. Y no estarás relajado por completo hasta que cada "yo" de tu comunidad interior pueda sentirse cómodo y en paz. Este capítulo te ayudará a conectar con tus múltiples "yoes" y a que cooperen entre sí. No queremos que toda tu comunidad interna cante al mismo ritmo y tono, eso te quitaría mucha de la hermosa complejidad que tienes. Pero sí queremos que tus "yoes" se mezclen, para crear el tipo de armonía que solo ocurre en una mente humana integrada.

EL ENFOQUE DE LAS PARTES: UNA NUEVA FORMA DE VERTE

Casi todas las escuelas de terapia reconocen que tenemos diferentes partes internas. Freud describió nuestras psiques como contenedoras del ello, el yo y el superyó. Jung imaginó a los humanos como conjuntos de arquetipos. Pero mi tipo favorito de psicología de las partes fue creado en la década de 1980 por el doctor Richard Schwartz. Cuando conocí a Schwartz por primera vez, en 2021, su enfoque, conocido como terapia sistemas de familia interna (IFS, por sus siglas en inglés), arrasaba en el mundo de la psicología. Como terapeuta familiar que trabajó con grupos en sus inicios, Schwartz notó que a menudo un cliente individual parecía tener "yoes" separados que funcionaban como diferentes miembros de una familia.

Usando un enfoque sistémico, pudo ayudar a estas partes a comenzar a comunicarse y cooperar.

"Logré que las diferentes partes conversaran", me dijo Schwartz. "A medida que se escuchaban, se volvían menos conflictivas. La gente comenzó a sentir compasión y aceptación por muchas partes diferentes de sí mismos, y esto a menudo era muy curativo".

Para cuando conocí a Schwartz, había escuchado a tantos terapeutas y pacientes elogiar su método que me inscribí con una terapeuta de IFS. Lo recomiendo de todo corazón. También me encanta el hecho de que los profesionales de IFS, incluido Schwartz, son muy generosos con sus ideas. Les fascina que todo el mundo aprenda y utilice la lógica del enfoque de las partes. Así que, por todos los medios, busca cualquier recurso que puedas (terapeutas, información en línea, otros libros) que te informe sobre los detalles de la psicología de las partes. Mientras tanto, aquí tienes una breve introducción que puede ayudarte a conectar y sanar a tus "yoes" ansiosos.

POR QUÉ Y CÓMO HAY TANTOS "TÚ"

Si hubieras crecido en un ambiente perfecto donde nada salía mal, adorado por personas que te cuidaban y que estaban del todo felices consigo mismas, con los demás y con el mundo, probablemente no notarías que tienes diferentes partes, porque todas funcionarían de forma suave y armoniosa. Tu ansiedad sería mínima o nula; tu sistema nervioso entraría en cascadas de defensa cuando fueran necesarias, y luego regresaría de inmediato a un estado de luz verde equilibrado y feliz en el momento en que estuvieras a salvo.

En otras palabras, serías como… casi nadie.

Nuestras psiques comienzan a dividirse cuando nos topamos con situaciones abrumadoras, y hay innumerables formas en que esto puede ocurrirnos a los humanos, sobre todo cuando somos pequeños e indefensos. Tal vez hubo un momento en que te hirieron de forma física, te agredieron de manera sexual, te gritaron, te intimidaron, te dejaron en duelo, te desarraigaron, te ridiculizaron, te criticaron, te ignoraron, te abandonaron o te excluyeron. Tal vez fuiste atacado debido a tu raza, etnia, religión, clase socioeconómica, neurodivergencia, preferencia sexual, identidad de género, forma corporal o discapacidad. Tal vez fue por la forma en que te vestías o caminabas o reías o llorabas o bailabas o te negabas a bailar. Tal vez fue porque no tenías papá o tenías dos papás o tres mamás o hermanos enojados o una rótula extraña o…

Podría seguir así durante las próximas mil páginas y nunca llegar al final. Pero lo que sea que te haya pasado, sé que te dolió de verdad. No tengo ninguna duda al respecto.

Cuando te enfrentaste a una situación dolorosa, es probable que tuvieras una respuesta normal de luz amarilla o roja: entraste en modo de lucha, huida, complacencia, parálisis o colapso. Si tuviste a alguien a quien recurrir, alguien que te ayudara de manera amorosa a articular e integrar tu experiencia emocional, es posible que hubieras vuelto a un estado de calma de luz verde. Este patrón —una experiencia traumática seguida de un rápido retorno al bienestar— puede ser algo bueno; es lo que hace resilientes a las personas. Pero si nadie entendió o se preocupó por lo que sentías, es probable que tu psique intentara protegerte dividiéndose en partes que aún no han sanado por completo. Y eso puede causar mucha ansiedad a largo plazo.

TRES TIPOS DE PARTES DIVIDIDAS: EXILIADOS, GESTORES Y BOMBEROS

La psique humana es de un ingenio increíble. Es sensible y fácil de herir, pero también tiene la capacidad de lidiar con el trauma separando una parte de sí para contener un dolor psicológico abrumador. Oculta esta parte de tu conciencia para que puedas seguir funcionando. En IFS, estos contenedores de dolor desterrados se llaman "exiliados".

La capacidad de exiliar partes nuestras es un regalo precioso, pero tiene un costo alto. Mientras nos ocupamos de nuestros asuntos, nuestros exiliados internos están atrapados en momentos congelados donde experimentan *de manera continua* el dolor de los eventos traumáticos. Necesitan salir a la superficie para que los ayuden, sanen y reintegren. Siempre están agitando sus jaulas, enviando punzadas de dolor que nos causan una intensa ansiedad. Podemos sentir como si estuviéramos cargando una caja de Pandora que destruiría al mundo entero si alguna vez la dejamos abrirse aunque sea un poco.

Para mantener a los exiliados fuera de la conciencia, nuestras psiques se dividen aún más en otras partes, cuyo trabajo es evitar que los exiliados salgan a la superficie. Estas partes vienen en dos variedades. Schwartz las llama "gestores" y "bomberos". Cada uno puede tener muchos exiliados, y cuantos más exiliados llevemos, mayor será la probabilidad de contar con cuadros completos de gestores y bomberos. Describiré cada tipo aquí, después de asegurarte que exiliados, gestores y bomberos son los únicos términos específicos de IFS que necesitas recordar, y que tener estas etiquetas puede ser muy útil a medida que calmas todo tu sistema psicológico.

Los gestores son las partes de ti que intentan que tu vida siga siendo virtuosa. Obedecen las normas culturales, recordándote que debes ser un buen chico o chica, o un buen trabajador, o una persona agradable, o un atleta hábil, o cualquier otra cualidad que favorezca tu socialización. Los gestores nos recuerdan que debemos cuidar nuestra salud y nuestras finanzas. Les gusta rastrear y enumerar cosas, como cualquier buen pensador del hemisferio izquierdo. Aunque tienen buenas intenciones, pueden ser brutales al exigir una perfección continua y criticarnos o avergonzarnos si no podemos cumplir con sus altos estándares.

Los bomberos, por otro lado, están desesperados por detener el dolor de los exiliados. Romperán todo tipo de límites en el intento. Pueden tratar de evitar sentir el sufrimiento de los exiliados saltando a cualquier cosa intensa que los distraiga: gastar en exceso, adicciones, berrinches, romances prohibidos. Los bomberos siempre están buscando a alguien que los ayude a rescatar a los exiliados, por lo que pueden unirse a cultos o volverse fanáticos religiosos. Harán cualquier cosa para ahogar las señales de los exiliados y evitar que sintamos lo que no queremos sentir.

Los gestores pueden enfurecerse con los bomberos, golpeándolos con críticas mordaces y juicios terribles. Tus partes gestoras pueden lanzarte insultos que nunca le dirías a otra persona. "¿Qué te pasa?", pueden gritar en silencio después de que hayas aliviado tu ansiedad fumando una cajetilla de cigarrillos o mirando la televisión durante nueve horas seguidas. "¿Por qué eres tan débil de voluntad?".

Las partes bombero sienten el azote de estas palabras y pueden hacer una pausa breve en su comportamiento para sumergirse en un caldo punzante de autodesprecio. Pero muy pronto, los gestores internos se agotarán y el estrés psicológico se volverá demasiado severo, por lo que tus bomberos volverán a hacer que robes artículos de papelería o que busques en el botiquín cualquier cosa que pueda traerte unas horas de olvido.

Dado que los bomberos entran en acción cada vez que nuestra energía es baja (esto evita que nuestros exiliados enterrados salgan a la conciencia), los gestores nunca pueden lograr el comportamiento perfecto que exigen. A medida que los bomberos y los gestores se oponen entre sí, crean una guerra civil incesante dentro de nosotros mientras nuestros exiliados permanecen sufriendo solos en sus escondites.

¿No suena divertido?

Tienes razón. No lo es.

Además de los otros efectos dolorosos, la dinámica de un sistema como este provoca una ansiedad altísima. Los exiliados están ansiosos porque viven en un dolor aislado. Los gestores se preocupan de manera constante por mantener el control. Los bomberos están aterrorizados de que los gestores les quiten las herramientas que necesitan para hacer su trabajo. Todos contenemos multitudes, y si estas no están unidas, están muy ansiosas.

PUEDES SER TU PROPIO POLO OPUESTO

Uno de los objetivos de los terapeutas de IFS es ayudar a gestores y bomberos a relajarse para que los exiliados que ocultan puedan salir a la conciencia y ser consolados e integrados. Pero los gestores y los bomberos son reacios a hacerlo. ¿Por qué? Porque ambos están atrapados en espirales de ansiedad. Inventan todo tipo de argumentos para defender y reforzar sus esfuerzos de control. Al ocultar un gran dolor, los gestores y los bomberos giran en espirales de ansiedad separadas, creando historias para justificar su comportamiento. Para mantener el equilibrio, estas partes tienden a polarizarse: se van a extremos opuestos.

Esto hace que algunas personas —y aspectos de nuestra cultura en general— sean por completo desconcertantes. Mary, una dulce octogenaria que alguna vez quiso ser monja, es una de las personas más idealistas que conozco. Cuando digo que intenta ser perfecta, me refiero a *perfecta*. Pero a veces se enfada tanto con ciertos políticos que su mente, escapando a su control, evoca vívidas imágenes de cómo podría matarlos. Por supuesto, Mary nunca pone en práctica estos pensamientos. Rara vez admite que los tiene. Pero son tan gráficos y persistentes que algunas noches, en lugar de dormir, se queda tumbada y planea asesinatos ficticios. Casi nadie sabe hasta qué punto su atención se ve consumida por la lucha constante de sus gestores internos por dejar de entretener fantasías homicidas.

Roland tiene una forma mucho menos violenta de luchar contra el fuego: sueña despierto con volverse rico y famoso. La mayoría de la gente lo hace de vez en cuando, pero Roland está tan atrapado en sus fantasías que a menudo se disocia de su entorno. Nunca ha sido capaz de mantener un trabajo ni de terminar los muchos proyectos que cree que le traerán la gloria (una página web, un guion, una aplicación motivacional). Cada vez que Roland empieza a hacer algo que podría llevar su vida en la dirección deseada, sus gerentes internos lo callan, diciéndole que es un estúpido inculto destinado al fracaso. Roland termina desistiendo y reanuda sus fantasías adictivas.

Cuando llevamos muchos exiliados heridos, el contraste entre gestores y bomberos puede ser asombroso. Jack creció en una casa llena de rabia y violencia física. Su madre, su padre y su abuela, que vivía con él, lo maltrataban físicamente y a menudo se peleaban entre ellos hasta herirse de gravedad.

Jack luchó para salir de este infierno y se convirtió en un faro de esperanza: un instructor de yoga y orador motivacional que pasaba su tiempo volando de ciudad en ciudad, ayudando a la gente a limpiar sus chakras y alcanzar la paz interior. Jack siempre comía alimentos orgánicos y usaba un costoso filtro superlimpiador para cada gota de agua que bebía. También inhalaba cantidades prodigiosas de cocaína que, junto con los alimentos y el agua ultrapuros, lo ayudaban a aumentar su energía para viajar, hacer ejercicio y dar conferencias.

Por desgracia, el estilo de vida de Jack era muy costoso. Gastaba la mayor parte de lo que ganaba en drogas, luego barajaba tarjetas de crédito para pagar sus cuentas. Sus discusiones internas debieron volverse cada vez más irracionales. Un día Jack navegaba en internet cuando se topó con un culto apocalíptico que afirmaba que la civilización humana estaba a punto de ser destruida, y lo veían como una noticia mala y buena al mismo tiempo. Por el lado negativo, miles de millones de personas morirían. Por el lado positivo, toda la deuda se evaporaría y los miembros del grupo —los únicos que con toda probabilidad sobrevivirían al apocalipsis— tendrían acceso a todo lo que quisieran.

Poco después de conectar con este grupo, Jack desapareció. Cuando su novia, que vivía lejos, voló a su ciudad para buscarlo, encontró su departamento vacío salvo por un montón de papeles abandonados, incluyendo registros financieros que indicaban que Jack acababa de comprar un vehículo todoterreno, un rifle de asalto y una montaña de municiones. A crédito.

Aunque sé cómo puede ocurrir este tipo de polarización, me costaba creer que Jack fuera lo mismo el sereno sanador de yoga que había conocido que un teórico de la conspiración armado. Pero esto es lo que sucede cuando un bombero y un gestor se quedan atrapados de forma simultánea en espirales de ansiedad, haciendo girar un cerebro en direcciones opuestas. Sus historias no tienen por qué ser coherentes o lógicas, porque no se basan en la lógica, sino en la ansiedad. Incluso las historias de terror más extrañas y contradictorias del hemisferio izquierdo parecen verdaderas para la parte del cerebro que las cuenta.

HABLAR CLARO

Hasta ahora en este libro no he recomendado mucho *hablar* como solución para la ansiedad. El análisis y la argumentación, herramientas favoritas del hemisferio izquierdo, tienden a hacer que la ansiedad aumente, no que disminuya. Pero cuando nos ponemos en contacto con los gestores y los bomberos que impulsan gran parte de nuestro comportamiento, puede ser útil trabajar con las palabras.

Los exiliados son como las criaturas salvajes de las que hablamos en el capítulo anterior, atrapadas en situaciones y sensaciones agonizantes. Hay que mostrarles que tus circunstancias ya no son peligrosas (ya trabajamos en eso). Pero como acabamos de ver, los gestores y bomberos no están atrapados en sensaciones. Están atrapados en historias. Las historias internas de Mary sobre los políticos que odia impulsan su conflicto interno. Las fantasías de fama de Roland no están presentes de manera física; son proyecciones de su mente narrativa. Y Jack cuenta todo tipo de historias extrañas para mantener su doble vida y sus teorías de conspiración. Para salir del cautiverio, nuestras partes internas necesitan aprender historias más precisas, versiones de la realidad que se sientan verdaderas en el nivel más profundo de nuestro ser. Ser sinceros es lo que permite que nuestras comunidades internas se reintegren y sanen. En otras palabras, ahora toca explicar todo esto.

DECIRLES LA VERDAD A NUESTROS "YOES" SEPARADOS

Como hemos aprendido, nuestras partes ansiosas nunca están ancladas en el momento presente. Siempre están enfocadas en cosas malas que ocurrieron en el pasado y en horrores que podemos enfrentar en el futuro. Las historias que cuentan son estresantes por varias razones, pero sobre todo porque esas historias son un tejido de mentiras y, en algún nivel, lo sabemos. Nuestros pensamientos aterradores, vergonzosos o desesperanzados provienen de un lugar inocente, son errores bien intencionados, pero son mentiras de todos modos.

Los humanos somos los mejores mentirosos de la naturaleza, pero eso no es mucho decir. Cada vez que alguien miente, todo su sistema nervioso se descontrola. La mayoría entramos en un estado de luz amarilla: nuestra frecuencia cardiaca, parpadeo y transpiración aumentan; nuestras funciones inmunes se debilitan. Incluso para un psicópata, que puede superar un detector de mentiras, la cantidad de energía neurológica necesaria para mantener las historias falsas en orden causa un estrés enorme. Es mucho más simple para el cerebro mantenerse anclado en la realidad.

Dicho esto, es fácil ver por qué nuestras partes pueden contar historias falsas y confundirlas con la verdad. Los exiliados, aterrorizados por el trauma, viven en una mentira muda e inocente que dice: "Aquello tan terrible que sucedió siempre está sucediendo. Sigo ahí". Los gestores y bomberos viven en historias opuestas, pero hacen la misma afirmación falsa: "No hay nada malo aquí en absoluto, excepto que no tengo rienda suelta para hacer que mi humano haga lo que quiero todo el tiempo. Necesito tener control absoluto. Ese es el único problema, sin más".

En otras palabras: "¡No hay nada que ver aquí! Estoy bien al cien por ciento. Por favor, pásame mi Biblia y mi pipa de crack".

CONVERSACIONES ENTRE PARTES INTERNAS

La genialidad de la teoría de IFS es que puede conseguir que todas las partes contradictorias de un ser humano en apuros se comuniquen y cooperen. ¿Cómo? Tratando a cada parte como una persona entera y bienintencionada, pidiéndole que cuente su historia y permitiendo que cada parte escuche las historias de las otras. Cuando oí esto, me pareció de una simplicidad increíble. Esto nunca funcionará, pensé mientras me embarcaba en mi propia terapia de IFS.

Pero funcionó.

Después de que comencé a trabajar con mi propia terapeuta de IFS y conocí a Richard Schwartz, aprendí cómo descubrió esta técnica que sorprende por su simplicidad. Cuando trabajaba como terapeuta familiar, Schwartz a veces le pedía a una persona que saliera de la habitación para que otro miembro de la familia pudiera sentirse más libre de hablar. Luego, notó que los patrones disfuncionales que veía en las familias a menudo se reflejaban dentro de los individuos. "Una parte de la psique de una persona, por ejemplo, una parte crítica, podría ser muy dominante", me dijo Schwartz. "Entonces pensé: 'Tal vez pueda pedirles a estas partes dominantes que se hagan a un lado por un tiempo y me dejen hablar con otras partes del sistema interno de la persona'".

Cuando lo intentó, Schwartz se sorprendió al descubrir que las partes dominantes solían acceder a hacerse a un lado durante unos minutos. Schwartz le pedía al cliente que imaginara esas partes moviéndose unos pocos centímetros a la derecha o a la izquierda. En ese momento, comenzaba a hablar con otras partes de la psique, que ahora se sentían más libres para expresar sus propias perspectivas.

Cuando comencé a aplicar el enfoque de Schwartz, tanto en terapia como por mi cuenta, me sorprendió la rapidez con la que me hizo sentir más libre, más feliz y, sobre todo, mucho menos ansiosa. Descubrí que esto era muy poderoso cuando hacía mi "trabajo con las partes" por escrito.

UNA CARTA A MIS OTROS "YOES": ESCRIBIR A LAS PARTES ANSIOSAS Y DESDE ELLAS

A estas alturas, no puedo resistirme a mencionar otro conjunto de investigaciones que combinan bien con la IFS como el pan con la mantequilla. En 1986, un psicólogo llamado James Pennebaker realizó un experimento en el que pidió a un grupo de estudiantes universitarios que escribieran durante quince minutos sobre temas superficiales. Otro grupo escribió durante la misma cantidad de tiempo, pero Pennebaker les solicitó que se concentraran en sus experiencias más dolorosas. Esto no era escritura analítica; tenían que escribir de forma *expresiva*.

"Muchos estudiantes salieron llorando de sus aulas", informó Pennebaker, "pero volvían". Más tarde, el grupo de participantes que había escrito sobre temas difíciles notó enormes beneficios. Cientos de estudios confirmaron que las personas que utilizaban la escritura expresiva para afrontar experiencias dolorosas experimentaban una disminución de la ansiedad, tensión arterial, depresión, tensión muscular, dolor y estrés. Por otro lado, tenían una mejor función pulmonar e inmunológica, recuerdos más nítidos, mejor calidad de sueño, vidas sociales más felices y un mejor rendimiento en el trabajo o la escuela.

Hoy día, los estudios de Pennebaker podrían ir acompañados de una advertencia: aunque los estudiantes se beneficiaron de la escritura a largo plazo, muchos experimentaron un aumento del dolor emocional a corto plazo. Así que, aquí y ahora, emito mi propia advertencia: estoy a punto de recomendarte un ejercicio que podría agitar tu sistema interno y causarte dolor emocional. Es cierto, este es un dolor que ya llevas dentro, exiliado, pero hay una razón por la que lo guardaste, y necesitamos respetar eso.

Así que, antes de empezar el siguiente ejercicio, asegúrate de haber practicado todas las habilidades que aprendiste en los capítulos anteriores. Asegúrate de que puedes hacer que tu sistema nervioso salga de las zonas de luz amarilla y roja y vuelva al territorio de la luz verde. También te recomendaría que identifiques al menos a una persona amorosa y estable que pueda ayudar a calmarte si te sientes muy alterado. Si esa persona es un terapeuta, mucho mejor.

Dicho lo anterior, este ejercicio contiene su propio dispositivo de seguridad. Solo pedirás a todas tus partes internas que no te abrumen con emociones si no tienes tiempo libre o una persona segura que te ayude a procesarlas. Es increíble la disposición que muestra la mayoría de nuestras partes para colaborar y la claridad con que podemos percibir su respuesta.

Aquí está el ejercicio en resumen: escribirás a diferentes partes de tu sistema interno, preguntándoles por qué hacen lo que hacen. Escucharás las historias que tus gestores y bomberos usan para justificar sus acciones. También puedes detectar una parte exiliada que quiere comunicar su dolor. Y mientras conversas con cada parte, *le dirás la verdad sobre tu situación actual.*

Cada exiliado vive atrapado en una experiencia terrible. Los gestores y bomberos viven atrapados en espirales de ansiedad. Todos están separados de la verdad sobre la *presencia*, el *poder* y los *personajes*: tu situación aquí y ahora, tu libertad y capacidad para elegir tus acciones, y tu conexión con las personas que pueden ayudarte a regular e integrar tus conflictos internos.

Nueva habilidad
TRAE A TODO TU SER DE VUELTA A LA VERDAD

Tómate veinte minutos para ir al santuario que has creado o a otro lugar donde te sientas seguro. Lleva un cuaderno y un bolígrafo o un lápiz. He descubierto que escribir a mano es más poderoso que teclear los pensamientos en una computadora.

Usa todas las estrategias que tienes para tranquilizarte y relajarte.

Cuando estés tranquilo, completa por escrito el siguiente ejercicio.

Te pediré que escribas preguntas para tus partes internas. Para que respondan, escribe lo que te venga a la cabeza. No te preocupes por la ortografía ni la puntuación, y no lo corrijas. Si algo no parece tener sentido, escríbelo de todas formas. Esto es solo para tus ojos.

Empieza escribiendo algo así: "Hola a todas mis partes. Estoy aquí para charlar con ustedes. Antes de empezar, les pido que me ayuden a liberar parte de mi dolor interior, pero no tanto como para sentirme abrumado o desbordado. ¿Están de acuerdo con esto?".

Escribe cualquier respuesta que surja:

____

____

Si la respuesta dice que tu sistema interno está dispuesto a mantenerte a salvo, encuentra una parte gestora. Cierra los ojos, dirige tu atención hacia el interior y localiza una parte de ti que sea perfeccionista y quiera que alcances todos tus más altos ideales. ¿Dónde sientes que se encuentra esta parte en tu cuerpo? ¿Cómo te hace sentir?

____

____

Pregunta lo siguiente a esta parte gestora: "¿Qué intentas hacer por mí? ¿Por qué eres tan exigente?".

Escribe lo que la parte parezca decir:

Ahora pregúntale a esta parte gestora lo siguiente: "¿Qué temes que pase si dejas de hacer todo lo que haces?".

Vuelve al verde. Si conectar con la parte te ha llevado a un estado de luz amarilla o roja, detente, respira y usa todas tus habilidades para volver al estado de luz verde. Regresa a las instrucciones del capítulo 3 si es necesario.

Agradece al gestor por hablar contigo. Puede que no te guste esta parte de ti, pero está trabajando muy duro para mantenerte funcionando. Reconoce sus buenas intenciones. Di gracias. A las partes les encanta ser tratadas con respeto.

Ahora encuentra una parte bombero. Cierra los ojos y conecta con una parte de ti que no quiere seguir las reglas del gestor. Esta parte puede hacer cosas que crees que son malas o incorrectas, pero no estás aquí para juzgar; estás aquí para escuchar. ¿Dónde sientes esta parte bombero en tu cuerpo? ¿Qué hace cuando toma el control?

Pregúntale a esta parte una variación de las mismas preguntas que le hiciste al gestor: "¿Qué tratas de hacer por mí? ¿Por qué rompes las reglas?".

____

____

Ahora pregúntale a esta parte bombero lo siguiente: "¿Qué temes que pase, bombero, si nunca te sales con la tuya o si solo dejas de hacer todo lo que haces?".

____

____

____

____

Vuelve al verde. Si conectar con esta parte te ha arrastrado a un estado de luz amarilla o roja, detente, respira y usa todas tus habilidades para volver al estado de luz verde.

Agradece al bombero por hablar contigo. Puede ser difícil de creer, pero el bombero también busca tu bienestar. Dale las gracias por las veces que te ha librado de un dolor insoportable distrayéndote o adormeciendo tus sentimientos.

Ve si el gestor o el bombero pueden darte alguna información sobre los exiliados que pueden estar atrapados dentro de tu psique. Diles: "Sé que tienen miedo de perder el control y creo que es porque están protegiendo partes de mí que han pasado por cosas terribles y guardan mucho dolor. Por favor, no me inunden con más información o emoción de la que puedo manejar ahora mismo, pero cuéntenme un poco sobre los exiliados".

Escribe lo que surja:

____

____

____

____

En este punto, puedes obtener una visualización u otra señal sensorial que te muestre una parte exiliada. El exiliado puede no ser verbal. Pero puedes sentir su presencia y es posible que lo "veas" en tu mente. Puede parecer un niño, un animal o incluso un objeto inanimado como una roca.

Escribe una descripción de lo que sientas:

____
____
____
____
____
____

Si el exiliado quiere expresar su dolor o mostrarte lo que le pasó, dale permiso para hacerlo —después de pedirle, de nuevo, que no te inunde de emoción—.

Escribe lo que surja:

____
____
____
____
____
____

Usa todas las herramientas para calmar la ansiedad que has aprendido para consolar al exiliado. Solo recuerda:

- Suspira, sacúdete y muévete.
- Relaja el enfoque de tus ojos.
- Emplea el DIA en voz baja, lenta y suave.
- Destina tiempo para el silencio.
- Articula lo que siente el exiliado.
- Conecta con tus destellos.
- Ve a un espacio donde tu ser de luz verde calmada pueda sostener al exiliado con una energía cálida.

Si el gestor y el bombero se ponen ansiosos y desean volver a proteger al exiliado, déjalos. A menudo, las partes protectoras se sienten muy ansiosas cuando el exiliado entra en contacto con tu conciencia. Es probable que no estén preparadas para abandonar todo comportamiento protector. Permíteles reanudar sus roles, pero hazles saber que puede haber menos energía exiliada que contener, por lo que quizá no tengan que trabajar tan duro o ser tan intensas.

Ahora diles a todas estas partes la verdad sobre tu presencia, tu poder y tus personajes: tus circunstancias de vida actuales, tu capacidad para tomar decisiones y tu acceso a quienes pueden ayudarte.

Escribe algo como esto: "Aquí está la verdad sobre **el presente** (lo que está sucediendo en este momento). Ahora tengo ____ años. Vivo en ____________. No soy tan pequeño, indefenso o confundido como solía ser. Hay destellos a mi alrededor. Permítanme hablarles de ellos".

Escribe algo positivo sobre tu santuario, los destellos que ves a tu alrededor y tu vida actual:

____

____

____

____

____

____

"Esta es la verdad sobre **mi poder para tomar decisiones.** Sé mucho más de lo que solía. No tengo que ignorar a mis partes exiliadas; puedo escucharlas y ofrecerles amor. Puedo reconocer su sufrimiento y validar que merecen sanar".

Añade cualquier cosa que te parezca verdadera y útil:

____

____

____

____

____

____

"Esta es la verdad sobre **las personas que pueden ayudar".** (NOTA: algunas de estas pueden ser personas que conoces. Otras pueden ser escritores de épocas pasadas o expertos en línea o cantantes que te ayudan a sentirte comprendido. Si crees en un poder superior, inclúyelo en la lista. Y por supuesto que las mascotas cuentan).

Añade a quien quieras:

____

____

____

____

____

____

Vuelve al verde. Ahora es cuando de verdad puedes aplicar esas habilidades de regulación de la luz verde. Utiliza todo lo que has aprendido en este libro para devolver tu sistema nervioso a un momento de calma en tu santuario.

Da las gracias y termina la sesión. Agradece a todas las partes por hablar contigo y escribe: "¿Hay algo que pueda hacer para ayudarles a sentirse seguras y apoyadas?". (Esto puede incluir actos imaginarios, como llevar al exiliado a vivir en tu corazón, o actos de autocuidado, como arroparte en una manta cálida o escuchar un pódcast que siempre te ayuda a sentirte mejor).

Deja que tus partes respondan:

____

____

____

____

____

____

Si les has prometido a tus partes algún cuidado, cúmplelo. Sé especialmente amable contigo mismo después de hacer este ejercicio. Si te sientes agitado, llama a tu persona de apoyo. Pero también toma en cuenta que, a medida que el polvo se asiente, es probable que te sientas mucho mejor y menos ansioso.

DE LA DISONANCIA A LA ARMONÍA

He usado este proceso una y otra vez. Apenas se adentra en la psicología de las partes, pero he sentido que me desplaza hacia la calma más rápido que la mayoría de los otros métodos que he probado. He visto que hace lo mismo con otras personas.

Por ejemplo, Penélope es una empresaria exitosa de unos setenta y tantos años que ganó una gran fortuna siendo inteligente, decidida y tan cruel como una serpiente. Cuando la conocí, vivía en una alerta perpetua de luz amarilla, inmersa en una ansiedad que se manifestaba como ira. Aterrorizaba a sus empleados y nunca había podido mantener una relación íntima por mucho tiempo. Ahora Penélope temía morir pronto, y al mirar atrás en su vida, sentía que esta había sido solitaria y sin sentido.

—Solo quiero un poco de paz —dijo durante nuestra primera sesión de Zoom—. Y haré lo que me digas. Dame tu mejor golpe. Soy un ave vieja y dura. Puedo con lo difícil.

Estaba segura de que una parte de ella podía. Pero sospechaba que había otras partes de Penélope que se sentían vulnerables y heridas. Usando las mejores tácticas de Chris Voss, la guie a través de una versión del ejercicio anterior. La parte gestora que Penélope invocó era su yo de mujer de negocios disciplinada y ambiciosa. Su parte bombero era la que tendía a ser cruel, atacando a la gente y manteniéndola asustada como una forma de controlar las situaciones.

Mientras Penélope hablaba con ambas partes, preguntándoles por qué actuaban de esa manera y qué otras partes podrían estar protegiendo, una escena vívida apareció en su mente. Se vio de bebé sentada junto al cuerpo de su madre en una cama, tratando de despertarla de un sueño ebrio. La escena me rompió el corazón, y Penélope, para su gran vergüenza, comenzó a llorar. Le pregunté cómo se sentía respecto a su yo bebé.

—Bueno —dijo, tratando de sonar ruda—, para ser honesta, me gustaría abrazarla. Ningún niño debería pasar por eso.

—Adelante. Abrázala y ve si te dice qué más puede necesitar —le dije.

Penélope se quedó callada; un flujo constante de lágrimas brotaba de sus ojos cerrados. Tras unos largos minutos de silencio, dijo, con evidente sorpresa:

—La mayoría de las veces, la niña solo quiere estar conmigo.

—¿Puedes pensar en una manera de mantenerla contigo? —pregunté—. Tal vez solo en tu imaginación.

Penélope asintió y tuvo otra conversación silenciosa con su yo bebé. Luego nos desconectamos.

La Penélope que apareció en mi pantalla unas semanas después parecía otra persona. Parecía diez años más joven, su rostro se había relajado y había dejado atrás la expresión tensa que llevaba cuando nos conocimos. Fiel a su palabra, había prestado atención diaria a su yo infantil, junto con otras "niñas internas" que habían aparecido desde la última vez que hablamos. Les había mostrado lo mucho que había cambiado su vida desde su dolorosa infancia. Entonces comenzó a saludar de forma espontánea a la gente, incluso haciéndole cumplidos, algo que nunca había hecho antes. Sus empleados empezaban a sentirse más seguros y la empresa funcionaba mejor.

—Estoy asombrada de que pudieras ver esas partes de mí. Y saber qué hacer por ellas —dijo.

Pero yo no había visto sus "yoes" internos. Mucho menos se me había ocurrido una sola idea sobre cómo cuidarlos. Todo eso había sucedido dentro de Penélope, con apenas un pequeño estímulo de mi parte. Ella siguió cambiando, a ritmo increíble, mientras continuaba cuidando a todos sus "yoes". Su vida "vacía y sin sentido" se ha enriquecido con conexión y bondad.

Desde que conocí la psicología de las partes, he gastado cada vez menos energía en las sesiones de *coaching*, sabiendo que los sistemas internos de las personas son los expertos cuando se trata de sanar y de prosperar. Mi propia terapeuta de IFS, que tiene todo tipo de habilidades de alto nivel en una variedad de campos teóricos, habla menos que cualquier otro consejero que he conocido. Ella pregunta: "¿Qué aspecto tiene la parte? Pregúntale qué le gustaría que supieras". Y luego: "¿Para ti tiene sentido eso?". El resto lo deja para que mis partes lo resuelvan.

Al igual que a Penélope, esto me ha cambiado la vida. Ahora, cada vez que mi ansiedad asoma la cabeza, sigo el proceso anterior. Me pregunto: "¿Qué está pasando ahí dentro?". A continuación, conecto con gestores o bomberos y compruebo si hay exiliados ansiosos. En este punto, suelo recurrir a la escritura expresiva para poner en palabras las experiencias de los exiliados, activando mi hemisferio izquierdo para dar voz a sus impresiones y emociones. Luego escribo algunas cosas verdaderas sobre mi vida actual, mi poder para elegir opciones y las personas a las que puedo acudir en busca de ayuda.

Siempre me resulta reconfortante hablar así con mis "yoes". Porque al hacerlo, me encuentro con un ser interno más sabio y tranquilo que todos los demás. Y si persistes en calmar a los "yoes" de tu criatura, te encontrarás con la misma energía. Los terapeutas de IFS la llaman "el Ser", con mayúscula.

CONECTANDO CON TU VERDADERO SER

A lo largo de este libro, te he pedido que hagas todo tipo de cosas sanadoras: imaginar a tu criatura interior, recordar tus mejores experiencias, usar una voz tranquila para ofrecerte DIA, reunir algunos destellos, así como hacer y cumplir promesas a tu criatura interior. Asumiendo que has podido llevar a cabo al menos algunas de estas cosas, tengo dos preguntas para ti: ¿quién ha estado haciendo todo esto?, ¿quién eres *en realidad*, en tu esencia?

Si has estado visualizando, cuidando y consolando a tus partes ansiosas, no estás atrapado en ninguna de ellas. Eres algo que incorpora y trasciende todas estas fragmentaciones psicológicas. Según la teoría de IFS, esta parte central de ti es el Ser.

Richard Schwartz se sorprendió al ver aparecer un Ser casi idéntico en muchos de sus pacientes. A medida que ayudaba a las personas a revelar más y más aspectos de sus personalidades, lo mismo comenzó a ocurrir, como lo expresó Schwartz, "de la nada". Cada paciente terminaba conectando con una identidad central sabia y pacífica que no se parecía a ninguna de las otras. En su libro *No hay partes malas*, Schwartz escribe:

> Cuando estaban en ese estado, les preguntaba a los clientes: "Ahora, ¿qué parte de ti es esa?". Y ellos decían: "Esa no es una parte como las demás, eso es más bien mi verdadero yo" o "Esa es más mi esencia" o "Esa es quien soy en verdad".

Con el tiempo, Schwartz observó que este Ser terminaba apareciendo en cada persona que trataba:

> Después de miles de horas haciendo este trabajo, puedo decir con certeza que el Ser está en todos. Además, el Ser no puede ser dañado, el Ser no tiene que desarrollarse, y el Ser posee su propia sabiduría sobre cómo sanar las relaciones internas y externas.

El objetivo de la IFS, como me lo explicó Schwartz, no es "arreglar" a los pacientes, sino ayudarlos a conectar con este Ser central, que realiza el trabajo de reparación más profundo. Tu Ser está disponible para ti en cualquier momento. Y este, más que nadie en la tierra, sabe cómo calmar tu ansiedad y acceder a una vida alegre y pacífica.

AVANZAR HACIA LA ENERGÍA DEL SER

Como acabo de insinuar, cada ejercicio de este libro ha sido diseñado para alinearte con tu Ser central. Después de que aprendí a localizar y acceder a mi Ser, mi terapeuta de IFS habló aún menos. A menudo llegaba con un problema que tenía poco que ver con asuntos personales y mucho que ver con las noticias. "¡Australia está en llamas!", decía. O: "¡Pandemia! ¡Aterrador!". O: "¿Cómo demonios acabaremos con el racismo?". Mi terapeuta respondía: "Okey, ve adentro y conéctate con la energía del Ser".

Esto no era lo que mis partes ansiosas de gestor y bombero querían. ¡Querían acción, discusiones fuertes, maldito control! En cambio, mi terapeuta me recordaba las ocho "C" que Schwartz identificó como las características de cada Ser humano. Estas ocho palabras comienzan con la letra C, porque, junto con los acrónimos, la aliteración es una herramienta fabulosa para hacer que las cosas sean memorables. Puedes alinearte con tu Ser nombrando estos valores, en tu mente o en voz alta:

- Calma
- Claridad
- Confianza
- Curiosidad
- Coraje
- Compasión
- Conexión
- Creatividad

Es posible que puedas encontrar tu propia energía del Ser con solo leer esta lista, haciendo una pausa después de cada palabra para encontrar esa cualidad en ti.

Aquí tienes otro método que funciona bien para mis clientes. Es muy simple: solo recuerda y escribe sobre algunas situaciones en las que mostraste cada una de las cualidades de la "C", y permítete revivirlas. Recordar o imaginar estas situaciones te ayudará a conectar con la energía del Ser. Luego puedes imaginar ese estado de ánimo creciendo como una luz cálida que te sostiene y permea tu cuerpo. Desde aquí puedes acceder a todas tus partes, ofreciéndoles amor y liberación de la ansiedad.

Al practicar esta habilidad, recuerda que no tienes que llevar al máximo las ocho "C"; de hecho, es posible que algunas te queden en blanco. Está bien. Solo necesitas tocar una "masa crítica" de la energía del Ser para sentirte más calmado y más conectado con tu estado de luz verde.

Nueva habilidad
CONÉCTATE CON EL SER

1. Piensa en una situación en la que te sientes o te has sentido en **calma** en el pasado (por ejemplo, "cuando estoy en la naturaleza", "cuando tejo", etcétera):

____

2. Piensa en una situación en la que sientes o has sentido **claridad** en el pasado (por ejemplo, "cuando dejé mi primer trabajo", "cuando entreno a mi perro", etcétera):

____

3. Piensa en una situación en la que te sientes o te has sentido **confiado** en el pasado (por ejemplo, "conduciendo", "atándome los zapatos", etcétera):

____

4. Piensa en una situación en la que sientes o has sentido **curiosidad** en el pasado (por ejemplo, "mirando las estrellas", "jugando *Calabozos y dragones*", etcétera):

____

5. Piensa en una situación en la que te sientes o te has sentido con **coraje** o valentía en el pasado (por ejemplo, "cuando fui a la marcha por la igualdad de derechos", "cuando defendí a mi amigo en la escuela", etcétera):

____

6. Piensa en una situación en la que sientes o has sentido **compasión** en el pasado (por ejemplo, "cuando mi gato está confundido", "cuando mi amigo estuvo de luto", etcétera):

____

7. Piensa en una situación en la que te sientes o has sentido **conectado** en el pasado (por ejemplo, "cuando escuché esa canción de ruptura que expresaba justo cómo me sentía", "cuando un recién llegado habla en mi grupo de Alcohólicos Anónimos", etcétera):

____

8. Piensa en una situación en la que te sientes o te has sentido **creativo** en el pasado (por ejemplo, "cuando armo rompecabezas", "cuando planifiqué la fiesta de cumpleaños de mi hijo", etcétera):

____

PERMITIR QUE TU SER ABORDE TODAS TUS PREOCUPACIONES

La psicóloga infantil Becky Kennedy sostiene que la mejor manera de consolar a un niño no es tratando de "arreglarlo", lo que a menudo se siente forzado e invasivo. En cambio, sugiere a los padres que imaginen un campo lleno de bancos, cada uno etiquetado con una emoción: ansiedad, tristeza, ira, desesperación, esperanza. "Solo siéntate con el niño en el banco que ocupe", dice. Quédate en silencio, sé paciente y hazle saber al niño que sus sentimientos son válidos.

Cuando accedas a tu Ser, permítele sentarse en cualquier banco donde una de tus partes se sienta estancada. No busques soluciones. Quédate allí, conectado a cualquier energía de calma, claridad, confianza, curiosidad, coraje, compasión, creatividad o conexión a la que puedas acceder. Permite que la parte cuente sus historias al Ser. Desde tu Ser auténtico, ofrece historias más verdaderas para reemplazar las ficciones de la parte herida.

Este enfoque puede funcionar con rapidez y persistir indefinidamente. Puede ser parte de nuestra forma interna de vivir, de modo permanente. Es posible que siempre tengamos cerebros propensos a la ansiedad, pero acceder al Ser también puede volverse casi automático. Nos libera de la ansiedad una y otra vez, como un padre amoroso que aleja a un niño pequeño de una calle concurrida. Uno por uno, podemos relajar a nuestros miedosos y controladores gestores y bomberos, así como consolar e integrar a cada uno de nuestros exiliados. Las frustrantes y desconcertantes polaridades que una vez nos controlaron comenzarán a disolverse. En cambio, nuestras partes únicas ofrecerán sus perspectivas e ideas para ayudar a toda la comunidad.

Este cambio hacia la armonía interna, bajo la guía del Ser, es como dejamos de ser parte de los problemas del mundo y nos convertimos en parte de la solución. En una sociedad cada vez más ansiosa y polarizada, la energía del Ser fluye como agua cristalina de manantial después de una terrible sequía. Y como es creativa por naturaleza, puede idear nuevas soluciones para todos los problemas que enfrentamos. Si queremos prosperar como individuos y sobrevivir como especie, debemos comenzar por calmar a los "yoes" de nuestra criatura. Pero luego necesitamos seguir avanzando hacia el territorio más allá de la ansiedad: activar el manantial curioso, compasivo y todopoderoso de la creatividad humana.

Segunda parte

LA CREATIVIDAD

5
ACTIVANDO TU LADO CREATIVO

Mientras investigaba para este libro, sumergida en el confinamiento por la pandemia, me fascinó tanto la función cerebral que decidí realizar mi propio pequeño experimento. El encierro me había brindado una excelente oportunidad. Cualquier científico social sabe que en una situación donde muchos factores permanecen constantes, es más fácil juzgar el efecto de algo que se incorpora en el escenario.

Mi vida se había convertido en una condición experimental. Mis días eran más estables y rutinarios de lo que jamás habían sido. No salía, y ningún desconocido venía a verme. Cada día usaba mi "uniforme de pandemia": un suéter de cuello alto, pantalones de yoga y una bata de baño afelpada. Mi familia y yo estábamos instalados en nuestra casa en un bosque de Pensilvania, donde veíamos ciervos y zorros, pero a nadie más.

Era hora de jugar con mi cerebro.

Ya había formulado y utilizado los métodos para aliviar la ansiedad que has encontrado hasta ahora en este libro. Estaba convencida de que, simplificaciones aparte, había algo relevante en torno a la localización de la ansiedad en el hemisferio izquierdo. Así que, ¿qué pasaría si me dedicaba a desarrollar comportamientos que activaran mi hemisferio *derecho*? ¿Cómo afectaría a mi ansiedad? Mi teoría, basada en mucha lectura y reflexión, era que involucrarme en tareas que necesitaban de mi hemisferio derecho me sacaría de las espirales de ansiedad del izquierdo.

Para averiguarlo, dediqué un mes completo a potenciar el lado derecho de mi cerebro. Con el generoso apoyo de mi familia, me propuse pasar treinta días centrándome casi por completo en actividades dominadas por el hemisferio derecho. Siempre me había encantado dibujar, pero de joven había desarrollado un dolor insoportable en las manos y no me quedó más que parar. Ahora, libre de síntomas, decidí que empezaría cada uno de mis días de "hemisferio derecho" dibujando algo, lo que fuera. Luego, me limitaría a ver qué me apetecía hacer después.

Resultó que nunca me apeteció hacer nada más. Desde mis primeros bocetos, me sentí un poco eufórica, burbujeando de alegría. Dibujar me hacía tan feliz que yo —o al menos mi lógico hemisferio izquierdo— me puse bastante nerviosa. Tenía la sensación de que mi mente calculadora estaba perdiendo el control de mi comportamiento. Pero el experimento tenía que continuar, ¡en nombre de la ciencia! Así que usé mis habilidades para calmar la ansiedad para apaciguar mis preocupaciones y seguí dibujando.

Al cabo de una semana, ya no estaba perdiendo el control: lo había perdido. Para usar el lenguaje de IFS, la parte de mí que está escribiendo estas palabras ahora mismo se había esfumado. Apenas era verbal. Por lo general, soy bastante pragmática: cada día hago una lista de cosas que hacer y luego —la mayor parte del tiempo— las hago. Ese mes no. Me despertaba, preparaba una taza de café, conectaba con mi familia y luego me sentaba a una mesa con papel y materiales de arte, que usaba para desaparecer en la parte de mí que crea imágenes sin palabras. De vez en cuando, mi familia me revisaba para asegurarse de que todavía estaba viva. Salía de mi trance el tiempo suficiente para abrazarlos, luego notaba que no había tocado mi café. Después de un tiempo, dejé de molestarme en hacerlo. Dibujar todo el día era mucho más estimulante que la cafeína.

Para ilustrar cómo se sentía esto desde dentro, permítanme referirme a una escena del clásico cuento infantil de Kenneth Grahame, *El viento en los sauces*. Esta escena captura a la perfección lo que sucedió en mi interior cuando dediqué mi tiempo y energía a las actividades del cerebro derecho. Cuando hayas realizado los ejercicios de este libro, es posible que tú también lo sientas.

En el punto pertinente de la historia de Grahame: el señor Sapo acaba de escapar de prisión disfrazado de lavandera. Un automovilista desprevenido le da un aventón, y cuando el señor Sapo pide conducir el auto, el dueño acepta con amabilidad. El Sapo comienza a conducir muy lento y con cuidado, "porque estaba decidido a ser prudente". Pero luego va "un poco más rápido, luego aún más rápido, y más rápido", hasta que el dueño se alarma:

> El conductor intentó intervenir, pero él lo inmovilizó en su asiento con un codo y aceleró a fondo. La ráfaga de aire en su rostro, el zumbido del motor y los ligeros saltos del automóvil embriagaron su débil cerebro. "¡Lavandera, de veras!", gritó con imprudencia. "¡Jo, jo! ¡Soy el Sapo, el ladrón de autos, el fugitivo de la prisión, el Sapo que siempre escapa!

> ¡Quédate quieto y sabrás lo que es conducir de verdad, porque estás en manos del famoso, del hábil, del intrépido Sapo!".

Así es *justo* como me sentí cuando permití que mi cerebro derecho dirigiera mi vida. ¿Ansiedad? ¿Qué demonios era *eso*? ¿El paso del tiempo? ¿Noticias del mundo? ¿Las necesidades de otras personas? Todo desapareció en la extasiante lucha por hacer que las imágenes en papel se vieran como aparecían ante mis ojos o en mi imaginación.

La vida del hemisferio derecho va mucho mucho más allá de aplacar nuestra ansiedad. Puede llevarnos a un viaje salvaje y delicioso que deja la ansiedad tan lejos que apenas podemos recordarla.

TU TURNO EN EL VIAJE SALVAJE DEL SEÑOR SAPO

Te cuento esta historia a modo de advertencia. He leído muchísimos libros y artículos sobre cómo superar la ansiedad, pero todos se detienen en el punto de alcanzar la calma. Para mí, esto es como rescatar un barco que se hunde sin tapar las fugas: un buen primer paso, pero no la mejor solución a largo plazo (y un triste lugar para detenerse cuando estamos tan cerca de una vida mucho más alegre). El mero hecho de disipar la ansiedad significa rescatar de manera constante, trabajando contra el sesgo de negatividad de nuestro cerebro y las presiones de nuestra sociedad ansiosa. Moverse más hacia el hemisferio derecho significa zarpar hacia emocionantes aventuras.

En este capítulo y en los siguientes, iremos más allá de calmar a tu criatura ansiosa y activaremos tu parte creativa.

(La calma es un requisito indispensable para esto, así que recuerda que tendrás que tranquilizarte una y otra vez en el camino hacia tu yo creativo). Daré una descripción más detallada del sistema de retroalimentación en la mitad derecha de tu cerebro, el espejo de la espiral de ansiedad del hemisferio izquierdo. Como mencioné en el capítulo 1, a esto lo llamo la "espiral de creatividad". La siguiente sección analizará lo que sucede en nuestros cerebros, cuerpos y vidas cuando comenzamos a montar esta benévola espiral que nos aleja de la ansiedad.

Este proceso puede llevarte hacia cosas que nuestra cultura suele llamar trabajo "creativo", como pintar, bailar o escribir literatura, pero puede que no. Podemos usar espirales de creatividad en todo lo que hacemos: la crianza de los hijos, la reparación de autos, la práctica de la ciencia, el liderazgo de un equipo, la forma de vestir, las conversaciones, la preparación de sándwiches. Y la creatividad es nuestra única forma de resolver problemas que, como muchos de los que enfrenta nuestra especie en el siglo XXI, carecen de precedente.

Cuando nos enfrentamos a una situación que nunca hemos visto antes —una que quizá *nunca* haya existido previamente—, no hay reglas establecidas para responder a las condiciones o resolver nuestros problemas. Debemos *crear* esas reglas y respuestas, soñarlas como un héroe de película varado en Marte o un médico que se enfrenta a un virus nuevo, o un ingeniero que intenta construir un vidrio tan fuerte que, si se usara en un edificio (como el nuevo World Trade Center), pudiera resistir el impacto de un avión de pasajeros.

Sin precedentes es la descripción de nuestra época. Las situaciones sin precedentes proliferan a nuestro alrededor. Vivimos con una transferencia de conocimientos sin precedentes, en una escalada tecnológica sin precedentes, en un planeta cuyos ecosistemas naturales estamos destruyendo a una escala sin precedentes. El mundo se enfrenta a un montón de situaciones sin precedentes.

Para lidiar con todo esto, debemos —sin falta— dejar que nuestros hemisferios derechos tomen el volante.

A medida que aprendas a hacerlo, empezarás a crear cosas, de la misma manera que Nicky en el capítulo 2 creó un huerto en su departamento de Manhattan. No tengo idea de lo que crearás, pero sí creo que dejará tu cerebro menos ansioso y más inventivo. Y sé que el proyecto creativo más importante que emprenderás —el que naciste para completar— es la configuración de toda tu vida. A medida que te vuelvas más creativo de lo que nuestra sociedad considera prudente, tomarás las decisiones que te llevarán a tu mayor felicidad y a tu mejor contribución al mundo.

TENEMOS HAMBRE DE CREATIVIDAD

Te he preguntado un par de veces si estarías dispuesto a actuar de un modo que las personas que te rodean quizá no entiendan, o a crear una vida que no se ajuste a las normas culturales. Ahora te pido que aceptes. Conformarse a nuestra cultura mientras intentas disminuir tu ansiedad es una cosa, lo que la mayoría de la gente pretende. Pero a medida que liberes tu lado creativo, dando rienda suelta a tu hemisferio derecho, puede que salgas de los límites de nuestra sociedad WEIRD, estresante y autodestructiva. Puede que empieces a parecerle un poco raro a la gente que te rodea, incluso a ti.

Hablo por experiencia.

A los pocos días de empezar mi experimento de vivir con el hemisferio derecho, mi Sapo Artista pisó a fondo el acelerador cambiando a la acuarela transparente. Es un medio muy difícil, que satisface el amor del hemisferio derecho por la exploración y la imprevisibilidad. Nunca se sabe cómo se comportará la acuarela. No se pueden borrar los errores. Y que Dios te ayude si estornudas sobre un cuadro o si alguien toca la superficie con los dedos sucios. Hay que tirarlo todo y empezar de nuevo. Días de lidiar con este medio complicado y exigente me llevaron a la distracción, me arrastraron a la obsesión y me lanzaron a la dicha.

Comencé a desvelarme para pintar cuando mi familia se iba a dormir. Alrededor de la medianoche, me recostaba, pero a las cuatro de la mañana me levantaba de un salto, rebosante de entusiasmo por pintar más. Cualquier imagen en la que estuviera trabajando se convertía en lo único en el mundo, hasta que la arruinaba (lo que solía hacer), la tiraba y volvía a empezar. Y otra vez. Y otra vez. Cuando estaba satisfecha con una pintura, la guardaba en un armario y la olvidaba. Mi cuerpo rebosaba de energía; mi mente, de encanto. Era como estar bajo el efecto de alguna poderosa droga psicodélica.

Y, como con muchas drogas, el problema era parar.

Cuando terminó mi periodo experimental de un mes y llegó el momento de volver a mi estilo de vida habitual, el Sapo Artista se resistió con fuerza. Cada vez que abría mi agenda de trabajo o mi correo electrónico, se ponía a hacer berrinches silenciosos. "¡NO, NO, NO!", insistía, dibujando una imagen tenue sobre papel de acuarela. "¡NO VOLVERÉ A LA CÁRCEL! ¡SOY EL SAPO QUE SIEMPRE SE ESCAPA!".

—Pero tengo otras cosas que hacer, cosas normales de la vida —le dije.

—¡LA FORMA EN QUE QUIERES QUE VIVA NO ES NORMAL! —gritaba el Sapo Artista, salpicando color sobre un trozo de papel mojado—. ¡MI MANERA DE VIVIR ES NORMAL! ¡VETE!

Pasó otra semana, y luego otra más. Mi hemisferio izquierdo empezaba a preocuparse bastante porque nunca regresaría a mis actividades laborales: escribir, dar talleres y conferencias. Trabajo con equipos de personas que organizan mis charlas y cursos en línea. Me necesitaban en reuniones, entrevistas y cosas por el estilo. Tenía una regla interiorizada —del hemisferio izquierdo— que decía que pintar era un pasatiempo agradable, pero que debía dejarlo a un lado y hacer "trabajo real" la mayor parte del tiempo.

Le rogué a mi terapeuta que me ayudara a reincorporarme al mundo del hemisferio izquierdo.

—Vale —me dijo—. Encuentra las partes de ti que están en conflicto. Mira qué tienen que decir. Luego conecta con la energía del Ser y pregúntale qué debes hacer.

Seguí sus instrucciones. Tras unos minutos de silencio, le informé:

—No funciona. Mi Ser está del lado del Sapo Artista. Dice que no hay necesidad de vivir con estrés y ansiedad. Cree que debo elegir la dicha.

—¿Tiene sentido eso para ti?

—¡No! —grité—. ¡No lo tiene! Porque mucha gente depende de mí para funcionar en el mundo real.

—Ajá —dijo ella—. Interesante.

¿Interesante? ¿De qué servía eso? Si acaso sospechaba que alguna versión del Sapo Artista se estaba asomando en mi terapeuta. ¿Y por qué no? ¿Acaso el Sapo Artista estaba haciendo algo incorrecto desde el punto de vista moral? ¿Por qué no deberíamos todos renunciar a nuestros trabajos y pasar los días pintando, cantando, escribiendo y aprendiendo a tocar la cítara?

Esta pregunta estaba lejos de ser nueva para mí. Muchos de mis clientes se enfrentaban a problemas similares. "No puedo hacer lo que me gusta", decían a menudo. "Tengo que pagar el alquiler. Tengo que alimentar a mi familia". Hay que recordar que los humanos "premodernos" pasaban casi todo su tiempo haciendo cosas que equilibraban sus hemisferios cerebrales: interactuando con la naturaleza, siguiendo a los animales, creando arte, música e historias; y, de otra manera, involucrando sus hemisferios derechos tanto como sus cerebros izquierdos. Pero nuestra cultura ha entregado la mayoría de las actividades del cerebro derecho a trabajos que atienden las preferencias del hemisferio izquierdo, amortiguando nuestras chispas creativas para que podamos convertirnos en partes de la máquina de producción material.

Para cuando empecé mi mes de hemisferio derecho, como muchos, había pasado años favoreciendo mi hemisferio izquierdo —quizá incluso más que la mayoría de la gente—. Crecí en uno de los entornos de hemisferio izquierdo más competitivos del planeta, empezando en Harvard a los diecisiete años y quedándome para obtener tres títulos cuando cumplí treinta. Pasé los años siguientes concentrada en el cuidado físico de mis hijos y en ganar dinero para ayudar a mantener a nuestra familia.

Mi Sapo Artista había estado encerrado, yo solo le permitía salir una o dos horas de vez en cuando, y luego lo encerraba de nuevo en su celda. Cuando le ofrecí a mi yo artístico un mes entero de total libertad, reaccionó como una persona hambrienta en un atracón, apenas reconocía a los demás, sin hacer nada más que arte. Había esperado que mi mes de dibujar y pintar terminara con un regreso a mi "vieja normalidad", una vida en la que el arte tenía solo un papel secundario. En cambio, ese mes disminuyó mi ansiedad y aumentó tanto mi alegría de vivir que se convirtió en un punto de inflexión importante en mi vida.

Hoy día, me levanto temprano y vuelvo a la mesa de dibujo. Desde las cinco o las seis hasta las once de la mañana, el Sapo Artista tiene el control. Hago arte como lo hacía de niña, absorta en mejorar mis habilidades, asombrada por los colores y las formas del mundo, fuera del tiempo por completo. En lugar de atracones fugaces, el Sapo Artista recibe comidas regulares de dibujo y pintura. He comenzado a vender mi trabajo, y planeo vender más si alguien lo desea, pero ese no es el punto. El punto es vivir una vida libre de ansiedad, llena de creatividad.

Dudo que seas tan extremo como yo, así que aumentar el uso de tu hemisferio derecho, de la forma que sea, no te volverá obsesivo, egocéntrico ni te privará del sueño. Si, como me pasó a mí, te sientes desesperado por hacer un trabajo creativo, busca más tiempo para la actividad creativa o establece la intención de hacerlo en cuanto tu vida te lo permita. Cumple esta promesa: es una de las cosas más importantes que puedes hacer para vivir de acuerdo con tu verdadera naturaleza interior. Sea cual sea la cantidad de actividad creativa que acabes realizando, sospecho que te hará estar más cuerdo que nunca. Veamos por qué y cómo funcionará.

LA CREATIVIDAD ES EL OPUESTO DE LA ANSIEDAD

A estas alturas ya deberías conocer los elementos básicos de la espiral de ansiedad: un evento desconocido provoca un grito en la amígdala izquierda, lo que lleva a otras estructuras cerebrales a crear estrategias de control e historias aterradoras, que a su vez retroalimentan y causan *más* miedo en la amígdala izquierda, una y otra vez.

La espiral de creatividad también comienza en la amígdala cuando vemos algo desconocido. Pero si no estamos en peligro, nuestros hemisferios derechos no buscan el control. Según Jill Bolte Taylor, la parte emocional del cerebro derecho "en lugar de rechazar las cosas [...] se mueve con entusiasmo hacia cualquier experiencia que huela a una tentadora descarga de adrenalina". Esta curiosa respuesta inicia un conjunto de sentimientos y acciones muy diferentes a los generados por la espiral de ansiedad, aunque este impulso del cerebro derecho también puede formar un ciclo que se refuerza a sí mismo: la espiral de creatividad. En lugar de intentar controlar la realidad, te impulsa hacia la investigación y el descubrimiento. Veamos algunas de las diferencias.

Las espirales de ansiedad nos alejan del mundo; las espirales de creatividad nos sumergen en él

La curiosidad, la sensación que inicia la espiral de creatividad, es la fuerza que tienta a muchos animales jóvenes, incluidos los humanos, a experimentar con nuevas vivencias. Mientras que la ansiedad nos hace evitar cada vez más el mundo, la curiosidad nos impulsa hacia delante, ayudándonos a acostumbrarnos a entornos inexplorados y experiencias desconocidas. La ansiedad retrae; la curiosidad expande.

Las espirales de ansiedad inhiben el aprendizaje; las espirales de creatividad motivan el aprendizaje

Según una perspectiva del cerebro desarrollada por educadores, nuestros sistemas nerviosos siempre se hacen tres preguntas, en este orden:

1. ¿Estoy seguro?
2. ¿Soy amado?
3. ¿Qué puedo aprender?

Solo cuando las dos primeras preguntas pueden responderse con un sí, somos capaces de usar las partes del cerebro que aprenden y recuerdan. La espiral de ansiedad, con sus reacciones de lucha, huida, complacencia, parálisis o colapso, desactiva nuestra capacidad de aprender. La ansiedad también nos hace menos capaces de sentir y mostrar amor, y menos receptivos al amor de los demás, oscureciendo nuestras emociones y nuestros pensamientos.

Las espirales de creatividad, por otro lado, nos hacen enfocarnos en el aquí y el ahora, donde somos capaces de evaluar situaciones y tomar acciones útiles o solo sentirnos seguros. También nos impulsan a aprender sobre diferentes perspectivas y nos hacen querer expresarnos a los demás. Eso es amor en acción. Cuando nos sentimos arraigados en la seguridad y la conexión, el cerebro pregunta en automático: "¿Qué puedo aprender?". Esto nos hace más ingeniosos e inteligentes.

Las espirales de ansiedad nos muestran solo la mitad del mundo; las espirales de creatividad nos lo muestran todo

¿Recuerdas esa extraña cualidad del hemisferio izquierdo del cerebro que lo hace incapaz de ver o reconocer nada más que sus propias percepciones? Bueno, el hemisferio derecho no comparte este peculiar solipsismo. Es consciente de todas nuestras percepciones, incluyendo no solo ideas creativas, sino también el pensamiento lógico y analítico que ocurre sobre todo en el lado izquierdo del cerebro.

Esto significa que, si bien un cerebro ansioso puede recopilar y clasificar información, no puede ponerla en un contexto de significado, propósito o beneficio mutuo. Una mente ansiosa es como un barco con un motor muy potente, pero sin cartas, brújulas ni destino. Solo avanza, acumulando distancia, pero sin saber nunca por qué.

Una vez conocí a una consultora que ayuda a líderes empresariales a aumentar los ingresos de sus negocios, pero primero les pregunta por qué querrían hacer tal cosa.

—Me miran como si estuviera loca —me dijo—. Dicen: "Bueno, porque eso significaría más ganancias". Y yo digo: "Sí, pero ¿cuál es el propósito de tener tanto dinero? ¿Qué *significa* todo eso para ti?".

Me dijo que, en este punto, la mayoría de los ejecutivos o dejan de trabajar con ella —porque obviamente "no entiende"— o se ponen melancólicos y luego introspectivos. Comienzan a activar la búsqueda de significado y contexto del hemisferio derecho.

—En ese momento comienzan a encontrar su humanidad, así como la mejor manera de hacer que sus negocios sean útiles para el mundo —concluyó la consultora.

Esta es la espiral de creatividad que se pone en marcha, comenzando a alejarnos de un punto de vista que solo ve peligro y solo quiere cosas materiales. Nos transporta a un lugar donde podemos asimilar tanto el peligro como la abundancia, y contiene el sentido de propósito que nos mueve más allá de la mera supervivencia hacia el significado.

Las espirales de ansiedad reducen nuestra vida; las espirales de creatividad la amplían

A medida que giramos en una espiral de ansiedad, nuestras vidas se vuelven más confinadas y más separadas de la realidad sensorial. Las personas ansiosas a menudo evitan todo lo que no se siente seguro, y a medida que se retraen de tener más experiencias, se sienten cada vez más ansiosas.

Así es como funciona la agorafobia: una persona (la llamaremos Pat) sufre un ataque de pánico en un restaurante. Después del ataque, Pat evita ese restaurante. Pero como el ataque de pánico no provino del entorno, pronto tiene otro, quizá mientras camina por el parque. Ahora asocia los parques con el pánico y los evita. La ansiedad que conduce a la evasión —que no detiene la ansiedad— hace que su mundo se vuelva cada vez más pequeño.

La espiral de creatividad tiene el efecto opuesto. Cada giro en esta espiral nos atrae a más exploración y experimentación. A medida que salimos de nuestra zona de confort, conectando con más personas y experiencias, nos sentimos más cómodos en más situaciones.

Por ejemplo, nuestra amiga agorafóbica Pat puede comenzar creando un santuario y aprendiendo habilidades para calmar a su criatura interna. Sintiéndose empoderada, puede entonces sentir suficiente curiosidad como para empezar a investigar la ansiedad en línea y conectarse con otros que han tenido experiencias similares. Escuchando historias de personas que han vencido sus miedos, Pat puede sentirse animada a probar algunos de sus métodos, como llevar al perro al parque y quedarse allí hasta que la ansiedad retroceda un poco. Sintiendo orgullo y emoción, Pat puede publicar una foto de este acto valiente para que sus amigos en línea lo valoren.

Tengo mis propias versiones de ambas historias. Al mirar hacia atrás a mis primeros viajes alrededor de la espiral de creatividad, me asombra lo mucho más grande que se ha vuelto mi vida desde que me propuse expandir mi zona de confort. Elegir las espirales de creatividad sobre las espirales de ansiedad ha hecho que la novedad en sí misma me resulte menos desconcertante, y he visto que esto les ocurre a muchos pacientes también. Seguir nuestra creatividad puede presentarnos cada vez más experiencias desconocidas y ayudarnos a sentirnos lo suficientemente seguros como para explorarlas hasta que nos sintamos a salvo. En lugar de excluir todo lo que no entendemos —el patrón típico del hemisferio izquierdo—, nuestros cerebros derechos nos ayudan a incluir a personas y cosas que antes parecían extrañas. Nos sentimos más seguros y pacíficos, por lo que también podemos ayudar a hacer del mundo un lugar más seguro y pacífico.

MÁS ALLÁ DE LA ZONA DEL MIEDO Y HACIA LA ZONA DE LA DIVERSIÓN

Si estuvieras varado en un entorno salvaje, ser asustadizo y estar hiperconsciente del peligro —es decir, montado en la espiral de ansiedad— te daría una ventaja para sobrevivir. Pero también necesitarías explorar tu entorno y descubrir cómo prosperar en ese contexto, lo que significaría seguir espirales de creatividad. Debido a que la creatividad, junto con la precaución, es una habilidad esencial para la supervivencia, la naturaleza ha infundido muchas formas de aprendizaje y experimentación con una emoción casi tan fuerte como el miedo. El nombre técnico para esta poderosa necesidad evolutiva es *diversión*.

Nuestros cerebros izquierdos tienden a considerar la diversión como algo tonto, innecesario y frívolo. Simplemente *divertirse* desencadena tormentas de juicio en las personas que dedican todo su tiempo y atención a acumular más cosas. Pero la naturaleza no parece estar de acuerdo con ellas en que la diversión sea innecesaria. Cuanto más exploran los científicos el comportamiento animal, más informan que la evolución ha otorgado el amor por la diversión y el juego a casi todo ser vivo.

Por ejemplo, es obvio para cualquiera que haya visto a un perro, un gato, una cabra o un delfín que a los mamíferos les encanta jugar. En Escandinavia, donde en invierno encierran al ganado en cálidos establos, pueblos enteros se reúnen para ver a vacas lecheras adultas retozar por los campos cuando las sacan en primavera. ¡Búscalo en Google! ¡Te hará feliz!

Ya que estás en ello, busca "pájaros jugando" y verás cuervos deslizándose de espaldas por colinas nevadas o cacatúas inventando nuevos pasos de baile mientras se deleitan con música humana. Una vez pensé que los reptiles, que tienen cerebros mucho más primitivos, no sabrían nada de juego o diversión. ¡Error! Las tortugas y los lagartos juegan, al igual que los cocodrilos y los caimanes, que recogen cualquier objeto pequeño, rosa y con forma de flor como juguete y que han sido observados dándoles "paseos en barco" a nutrias sobre sus espaldas. Hablando de flores, algunos botánicos creen que las propias plantas son capaces de jugar. Y si no consideras que los hongos son juguetones es que nunca has tenido un viaje con hongos guiado por un chamán. Los hongos son, de hecho, muy divertidos.

Cuando hemos activado nuestros hemisferios derechos, nuestra curiosidad y alegría ganan más terreno neurológico. Todo empieza a parecer interesante y aprender resulta fácil. Desde mi mes de experimento con el cerebro derecho, cuando empecé a moverme en forma deliberada más allá de la ansiedad y hacia las espirales de creatividad, he avanzado cada vez más a menudo en el viaje maniaco del señor Sapo hacia más y más lugares. Espero que esto te suceda a ti también, a medida que trabajes en los próximos capítulos y comiences a navegar por tus propias espirales de creatividad.

DE LA DIVERSIÓN AL ARTE Y AL BIENESTAR

Por supuesto, las espirales de creatividad no terminan con el juego. A medida que mejoras tus capacidades del hemisferio derecho, no solo irás más allá de la ansiedad y no solo te divertirás; crearás cosas. Todo tipo de cosas. La creatividad ama la resolución de problemas, así que, a medida que la actives, es posible que te encuentres absorto en cualquier cosa, desde un sudoku hasta la composición de canciones o la construcción de tu propio avión a partir de un kit de armado.

Mientras contemplaba la espiral de creatividad durante mi mes de cerebro derecho, me preguntaba por qué se sentía tan maravilloso forzar mis habilidades con la acuarela, a pesar de que no tienen valor de supervivencia. Para el hemisferio izquierdo —y para la mayoría de nuestra cultura—, las artes creativas parecen poco importantes, o al menos mucho menos útiles que las actividades dominadas por el cerebro izquierdo. Esta actitud persiste a pesar de la abundante investigación que demuestra que interactuar con el arte mejora nuestra salud física y mental. Por ejemplo:

- Un estudio de la Universidad de Drexel encontró que hacer arte durante tan solo 45 minutos reducía el cortisol, la hormona del estrés, en los sujetos, sin importar su nivel de habilidad o experiencia.
- En otro estudio, colorear durante solo veinte minutos redujo la ansiedad y el estrés de las personas. Cuando los sujetos coloreaban mandalas (diseños circulares venerados en muchas tradiciones de sabiduría), la reducción de la ansiedad fue aún más significativa. (He puesto un mandala al final del capítulo para que te diviertas coloreándolo. Si el arte es lo tuyo, prueba diseñar uno. ¡Es muy divertido!).
- Un estudio publicado en *The New England Journal of Medicine* informó que bailar reducía el riesgo de demencia en los ancianos, mientras que otras actividades, como el ciclismo, el golf, la natación y el tenis, no lo hacían.
- Como ya mencioné, existe abundante evidencia de que escribir de manera expresiva sobre una experiencia traumática durante solo 15 minutos tuvo efectos positivos

notables y duraderos en la salud física y mental de los voluntarios.

- Estudios con sobrevivientes de trauma mostraron que, cuando estas personas usaban el arte para procesar sus experiencias, su riesgo de desarrollar un trastorno de estrés postraumático se reducía en un asombroso 80 por ciento.

Es claro que existe una relación íntima entre nuestros "yoes" creativos y nuestro bienestar general. Creo que esto puede estar relacionado con salir de la espiral de ansiedad para no sumergirnos en nuestro interior con hormonas del estrés. Si podemos mover nuestras mentes hacia la curiosidad y la resolución de problemas, podemos entrar en la zona de nuestra psique donde la ansiedad se detiene y nos volvemos más presentes.

Cuando le pregunté a Jill Bolte Taylor si el hemisferio derecho puede sentir ansiedad, dijo: "No, porque la ansiedad siempre se trata del futuro. Si no hay tiempo, no hay futuro ni ansiedad". Ella sigue siendo científica y educadora, pero también escultora, compositora, pintora y artista. Las actividades artísticas de Jill la mantienen ligada a la perspectiva que aprendió de vivir en su hemisferio derecho. Y en otras personas que han sufrido daños en el lado izquierdo de su cerebro, a veces se aprecia la asombrosa fuerza de la creación artística.

CUANDO LA CREATIVIDAD VA A TODA MÁQUINA

Un día de 1994, un cirujano ortopédico llamado Anthony Cicoria estaba parado cerca de un teléfono público cuando un rayo le cayó encima. Cicoria parecía muerto (su corazón se había detenido), pero una mujer que estaba cerca, que resultó ser enfermera de cuidados intensivos, logró reanimarlo. Logró recuperarse casi sin cambios, excepto por una cosa: de repente, a los cuarenta y dos años, Anthony Cicoria era músico.

Antes de ese impacto de rayo, Cicoria nunca había estudiado música. Pero después comenzó a escuchar melodías en su cabeza. Compró un piano y empezó a tocarlo durante horas todos los días. Para 2002, cuando todavía era médico, ya interpretaba en público obras difíciles de Chopin y Brahms. Estrenó su primera composición original para piano, *La sonata del rayo*, en 2007.

Heather Thompson, una joven empresaria exitosa, sufrió una lesión en la cabeza cuando la puerta trasera de un automóvil le cayó encima. Durante su recuperación, una amiga le sugirió pintar. Heather se mostró escéptica, nunca le había interesado el arte, pero luego dijo: "La primera vez que tomé un pincel, descubrí que mis manos sabían qué hacer... Era tan fácil como respirar".

En Colorado, un joven piloto llamado Ivan Schlutz se acercó demasiado a la hélice de un avión, y esta le arrancó casi la mitad del cerebro. De milagro, Schlutz sobrevivió, aunque tuvo cierta parálisis en el lado derecho. Los fisioterapeutas le dieron arcilla para que trabajara con los dedos, con la esperanza de ayudarlo a recuperar la fuerza de la mano. Aunque nunca antes había hecho ningún tipo de arte, Schlutz se obsesionó con modelar la arcilla. En poco tiempo se convirtió en un escultor exitoso cuyas obras buscan coleccionistas de todo el mundo.

Estas personas desarrollaron algo llamado *síndrome del sabio adquirido*. Esta rarísima condición a veces aparece cuando un individuo sin interés o formación artística sufre una lesión cerebral, por lo general en el lado izquierdo de la cabeza, y demuestra una prodigiosa habilidad creativa. No es algo que debamos envidiar; todas estas personas sufrieron mucho. Pero sus experiencias sugieren que los intereses artísticos no son cosas que añadimos a nuestro cerebro. Ya están ahí. Cuando el hemisferio izquierdo les da espacio, emergen de forma espontánea.

Sentí el inquietante poder de mi lado creativo durante mi experimento del Sapo Artista. Puedo sentirlo empujándome ahora mismo. Cuando tengo otro trabajo que hacer y no puedo dedicarme al arte todo el día, todos los días, paso junto a mis materiales de arte con los ojos desviados, como un alcohólico en recuperación que pasa por delante de un bar. Si empezara a dibujar o pintar de nuevo ahora mismo, sospecho que el Sapo Artista me inmovilizaría en el asiento del pasajero de mi vida de un codazo, como el anfibio enloquecido que es. Estaría en otro viaje salvaje y nunca escribiría este libro.

La mala noticia, supongo, es que algunos de nosotros nos obsesionamos con el arte hasta el punto de dejar de comer y dormir. La buena noticia es que, a diferencia de las personas que han sufrido derrames cerebrales o lesiones en la cabeza, podemos invitar a nuestros "yoes" creativos a surgir de manera gradual. Cuando hemos calmado nuestra ansiedad, podemos aprovechar la emoción y la fascinación de la creatividad. Sin ansiedad, somos artísticos *por naturaleza*, comunicativos, con plena presencia.

Y una cosa más: nuestros "yoes" creativos pueden mantenernos jóvenes para siempre.

TU VIDA ENTERA PUEDE SER UNA INFANCIA FELIZ

El impulso humano hacia la creatividad —que nos lleva más allá de jugar con nutrias, hacia los reinos del arte, de la ciencia y de la invención— puede deberse a una peculiaridad genética llamada *neotenia*. Esta es una mutación que ocurrió en algún momento del pasado distante, cuando nuestros ancestros apenas experimentaban con caminar sobre sus patas traseras.

Todas las criaturas parecen jugar más cuando son jóvenes. Jugar y divertirse ayuda a las crías a aprender las habilidades que necesitarán para buscar alimento, cazar, luchar contra rivales o depredadores, aparearse y criar a sus propios cachorros. Pero en la mayoría de las especies, el deseo de jugar disminuye un poco a medida que el individuo alcanza la madurez. Un chimpancé recién nacido, por ejemplo, puede jugar más que un humano recién nacido. Pero en la pubertad, a medida que el chimpancé desarrolla colmillos, una cresta en la frente y la voluntad de arrancarte los brazos, tenderá a jugar un poco menos, aunque nunca se detendrá por completo.

En el caso de los humanos, la neotenia significa que nunca dejamos de parecernos y de actuar como simios *muy jóvenes*. Tenemos la delicada estructura ósea, rostros más bien planos, dientes pequeños y —este es el punto clave— el impulso curioso, inquisitivo y creativo hacia la diversión que caracteriza a las crías de simios. Si decidimos desarrollar este impulso, la evolución nos concede el preciado don de una infancia mental interminable, con toda la diversión y el asombro que eso conlleva.

Unos días después de que empecé a dibujar, mi Sapo Artista interior se centró en su tema favorito: mi hija de dos años.

En algún momento, casi todos los días, Lila y yo nos poníamos botas de goma y chaquetas sobre nuestras pijamas, y paseábamos por el bosque cerca de nuestra casa, jugando con todo. Mientras trepábamos sobre troncos y chapoteábamos en charcos, le tomaba fotos a Lila con mi teléfono. Luego, usando las fotos como referencia, la dibujaba durante horas y horas.

Cuando me pregunté por qué el Sapo Artista estaba tan obsesionado con dibujar a Lila, la respuesta surgió de inmediato: el Sapo Artista era también una niña pequeña. Era la parte de mí que había pasado innumerables días tumbada en la alfombra de la sala de mis padres, dibujando en tarjetas que había tomado de los suministros de oficina de mi padre. Esta parte de mí apenas era verbal, asombrada por la belleza del mundo, y en un estado de asombro tan abrumador que estaba al borde de las lágrimas.

Junto con esta avalancha de percepción y emoción vino una asombrosa cantidad de vigor físico. Podía sentir de manera clara los beneficios para la salud que los científicos asocian con las actividades artísticas. Tenía más ganas de reír (los niños pequeños se ríen unas 27 veces más a menudo que los adultos). Me interesaban más otras artes: ponía música y audiolibros mientras pintaba. Todo parecía tan vivo, tan vívido y, sobre todo, tan conectado.

Durante mi mes del cerebro derecho, no necesité que la ciencia me dijera lo poderosa y buena que es la medicina de la creatividad. Solo la experimenté. Y deseo que tú también la experimentes. Los próximos tres capítulos te ayudarán a adentrarte en la alegría de la creatividad que nos saca de la ansiedad. Sin embargo —y esto es importante— el proceso de revivir tu yo creativo podría no sentirse como esperas. Tienes algunos sesgos culturales que superar a medida que construyes una vía neuronal más fuerte, densa y rápida hacia tu cerebro creativo.

LIBERARSE DE LAS EXPECTATIVAS CULTURALES SOBRE TU YO CREATIVO

Cuando entreno a personas para que usen las habilidades de este libro, me encuentro con algunos mitos culturales comunes que suelen interponerse en el despertar de la creatividad. Los enumeraré aquí, antes de avanzar, para que no te desvíes en una dirección errónea.

Mito núm. 1:
Si solo hago cosas creativas, no necesitaré ninguna otra habilidad para calmar la ansiedad.

He trabajado con innumerables personas creativas, muchas de las cuales también son muy ansiosas, y a todas les he preguntado si alguna vez sienten ansiedad *en el momento* en que están creando. La respuesta siempre es no. Pero si no tienen otra forma de calmarse, estas personas pueden caer en espirales de ansiedad, incapaces de activar su creatividad. Si esto te describe, deja de forzarte a crear y presta atención a las habilidades para calmar a tu criatura interna.

Recuerda, nuestros "yoes" creativos solo se vuelven accesibles cuando *hemos calmado a los "yoes" de nuestra criatura ansiosa*. La verdad es que siempre tendrás que cuidar de tu criatura ansiosa. Usar métodos directos te llevará al punto de calma; avanzar hacia el pensamiento creativo te llevará aún más allá. Así que, si te encuentras con dificultades para ser creativo, vuelve a los cuatro primeros capítulos de este libro. Usa las habilidades que encontrarás allí o cualquier otro método que te ayude a calmar a tu criatura ansiosa. A medida que accedas al Ser, tu creatividad regresará. Podría empezar a darle significado, incluso belleza, a tu sufrimiento.

Las personas creativas pueden sentirse ansiosas cuando no están creando de manera activa, y el Ser puede usar la ansiedad como inspiración, pero la ansiedad en sí misma no es la creadora.

Mito núm. 2:
Si tengo creatividad, no necesitaré trabajar en mis relaciones con las personas.

Algunos de mis clientes con ansiedad social se aferran a la feliz idea de que el simple hecho de ser creativos los hará tan felices que nunca necesitarán lidiar con los aspectos complejos y desafiantes de conectar con otras personas. Por supuesto, esto ignora el propósito principal de todas las artes: expresar la verdad personal del artista de maneras en las que las personas que lo rodean puedan entender. En otras palabras, la creatividad es una forma de amar. Pero no es la única. Somos criaturas sociales por naturaleza, por lo que *la creatividad no es un sustituto de la seguridad y de la conexión*. Podemos sumergirnos tanto en el arte, la ciencia o la exploración del mundo que olvidamos por un momento que existen otras personas. Pero aún necesitamos la conexión humana.

Alan Turing es un ejemplo de alguien cuyo genio creativo no pudo evitar la soledad, quien creó las primeras computadoras para descifrar códigos nazis durante la Segunda Guerra Mundial. Es probable que Turing fuera autista y también gay en una época en que la homosexualidad era un delito penal en su natal Inglaterra. Es desgarrador que uno de sus últimos productos fuera un generador automático de cartas de amor. Poco después de inventarlo, lo condenaron por "indecencia grave" a causa de su orientación sexual. Murió por suicidio dos años después. Por mucho que nos absorba el trabajo creativo, siempre necesitaremos a otras personas. Todos y cada uno de nosotros.

Mito núm. 3:
El objetivo final del trabajo creativo debería ser ganar dinero.

Esto es importante. Yo soy culpable de haberlo hecho con la gente: "¡Vaya!", le digo a un amigo, "¡eres muy gracioso! Deberías hacer monólogos". O: "¡Dios mío, esos dibujos son preciosos! Podrías venderlos". O: "¡Eres tan bueno con la ocarina! ¡Deberías volverte profesional!".

Es cierto que algunas personas logran el éxito financiero solo con trabajo creativo. Pero eso no significa que debamos monetizar todos nuestros talentos. De hecho, como ya he mencionado, las investigaciones demuestran que puedes acabar con las habilidades creativas de resolución de problemas de una persona con solo ofrecerle unos pocos dólares por la respuesta correcta a un acertijo. Lo que era divertido de repente genera ansiedad, y la creatividad se estanca.

Por cierto, así fue como al fin logré detener el primer viaje maniaco de mi Sapo Artista. Una parte clave de mi experimento era que no me propuse "hacer nada" con mis dibujos. Pintaba solo para ver qué le pasaría a mi estado de ánimo, salud y niveles de ansiedad. Después, un día, cerca de tres semanas después de haber sido incapaz de dejar de pintar todo el día y gran parte de la noche, mi pareja, Ro, y yo recibimos un correo electrónico de una diseñadora de una editorial de libros infantiles a quien le gustaba nuestro pódcast. Preguntó si alguno de nosotros había considerado escribir un libro infantil.

"¡Ajá!", dijo mi hemisferio izquierdo. "¡Redención!". ¡No era solo un Sapo Artista causando estragos! ¡Mi arte tenía potencial de ventas! ¡Podía generar dinero! ¡Podía ayudarme a conseguir más cosas! Ro y yo fuimos a almorzar con esta encantadora mujer, quien se ofreció a ayudarme a publicar mi trabajo.

Y de repente dejé de pintar. Perdí todo interés. Fue como el momento en que el señor Sapo se estrella contra un arbusto: de máxima velocidad a parada total en un abrir y cerrar de ojos.

Ser un "creativo profesional" (ganar dinero en el mundo del hemisferio izquierdo por los productos de la creatividad del cerebro derecho) requiere enhebrar una aguja muy fina, equilibrando la invención pura con el pragmatismo crudo. Hablaremos más sobre este proceso en capítulos posteriores. Me encantaría que te convirtieras en artista, pero este libro trata sobre aprender a liberarte del sufrimiento, ampliar tu mundo y tener una vida alegre más allá de la ansiedad. Cuando establezcamos eso, podremos hablar de estrategias de carrera.

Mito núm. 4:
La creatividad es fácil.

Puesto que nuestra cultura tiende a trivializar la creatividad, la consideramos como un juego de niños, algo así como chapotear sin rumbo, o como magia, algo maravilloso, que surge del talento innato en lugar del esfuerzo. A finales del siglo XX, algunos psicólogos que compartían este sesgo se propusieron encontrar dónde se escondía el talento en los cerebros de los niños prodigio. Se sorprendieron al descubrir que los músicos y atletas de talento excepcional comienzan con cerebros idénticos a los de otros niños. Los prodigios solo practican más. Discutiremos esto con mayor profundidad en el capítulo 8. Por ahora solo debes saber que, si bien la creatividad te llevará más allá de la ansiedad hacia la alegría, no es como recibir un tratamiento de spa. Puede ser lo mejor y más difícil que hagas en tu vida.

Durante mi mes del Sapo Artista, mi familia a menudo se confundía al verme pisoteando con frustración, rumiando groserías con los dientes apretados.

"¿No se supone que esto te hace feliz?", decían.

Sí me hacía feliz, solo que no en la manera en la que un "día de spa" lo haría. Me empujaba al límite de mi capacidad creativa: un límite donde nuestros cerebros luchan por hacer las cosas bien, pero también nos inundan de dopamina y de otras hormonas que nos hacen sentir bien a medida que aprendemos y crecemos. Para alcanzar ese estado gozoso de *flow*, a menudo atravesamos momentos en que les exigimos el máximo a nuestras capacidades. Puede ser muy frustrante, pero de una manera que conduce al crecimiento en lugar del bloqueo.

Miguel Ángel nunca dijo algo que la gente le atribuye una y otra vez: "¡Solo tomé un bloque de mármol y le quité todo lo que no era David! ¡Ja, ja, ja! ¡Facilísimo!". Pero sí compuso mucha poesía melancólica sobre cuánto le dolía la espalda mientras pintaba el techo de la Capilla Sixtina, y también escribió: "Si la gente supiera lo duro que trabajé para alcanzar mi maestría, no parecería tan maravillosa en absoluto".

Pero, por supuesto, la maestría de Miguel Ángel es maravillosa justo porque trabajó muy duro para lograrla. Una vida plena es espléndida y difícil, y el esplendor suele ser proporcional a la dificultad. Parece que nuestros "yoes" creativos disfrutan de esa combinación. De hecho, no se conformarán con menos.

Si quieres sentir lo que es activar todo tu cerebro dominando una tarea creativa, aquí tienes un ejercicio que aprendí como asistente de enseñanza en Harvard bajo la guía de Will Reimann, uno de los artistas y maestros más talentosos del planeta.

Nueva habilidad
ACTIVA TODO TU CEREBRO

1. Consigue una hoja en blanco, como papel de impresora o una página de cuaderno sin líneas. También toma un bolígrafo o lápiz. Siéntate en un escritorio o mesa donde puedas escribir.
2. Trae a tu mente un tema problemático, algo que te cause un poco de ansiedad. Piensa en este asunto y siente esa ansiedad que lo acompaña. Escribe sobre ello aquí:

   ____

   ____

3. En el centro de tu papel, firma tu nombre, tal y como acostumbras hacerlo.
4. Ahora coloca tu bolígrafo o lápiz justo a la izquierda de tu firma. Escribiendo de derecha a izquierda, replica tu firma *al revés*, en imagen especular. Se verá desaliñada, pero deberías poder leerla. Así:

5. Ahora coloca tu bolígrafo o lápiz justo debajo de tu primera firma y "escribe en espejo" al revés. Mantén los ojos en la firma original e intenta que tu mano siga el mismo camino en esta nueva dirección. Si te sientes atascado, detente y relaja tu respiración, luego comienza de nuevo. Al terminar obtendrás algo como esto:

6. Por último (sabías que esto venía), firma al revés y hacia abajo.

7. Repite esto unas cuantas veces hasta que empiece a sentirse un poco más fácil.
8. Observa que, aunque podrías haberte concentrado mucho o incluso frustrado al intentar esta nueva habilidad, ya no estás pensando en tu tema problemático.

Esta es una forma de poner tu hemisferio derecho al volante de tu vida. No es un sustituto para calmarse ni para el amor; no es simple ni tonto; y no ofrece satisfacción inmediata. Quizá te encontraste entrecerrando los ojos y mordiéndote el labio como un niño aprendiendo a usar legos. Si es así, ¡felicidades! Acabas de activar nuevas conexiones neuronales, y estas involucraron tanto a tu hemisferio izquierdo como al derecho. Por un momento, tuviste que liberar tu ansiedad mientras te movías a lo largo de una pequeña espiral de creatividad.

Ahora te ayudaremos a adentrarte cada vez más en la creatividad hasta que descubras tus procesos creativos más convincentes, tus verdaderas fascinaciones. Empezaremos mejorando tus poderes de curiosidad, el primer impulso que te mueve a lo largo de una espiral de creatividad. Luego pasaremos a las conexiones que el hemisferio derecho formará si le das algo con lo cual maravillarse. Por último, aprenderás a dominar actividades creativas que te llevarán a un estado de *flow*, inundando tu cerebro con deliciosas hormonas y el mundo con tus mejores ideas creativas.

"¡Lavandera, de veras!", te encontrarás gritando a medida que vayas más rápido, luego más rápido, y aún más rápido. "¡Jo, jo! ¡Soy el Sapo que siempre escapa!". Te resultará cada vez más fácil liberarte de las espirales de ansiedad, llevando a tu *criatura* interna al punto en que se convierte en tu yo *creativo*. Y recuerda siempre esto: hagas lo que hagas, ir más allá de la ansiedad hacia la creatividad te ayudará a construir la vida que te corresponde vivir.

6
CURIOSIDAD: LA PUERTA SECRETA

En la pantalla del televisor, vemos un montaje de jóvenes atractivas, todas expresan su alegría por quedarse solas por la noche. "Por fin se fue", dice una mientras la puerta se cierra tras su novio. Las otras mujeres añaden: "Tengo toda la noche para relajarme y darme un poco de cuidado personal... de la única forma que conozco". Luego, al unísono, las mujeres irrumpen en una canción:

Show de asesinatos, show de asesinatos,
voy a ver un show de asesinatos...

Siguen cantando, describiendo el delicioso placer de una historia de *true crime*, esperando un alto número de cadáveres para mantener el interés. Esta escena, de un episodio de *Saturday Night Live* de 2021, provoca grandes carcajadas en la audiencia porque es muy paradójica y tan cierta. ¿A quién no le gusta preparar palomitas, servirse una copa de vino y acomodarse para escuchar sobre un día de 1987 que "empezó como cualquier otro" y terminó en una pesadilla de carnicería suburbana? La Academia Estadounidense de Psiquiatría Infantil y Adolescente informa que el niño promedio en Estados

Unidos ha visto dieciséis mil asesinatos en pantalla a los dieciocho años. Incluso cuando apagamos el televisor, un enorme porcentaje de libros, películas, pódcasts e historias de fogata tradicionales tratan sobre homicidios.

¿Por qué este tema es tan interesante?

Porque el asesinato es una de las cosas que más nos asustan.

El miedo y la curiosidad establecen vínculos estrechos. Damos nuestros primeros pasos más allá de la ansiedad cuando nos enfrentamos a algo desconocido y, en lugar de entrar en la espiral, nos quedamos lo suficiente para relajarnos y sentir cómo nuestra curiosidad aumenta. Esa chispa de intriga nos arrastra hacia nuestros "yoes" creativos. En otras palabras, la curiosidad activa la creatividad.

Puedes ver cómo se conectan el miedo y la curiosidad en muchas criaturas. Por ejemplo, cuando los monos encuentran una serpiente, se asustan, pero no huyen. Al contrario, clavan la mirada en la serpiente, boquiabiertos, saltando y chillando, porque lo único peor que seguirle la pista a una serpiente es *no* seguirla. De manera similar, una vez vi a un lince matar a una ardilla y llevarla a un árbol. De inmediato, varios ciervos salieron del bosque, corrieron hacia el árbol y se quedaron mirando al lince, irradiando horror y fascinación en un momento digno del "silencio de los (ciervos) inocentes".

La conexión entre el miedo y la fascinación es lo que hace que los periodistas digan: "Si sangra, es noticia principal". Es por eso por lo que en los accidentes estiramos el cuello con curiosidad, esperando que nadie haya resultado herido, pero decididos a ver la evidencia si lo están. La evolución impulsa la curiosidad en tales situaciones porque aprender sobre crímenes y catástrofes nos ayuda a evitarlos. Así que no te avergüences si no puedes apartar la vista de un programa mal escrito y mal narrado que consiste sobre todo en acercamientos repetidos a la misma foto granulada de la escena del crimen. Tu curiosidad es genuina.

Si experimentas mucha ansiedad, puede que estés más cerca de la creatividad de lo que crees. La curiosidad (por ejemplo, preguntarte por qué siempre te sientes tan ansioso) puede ayudarte a notar ese pequeño toque de intriga. En su libro *Libera tu magia. Una vida creativa más allá del miedo*, Elizabeth Gilbert escribe: "La curiosidad es la verdad y el camino de la vida creativa. [...] Si puedes hacer una pausa e identificar incluso una pequeña pizca de interés en algo, entonces la curiosidad te pedirá que gires la cabeza medio centímetro y mires la cosa un poquito más de cerca. Hazlo".

Esto es como encontrar una puerta entre el lado temeroso y el lado inventivo de tu cerebro. Puede ser pequeña y poco usada, con las bisagras oxidadas y resistentes. Pero a medida que abras esa puerta y la atravieses, que es lo que aprenderás en este capítulo, te llevará a una vida más allá de la ansiedad.

EL PUNTO IDEAL DE LA CURIOSIDAD

Cuando ves algo extraño, según el peligro que represente, puedes no sentir nada en absoluto o aterrorizarte al instante. En algún lugar entre la indiferencia y el terror se encuentra el punto ideal de la curiosidad.

Por ejemplo, si ves un auto zigzagueando fuera de su carril a una cuadra de distancia, es posible que no sientas miedo ni curiosidad; estás muy familiarizado con los autos, así que tu atención podría emplearse mejor en otras cosas. Por otro lado, si no ves el auto hasta que está muy cerca y se dirige directamente hacia ti, el miedo superará la curiosidad mientras te apresuras a salir de allí. Pero si ves el auto acercarse a paso lento, quizá incluso dirigiéndose hacia ti a propósito, es probable que te concentres en él de forma repentina e intensa, estimando su trayectoria, mirando la cara del conductor, tratando de averiguar a dónde irá el auto después.

Nuestro punto ideal de curiosidad es tan potente que puede generar formas elaboradas de casi —pero solo *casi*— asustarnos demasiado. Las películas de terror, las casas encantadas y los deportes como el salto de esquí extremo atraen muchísima atención, y ni hablar del dinero que generan. Nos encantan los programas médicos que ofrecen dramatizaciones de personas que han contraído enfermedades horribles o han sufrido accidentes terroríficos. Y aunque los humanos solo llegamos con dos miedos al nacer (los ruidos fuertes y las caídas), las personas construyen máquinas voladoras muy ruidosas, luego se suben a ellas y se elevan miles de metros *con el propósito expreso de saltar*.

En otras palabras, haremos casi cualquier cosa para experimentar ese punto ideal donde el terror extremo se encuentra con la probabilidad de sobrevivir.

CÓMO LOS HUMANOS PIERDEN LA CURIOSIDAD

Naciste con un nivel de curiosidad que impulsó gran parte de tu comportamiento inicial, atrayéndote hacia la exploración, la invención y todo tipo de aprendizajes. Leon Lederman, ganador del Premio Nobel de Física, dijo una vez:

> Los niños nacen científicos. [...] Hacen todo lo que hacen los científicos. Prueban la resistencia de las cosas. Miden los cuerpos que caen. [...] Están haciendo todo tipo de cosas para aprender la física del mundo que los rodea. [...] Hacen preguntas; vuelven locos a los padres con *¿por qué?*, *¿por qué?*, *¿por qué?*

La combinación de inocencia e inteligencia hace de los niños los campeones de la curiosidad en el mundo. Si a eso le sumamos la neotenia, esa mutación de "infancia eterna" que mantiene nuestros cerebros jóvenes, un humano puede mantener un nivel extraordinario de curiosidad para siempre. Algunas personas siguen pinchando, investigando, midiendo y probando hasta que aprenden a enviar naves espaciales a galaxias distantes o a construir corazones humanos funcionales usando una impresora y plástico biocompatible.

Algunas personas.

Entonces, ¿qué nos pasa al resto?

A principios de la década de los 2000, un diseñador de productos llamado Peter Skillman ideó un desafío para poner a prueba las habilidades creativas de los equipos. El reto consistía en construir una torre que se mantuviera en pie usando varias varitas de espagueti seco, un metro de cuerda, un metro de cinta adhesiva y un malvavisco. Skillman administró la prueba a estudiantes universitarios, ingenieros, abogados y varios otros grupos. ¿Quiénes fueron los que peor realizaron la tarea? Los estudiantes de escuelas de negocios. ¿Y quiénes fueron los ganadores absolutos? Los niños de preescolar.

Este sorprendente resultado tuvo todo que ver con la forma en que la ansiedad anula la curiosidad. Los estudiantes de escuelas de negocios abordaron la tarea de forma muy racional. Nombraron líderes de equipo, luego tuvieron discusiones inteligentes sobre la mejor manera de proceder. Al final, dividieron el trabajo y comenzaron a construir, tan lento que terminaron con puntuaciones de cero o casi cero.

Los niños de cinco años, por el contrario, parecían tener poca ansiedad social o de rendimiento, solo una tonelada de curiosidad. Se lanzaron de lleno al desafío de Skillman, apiñándose, tomando los materiales, apenas comunicándose. Decían poco, excepto exclamaciones cortas como "¡Aquí!", "¡No, aquí!".

Los equipos adultos fallaron el desafío del espagueti porque estaban más concentrados en la ansiedad social que en la tarea real. Les preocupaba ofenderse unos a otros. Se sentían presionados a establecer una jerarquía social. No estaban seguros de si podían expresar sus ideas. El autor Daniel Coyle escribió que sus "interacciones parecían fluidas, pero la ineficiencia, la vacilación y la competencia sutil caracterizaban su comportamiento subyacente".

Estos estudiantes de gran nivel educativo habían desarrollado por dura experiencia los sesgos del hemisferio izquierdo de nuestra cultura: obtener la aprobación del grupo, expresar ideas de forma lógica y calcular las dinámicas sociales... *o atenerse a las consecuencias.* Habían pasado décadas recibiendo regaños por comportarse como niños de cinco años: acercarse demasiado, no saber explicar sus ideas con palabras, tomar objetos sin pedir permiso.

En algún momento entre la niñez y la madurez, la mayoría de nosotros recibe el mensaje de ser menos curiosos ante situaciones desconocidas y abordarlas con ansiedad en su lugar. Nuestro punto ideal de curiosidad se reduce hasta que, para algunas personas, desaparece. Muchos de mis clientes ansiosos me dicen que nunca experimentan curiosidad, excepto, quizá, cuando miran un programa de crímenes, preguntándose quién mató a la pobre esposa del predicador en Tennessee. (Lo hizo el predicador. El predicador siempre lo hace). A medida que absorbemos las reglas de nuestra cultura, muchos de nosotros cortamos de raíz nuestra propia curiosidad.

La socialización nos hace perder nuestros intereses

En 2005, el psicólogo Jordan Litman descubrió que existen dos tipos de curiosidad. La primera, a la que llamó "curiosidad por privación", es una necesidad de saber que surge de la falta de información suficiente para sentirse seguro: por ejemplo, no saber cómo conseguir comida o refugio. La segunda, a la que llamó "curiosidad por interés", proviene de un deseo de saber, como los niños quieren saber qué pasará si meten crayones en la tostadora.

El interés es el motor de la curiosidad de los niños. Pero cambian hacia la curiosidad por privación a medida que crecen. En la escuela, debemos aprender todo tipo de cosas de las que nunca hemos oído hablar y que no nos importan, pero nos castigarán o nos avergonzarán si no nos concentramos en ellas. Cuando somos adultos, necesitamos saber cosas tales como archivar siete años de registros financieros, navegar sistemas burocráticos complejos solo para que un médico examine un sarpullido extraño, y ser lo bastante encantador para obtener aprobación sin provocar envidia. No dominar tales habilidades puede traernos consecuencias negativas, desde aislamiento hasta tiempo en prisión.

La curiosidad por interés es placentera. Tal vez recuerdes las ganas que tenías de niño de ver qué había del otro lado del cerro, o de sentir la sensación al deslizarte sobre las olas, o de averiguar qué pasaría si, después de tu experimento de crayones en la tostadora, echabas unos Mentos en una Coca Light (¡búscalo en Google!). Esta curiosidad te atrapa, te impulsa y con frecuencia te emociona.

Por otro lado, la curiosidad por privación —¿cómo decirlo?— es horrible. En el mejor de los casos, funciona como una picazón que no puedes rascar: "Sé que entré a esta habitación para buscar algo, pero ¿qué era?". En el peor de los casos, genera una red de inquietudes: "¿Qué está pasando? ¿Es la alarma de incendios? ¿Qué me he perdido? ¿Qué hice mal? ¿Quién está enojado conmigo? ¿Por qué?".

El hemisferio izquierdo domina nuestras estructuras culturales y tiende a empujarnos hacia la curiosidad por privación para que nos despertemos aterrorizados, como buenos empleados de Amazon, y apoyemos sin cuestionar la jerarquía social actual, ayudando así a las personas en la cima a acumular más cosas. Nos entrenan para abandonar la curiosidad por interés y enfocarnos en la curiosidad por privación. A principios de la década de los 2000, cuando me mapearon el cerebro, me di cuenta de cuánto nos comprometemos con este proceso.

Utilizando tecnología innovadora para ese momento, investigadores de una clínica en Phoenix me pegaron muchos sensores por toda la cabeza. Luego conectaron los sensores a una computadora. Después de pasar varias horas sentada allí, haciendo varios ejercicios mentales que los investigadores me asignaron, me dieron la mala noticia: padecía de ansiedad elevada y trastorno por déficit de atención e hiperactividad. El primer diagnóstico no me sorprendió, pero el segundo sí.

—¿En serio? ¿Tengo TDAH? —pregunté.

—Sí —me dijo el investigador principal—. Estoy seguro de que hizo que la escuela fuera muy difícil —añadió que, por varios miles de dólares, podían ayudarme a superar mi "discapacidad de aprendizaje". Decidí gastar el dinero en concluir mi doctorado mejor. Pero sí le pedí que me hablara más sobre mi trastorno.

—Bueno, tienes un sistema nervioso que depende demasiado del interés —explicó.

—¿Qué significa eso? ¿Que depende del interés? —pregunté.

—Significa que prestas más atención a las cosas que te interesan que a las que no. Pero no te preocupes, como dije, podemos tratarlo.

Me reí a carcajadas hasta que me di cuenta de que no estaba bromeando.

—Espere, ¿me está diciendo que la mayoría de la gente presta la misma atención a todo, le interese o no? ¡Dios mío!, ¿cómo decidirías qué desayunar? —exclamé.

—No, no, no —respondió el investigador—. Lo que digo es que la mayoría de la gente puede concentrar su atención de una manera óptima.

—¿Óptima para qué?

—Ya sabes: la escuela, el trabajo, funcionar en sociedad.

—Ah —dije—. Entiendo.

Lo miré con recelo, quitándome el gel de los sensores del cabello, mientras en mi mente me subía a mi tarima favorita. Según parece, esperaban que mi cerebro fuera una pieza más en el enorme aparato de producción y consumo, que trabajara para los poderosos, que mantuviera el patriarcado supremacista blanco. Un cerebro "normal" haría lo que le ordenaran. Cumpliría un horario, renunciaría a sus intereses y tendría como único lujo ver alguna serie policiaca de vez en cuando.

Ni por un momento he lamentado haber nacido con un sistema nervioso que depende del interés. Para mí, se siente como una herramienta de navegación, una que siempre me ha guiado hacia situaciones de vida que se sienten significativas. Como he dicho, la curiosidad que depende del interés es la puerta que me saca de la ansiedad y me lleva a la creatividad. Me ha ayudado a resolver innumerables problemas reales de manera práctica.

Hasta ahora, este libro ha tratado sobre cómo calmar a tu yo ansioso hasta que se relaje. Ahora vamos a aumentar tu energía y alegría de vivir ayudándote a vivir con tanta curiosidad por interés como la naturaleza quiso. Tengas o no TDAH, tu curiosidad por interés sigue ahí, en tu cerebro, como un niño que lleva años y años esperando para jugar. Empezaremos volviendo a ese niño curioso, abriendo la puerta secreta que te lleva a las espirales de creatividad, donde conectarás con tu sentido de propósito y empezarás a construir la vida que siempre has deseado.

CÓMO RECUPERAR TU INTERÉS Y CURIOSIDAD

Por mucho que te hayan condicionado para ignorar tus intereses, y por mucho que la ansiedad haya invadido tus vías neuronales hacia el asombro, puedes reavivar tu curiosidad y tu interés en un instante. El doctor Judson Brewer, un psiquiatra que se formó en Yale y que escribió el maravilloso superventas *Deshacer la ansiedad*, utiliza una palabra sencilla, sin vocales, para lograr esto en algunos de sus pacientes. Brewer describe cómo dirigió un retiro para un equipo olímpico de waterpolo. Él y su colaborador llevaron al equipo a una caminata por las montañas de Colorado. Se detuvieron en un mirador hermosísimo y luego, al recibir una señal pactada con anticipación, ambos médicos dijeron al unísono: "¡Hmm!".

De inmediato, todos los atletas se mostraron curiosos y alegres, incluso cuando los médicos les dijeron que no sentían curiosidad por nada en particular —que los dos solo estaban *actuando* con curiosidad—, el ánimo de todos se elevó. Los atletas comenzaron a decir "Hmm" como una especie de práctica de curiosidad para mejorar el estado de ánimo a partir de entonces. Como informa Brewer:

> Cuando experimentaban frustración o un bloqueo [...] *hmm* parecía ayudarlos a explorar lo que se sentía en su cuerpo y mente (en lugar de intentar arreglarlo o cambiarlo). Cuando caían en un bucle de preocupación o autocrítica, *hmm* podía ayudarlos a cambiar [...] y salir de él.

Quizá recuerdes momentos en los que viste algo inusual, como una máquina extraña o alguien comportándose de forma peculiar en público, y sentiste cómo toda tu atención se apartaba de pensamientos ansiosos ("¿Cómo pagaré esa cuenta?", "¿Qué es esta extraña verruga en mi brazo?") para dirigirse a la pregunta "Espera, ¿qué es eso?" ("¿Qué es esa música inquietante?", "¿Qué es ese aroma delicioso?", "¿Quién es esa persona que lleva ese fabuloso atuendo?").

La curiosidad e interés de cada persona sigue el patrón de su propia fascinación. Compartimos algunos campos de interés con otras personas, pero cada uno de nosotros es único. Es probable que tengas intereses especiales que te encanta explorar, desde el parapente hasta la cocina vegana o la cestería. Si no sabes qué activa tu curiosidad por interés, intenta navegar por internet y ver qué te hace decir: "Espera, ¿qué es *eso*?". Siente lo presente que te vuelves, cómo tu energía se eleva de repente cuando despiertas tu curiosidad por interés.

Dado que ser capaz de crear cosas es una ventaja evolutiva, observar a la gente hacerlo es un truco muy potente para estimular la curiosidad por interés. Si te encanta hacer algo (cerámica, arte decorativo con papel, peinados extravagantes), intenta hacerlo en público y observa cuánta gente se detiene a mirar. El programa de televisión *How It's Made* tuvo éxito al romper la regla cardinal de la televisión cautivadora (¡incluir algún conflicto!). En cambio, el programa solo ofrece a los espectadores una visión de personas anónimas fabricando de todo, desde tocadiscos hasta tranvías.

En resumen, experimenta con tu propia curiosidad interesada observando, aprendiendo o preguntando sobre cualquier cosa que encuentres fascinante. Observa cómo la ansiedad retrocede a medida que la curiosidad se enciende.

LA ÚNICA PREGUNTA QUE SIEMPRE DESPERTARÁ TU CURIOSIDAD POR INTERÉS

Esto funciona mejor cuando ya no te sientes ansioso, una condición que, como hemos visto, puede atraparte en el salón de espejos, donde todo parece tan peligroso que no puedes acceder a la curiosidad. Si estás muy ansioso, los esfuerzos casuales, como decir "hmm" o recurrir a uno de tus entusiasmos particulares, podrían no ser suficientes para sacarte de la espiral de ansiedad y llevarte a la curiosidad. Una de las peores cosas de estar en un estado de nerviosismo a largo plazo, en luz roja o luz amarilla, es que perdemos el interés en todo. El mundo se vuelve más peligroso, pero también más aburrido.

Por suerte, hay una cosa que mantiene nuestro interés incluso cuando la ansiedad nos sumerge. Esta pregunta casi siempre puede ser un primer paso efectivo para alejarse de la curiosidad por privación y acercarse a la curiosidad por interés. Siempre tenemos un deseo genuino de saber "¿cómo puedo sentirme mejor?". Quizá tomaste este libro con la esperanza de responder a esa pregunta. Aprovechemos tu curiosidad ayudándote a investigar tu propio estado de ansiedad.

Siguiendo con nuestra obsesión por los programas de crímenes, me gusta plantear esto como una historia de misterio: "Mi alegría ha desaparecido. Temo que esté muerta. ¿Cómo puedo encontrarla?". Este misterio se desarrolla dentro de la comunidad de partes que componen tu psique. La "persona" que ha secuestrado tu alegría es a menudo un gestor o un bombero y, aún más a menudo, la conspiración entre dos de estas partes polarizadas. La alegría en sí es lo que tus exiliados proporcionan cuando los liberas de su cautiverio y los integras, permitiendo que las partes de gestor y bombero por fin se relajen. ¿Y el genio detective que puede resolver el caso? Ese sería tu Ser.

Como recordarás, la curiosidad es una de las ocho "C" que Richard Schwartz usa para describir este Ser (junto con calma, claridad, confianza, coraje, compasión, conexión y creatividad). Esto convierte al Ser en un excelente detective, pero en comparación con lo que has visto en la televisión, este inspector posee una amabilidad extrema. Su objetivo no es encarcelar a las partes disfuncionales, sino liberarlas, es decir, llevar a los exiliados, gestores y bomberos a un estado de calma y libertad armoniosa. Así que, ahora mismo, empecemos a seguir las pistas.

Cuando aplico este ejercicio, basado en un método que la maestra espiritual Byron Katie llama "El Trabajo", siempre encuentro que mis partes ansiosas están *1)* haciendo lo mejor que pueden, *2)* mintiendo sin querer (debido a lo que les han dicho y lo que han vivido) y *3)* muy aliviadas de parar.

Nueva habilidad
CONTRATA AL DETECTIVE AMABLE

Puedes usar tus habilidades de detective cada vez que sientas cualquier tipo de sufrimiento o encuentres alguna parte de tu vida donde las cosas no funcionan. Puede haber lugares de gran sufrimiento, donde te has abandonado o traicionado, o simplemente una pequeña "alteración de la paz" dentro de tu mente.

Elige una alteración menor y escríbela a continuación. Por ejemplo: "Me preocupa mucho el dinero" o "Tengo miedo de que Jessie esté enojada conmigo". Llamaremos "la escena del crimen" a esta preocupación o confusión (cualquier parte de tu vida que no esté en paz).

____

____

Al igual que Sherlock Holmes, el Detective Amable es muy observador, solo que su dicho favorito no es "elemental", sino "hmm". Has visto suficiente televisión —o leído suficientes novelas de misterio— para saber que el detective debe ir a la escena del crimen, luego observar todo y a todos a su alrededor con mucha atención.

Ahora mismo, observa de cerca la parte de ti que no se siente en paz. Localízala en tu cuerpo. Describe cómo se siente. Escribe tus observaciones aquí:

____

____

Cuando la localices y escuches lo que dice, probablemente la oirás repetir pensamientos perturbadores como "¡No estoy haciendo lo suficiente!" o "¡No tengo la capacidad suficiente!" o "¡No hay suficiente para mí!". Escribe lo que dice tu perturbador de la paz:

____

____

____

____

Escucha con compasión a la parte que sufre. Luego hazle algunas preguntas, las que encontrarás a continuación. No tienes que ser cruel con esta parte perturbada de ti; el Detective Amable nunca juega al policía malo, pero sí necesitas interrogar sus afirmaciones. Para esto tienes dos herramientas: la evidencia física y el detector de mentiras incorporado en tu sistema nervioso. La primera requiere que rastrees tus sensaciones físicas internas. La segunda requiere prestar atención a los hechos de tu situación actual. Sigue las instrucciones a continuación.

Paso uno: cuestiona al perturbador de la paz y a los testigos

Toma una de las afirmaciones del perturbador de la paz (por ejemplo: "¡No hay suficiente para mí!"). Escríbela aquí:

____

____

Como el imparcial Detective Amable, verifica si la afirmación del perturbador de la paz es verdadera en sentido literal y físico en tu situación actual, en este preciso momento. Después de reconocer con compasión cualquier dolor que sientas, observa si puedes responder las siguientes preguntas:

- *¿Existe alguna evidencia de que la afirmación que perturba la paz pudiera ser falsa?*
  Puede que haya solo un pequeño rastro de evidencia que invalide su afirmación, pero un buen detective lo reconocerá. Ejemplo: "¿De verdad es cierto que no hay suficiente para mí? Hmm. Bueno, hay suficiente oxígeno para mí ahora mismo. Y un lugar seguro para sentarme. Y mucha gravedad. Y tengo ropa; no la ropa que desearía tener, pero suficiente para este momento. Y el amor de un buen periquito".

  ____
  ____
  ____
  ____

- *¿Existen múltiples razones para creer que la afirmación que perturba la paz pudiera no ser cierta? ¿Cuántas puedo encontrar?*
  Cuando empieces a encontrar evidencia que contradiga tus creencias perturbadoras, el lado derecho de tu cerebro comenzará a hacer conexiones, revelando todo tipo de evidencia que el perturbador de la paz no podía ver. Esto puede ser una señal de que estás cruzando el umbral de la curiosidad, alejándote de la ansiedad. Ejemplo: "De hecho, hay muchos pájaros que vienen cuando los alimento, no solo mi periquito. ¡Hay muchos pájaros cantando! Y ya que estamos en eso, muchísimas canciones, punto. Y chistes, y pensamientos, e ideas... hay suficiente de todo eso para mí".

  ____
  ____

El objetivo no es avergonzarte por sentirte mal, sino mostrarle a tu sistema nervioso una imagen más equilibrada y realista de tu vida. Este tipo de cuestionamiento curioso también puede llevarte a la gratitud, la emoción en la que los psicólogos han encontrado el vínculo más estrecho con la felicidad. Es hora de la última pregunta lógica:

- *¿Podría ser cierto el extremo opuesto a tu afirmación que perturba la paz?*
  Puede haber varios pensamientos "opuestos" (por ejemplo: "Hay suficiente para mí" y "No hay suficiente de mí para todo"). Incluso los opuestos que suenan extraños merecen una mirada. Puede que este paso no proporcione respuestas convincentes, pero podría hacerlo. Ve cuán creativo puedes llegar a ser. Deja que tu Detective Amable trabaje en esto. Ejemplo: "¿Podría ser cierto que hay demasiadas cosas buenas para mí? Bueno, mi armario del pasillo está atestado de cosas que ni siquiera uso. Y supongo que el universo contiene muchas cosas buenas, más de las que podría necesitar o usar. Incluso este planeta podría ofrecerme eso. O tal vez podría crear tantos momentos hermosos, o tanto amor, o tantas cosas interesantes para aprender, que habría más de lo que podría asimilar".

Paso dos: somete a tu perturbador de la paz a un detector de mentiras

A tu sistema nervioso no le gusta mentir. Cuando dices algo que no es verdad para ti al nivel más profundo —incluso si tu mente cree que es verdad—, tu cuerpo se debilita. Si eres muy atento —y el Detective Amable tiene una atención increíble—, sentirás una ligera respuesta de ansiedad cada vez que digas o pienses algo falso: latidos rápidos, boca seca, palmas sudorosas, tensión en los músculos. También sentirás estados de ánimo negativos: aumento de ansiedad, tristeza, desánimo, incluso desesperanza.

Si consideramos todas estas reacciones en conjunto, indican que la afirmación que tienes en tu mente no es verdadera. Sí, el pensamiento es desagradable. Pero la reacción a una afirmación verdadera es un impulso claro para actuar, como un miedo saludable. Una tensión corporal total es tu sistema rechazando una mentira. Así que sigamos con el polígrafo:

Toma la afirmación que perturba tu paz ("¡No hay suficiente para mí!" o lo que sea que te esté molestando) y escríbela aquí:

____

____

Con esta afirmación en mente, comprueba con tu detector de mentiras. Observa estos factores:

¿Cómo se siente mi cuerpo cuando tengo este pensamiento?

____

____

____

¿Cómo cambia mi nivel de energía física cuando creo esta afirmación?

____

____

____

¿Qué edad siento que tengo cuando creo la afirmación? (Alguna vez pudo haber sido verdad, pero puede que no lo sea en el presente).

____

____

____

¿Cómo actúo conmigo mismo y con los demás cuando creo esta afirmación?

____

____

____

Cuando termina su investigación, el Detective Amable trata con tus perturbadores internos de la paz entendiéndolos, agradeciéndoles y preguntándoles qué puede hacer para ayudarlos a relajarse. Les da mucho DIA (ver capítulo 2) y ESPACIO (ver capítulo 3). Crea una cama imaginaria de compasión pura y deja que los perturbadores de la paz se acuesten a dormir la siesta y a sanar. Luego le da algo de autocuidado a todo tu sistema, como ver un programa de crímenes...

USAR LA CURIOSIDAD PARA ANIMARSE EN TIEMPOS DIFÍCILES

La amabilidad que ejercemos hacia nosotros mismos puede darnos un lugar donde apoyarnos cuando tratamos con los demás. Nos permite tener la calma suficiente para incorporar una de las capacidades más encantadoras del hemisferio derecho: el humor.

Aquí hay otro ejercicio, uno que puede ayudarte a despertar la curiosidad por interés sobre otras personas, incluso cuando no te agradan. Debido a que esta nueva habilidad resulta invaluable para manejar situaciones sociales que sabemos que serán horribles, se la he enseñado a muchos clientes mientras se preparaban para unas temidas vacaciones familiares disfuncionales o alguna reunión de la oficina. Incluso la mostré una vez en *Good Morning America.* Pruébala si planeas estar entre personas que envenenan tu sistema.

Nueva habilidad
BINGO DE GRUPO SOCIAL TÓXICO

- Haz una tarjeta de bingo, una matriz de cinco por cinco casillas vacías. Si quieres, puedes rellenar las líneas diagonales con las letras que forman la palabra BINGO, así:

B				O
	I		G	
		N		
	I		G	
B				O

- En cada casilla en blanco, escribe algo horrible o irritante que siempre parece suceder cuando tu familia —o grupo de trabajo o club de póker— se reúne. Por ejemplo: "Sally insulta a alguien", "Jeff hace un comentario homofóbico", etcétera.
- Pide a uno o más amigos que hagan sus propias tarjetas de bingo con los eventos horribles que anticipan. Todos llevarán su tarjeta al encuentro que tanto temen.
- Cuando ocurra un evento en la tarjeta, puedes marcar esa casilla.
- El primero en obtener un bingo envía un mensaje a los demás, gana el juego y luego recibe una comida gratis.

Mis clientes que juegan este juego suelen tener experiencias totalmente nuevas en situaciones temidas y tediosamente familiares. Cuando la abuela se levanta para criticar a alguien, o Pat lanza un tazón de palomitas al árbitro de futbol que sale en la televisión, o Alice hace un agujero en la pared de yeso, los jugadores de bingo ya no se estremecen ni aprietan los dientes. Se inclinan hacia adelante, con las tarjetas listas, pensando: "¡Continúa! ¡Oh, por favor, continúa!".

CÓMO LA ANSIEDAD PUEDE ARRUINAR TU VIDA Y CÓMO LA CURIOSIDAD PUEDE SALVARLA

Tu ansiedad puede intentar asustarte para que no pongas en práctica los ejercicios anteriores, diciéndote que son una tontería. O puede insistir en que tratarte con compasión es egoísta y que dejar de lado tu ansiedad en una situación social tensa es peligroso. Recuerda, una de las historias más convincentes de la ansiedad es que *tener miedo nos mantiene a salvo*. Solo hace falta un poco de exploración curiosa para revelar el error de esta creencia. La ansiedad puede destruir toda nuestra vida, y si somos suficientes los que dejamos que la ansiedad tome el control, podría terminar destruyendo el mundo.

Como hemos visto, un cerebro que la espiral de ansiedad atrapa, como una persona con daño en el hemisferio derecho, puede mirar directo a algo y permanecer inconsciente de ello. La negligencia hemiespacial, la extraña incapacidad del hemisferio izquierdo para reconocer la realidad de cualquier cosa en la que no esté pensando en ese momento, asoma su extraña cabeza haploide cada vez que nos sumergimos en la ansiedad.

Una vez más, a diferencia del enfoque agudo y útil que obtenemos del miedo real, la ceguera de la atención que provoca la ansiedad, que llamamos *ceguera por falta de atención*, puede conducir a errores devastadores.

Por ejemplo, un padre que intenta averiguar un error en un estado de cuenta podría no recordar que tiene un niño pequeño y no notar que este ha abierto la puerta y ha salido fuera de la casa. Un cirujano que medita sobre un insulto de un colega puede perder la concentración y cortar un nervio o una arteria vital. Un controlador de tráfico aéreo que repite en su mente una predicción apocalíptica de un carismático charlatán podría no escuchar la información que llega a través de sus auriculares y, sin darse cuenta, causar un desastre.

Debido a que la ansiedad anula toda curiosidad sobre otras personas, también es tóxica para las relaciones. No solo nos hace juzgarnos los unos a los otros con dureza en el trato personal, sino que también alimenta juicios que generalizamos sobre personas o grupos de personas. La ansiedad refuerza los prejuicios y nos hace sospechar malas intenciones detrás de las acciones más inocentes. Puede llevarnos a encarnar las mismas actitudes que no queremos ver en el mundo.

La investigación sobre diversidad y equidad muestra que la ansiedad aumenta nuestra tendencia a "alejar" a las personas que no se parecen a nosotros en apariencia, habla o vestimenta. Al responder a lo desconocido con miedo, creamos espirales de ansiedad que estrechan nuestras mentes hasta que casi nadie encaja en nuestra zona de aceptación. También adoptamos cualquier sesgo implícito que refleje la discriminación general de nuestra cultura contra estos "otros", incluso si valoramos la justicia y la equidad. Si deseas comprobar tus propios sesgos ocultos, haz clic en el test de asociación implícita y realiza el examen gratuito (https://implicit.harvard.edu/implicit/takea test.html). El autor superventas Malcolm Gladwell lo hizo cuatro veces y siguió obteniendo el resultado de que, en lo que respecta a la raza, tenía "una preferencia automática moderada por los blancos", a pesar de que su madre es negra.

La ansiedad puede, en efecto, ponernos en contra de las personas que amamos —incluso en contra de nosotros mismos— debido a su impulso hacia el prejuicio social. En otras palabras, cuando albergamos sesgos inconscientes que comienzan con la ansiedad y que la cultura refuerza, no solo nos ponemos en mayor peligro: *nos volvemos peligrosos.*

La cura para todo esto no es más ansiedad, sino más curiosidad que surja del interés. En su poderoso libro debut, *No veas extraños*, la abogada y activista Valarie Kaur escribe:

> En estudios de imágenes cerebrales, cuando a las personas se les muestra una foto de una persona de una raza diferente [...] es posible que disminuyan su respuesta inconsciente de miedo [...]. En estos estudios, *bastó con preguntarse qué les gusta cenar* [énfasis añadido]. Solo entonces el miedo se disipa.

En la afirmación de Kaur, la palabra clave es *preguntarse*, es decir, sentir curiosidad. La única forma en que nos acostumbramos a algo desconocido es preguntando al respecto, explorándolo, viéndolo desde diferentes ángulos. Y cuando la "cosa desconocida" es una persona, sentir curiosidad por la experiencia de esa persona atraviesa la ansiedad y conduce a la conexión.

La curiosidad por interés, la capacidad de sintonizar con el momento presente y ver la verdad como un Detective Amable, la capacidad de reír ante la frustración o el fastidio, las sensaciones físicas que nos permiten sentir la diferencia entre un pensamiento ansioso y uno verdadero, todas ellas dependen del hemisferio derecho del cerebro. El asombro se encuentra entre los estados de ser favoritos del cerebro derecho, al igual que percibir el momento presente y notar cosas sobre la vida exterior e interior de otras personas. Cuando éramos muy jóvenes, el asombro era uno de nuestros pasatiempos predominantes, casi nuestro estilo de vida. Cuando aprendemos a calmar a nuestra criatura ansiosa y comenzamos a mover nuestra atención hacia la curiosidad de nuestro hemisferio derecho, podemos recuperar esa maravilla infantil. Para siempre.

LA VIDA CURIOSA

Cuando empieces a activar tu curiosidad por interés, abriendo la puerta secreta entre la preocupación y el asombro una y otra vez, descubrirás que la puerta empieza a funcionar con más suavidad. Las bisagras crujirán menos. La abertura se sentirá más grande. Las vías neuronales que abandonan la ansiedad para ir a explorar se volverán más abundantes. En lugar de vivir con ansiedad y luego buscar la curiosidad, podrás notar pulsos de curiosidad que aparecen por sí solos, a menudo desplazando la ansiedad. Entonces, la curiosidad podría empezar a *eclipsar* por completo la ansiedad. Puedes empezar a sentirte más joven a medida que regresas al estado de asombro que impulsó el juego y la investigación durante tu infancia.

Todo esto conduce a una forma diferente de relacionarse con el mundo. Cuando nuestra curiosidad es restaurada a su lugar legítimo, dejamos de preguntarnos de forma retórica "¿Por qué me está pasando esto a mí?" y comenzamos a pensar como detectives: "Hmm... ¿Por qué me está pasando esto a mí?". No solo estamos venciendo la ansiedad, estamos dándoles sentido a todas nuestras experiencias, incluso a las dolorosas. Las mentes brillantes de todos los grandes pensadores son tan curiosas que se fijan en problemas desconcertantes para entretenerse.

Esta forma de vivir convierte la ansiedad en un catalizador para la creatividad. Reutiliza la energía que hemos gastado en preocuparnos y la vierte en la investigación y el descubrimiento. Como escribió el poeta y novelista irlandés James Stephens: "La curiosidad conquistará el miedo aún más que la valentía". Acceder a la curiosidad nos lleva más allá de la calma. Nos lleva al valiente territorio de la espiral de creatividad. En este punto, estamos cerca de encontrar las soluciones a todos nuestros problemas. Estamos listos para imaginar las vidas más maravillosas que podamos crear, y para crear las vidas más maravillosas que podamos imaginar.

7
TEJIENDO EL "EDREDÓN DE LA CORDURA" DE LA VIDA

Frieda es una de las personas más ansiosas con las que he trabajado, ¡y vaya que tiene sus razones! Para ella, el simple acto de respirar es una apuesta de alto riesgo. Sus alergias y sensibilidades químicas significan que, en cualquier momento, podría sufrir un ataque de asma fatal. Su supervivencia depende de las manos —o, mejor dicho, de las patas— de su perro de servicio, Griffin, un border collie entrenado para olfatear cualquier químico que pueda desencadenar el asma de Frieda. Si huele peligro, Griffin alertará a Frieda o, en caso de emergencia, incluso la arrastrará de forma física lejos de la sustancia ofensiva.

Frieda participa en un taller de tres días donde mi colega Boyd Varty y yo impartimos clases a un centenar de personas. Durante los dos primeros días, ni siquiera sé que Griffin está allí. Se queda tan quieto que se confunde con el mobiliario. El tercer día del seminario, Frieda levanta la mano para hacer una pregunta, y la invitamos a subir al escenario para una pequeña sesión de *coaching* en tiempo real. Solo entonces veo a su peludo compañero caminando con sigilo a su lado.

Una vez en el escenario, Frieda se sienta en la silla frente a la mía, temblando. Griffin muestra tanta tranquilidad como ansiedad muestra su humana. Se acomoda a su lado como una esfinge, equilibrado e inmóvil. Le digo que nunca había visto a un perro tan disciplinado. Frieda acaricia las orejas de Griffin —él no se mueve— y dice: "Sí, solo tenemos un problema. No puede resistirse a las ardillas. Siempre las busca. Si lo dejara, las perseguiría durante horas".

Una vez que termina la charla trivial, nos ponemos manos a la obra para tratar el miedo crónico de Frieda. La espiral de ansiedad la atrapa. Aunque Griffin la mantiene alejada de los problemas, Frieda vive en constante terror, repitiendo en silencio la frase "¡El peligro está en todas partes!" y visualizando su propia muerte. Intentamos llamar a su Detective Amable, que descubre que el pensamiento no siempre refleja la verdad literal; ella suele estar bien, y Griffin la alerta cada vez que se acerca al peligro. Cuando analizamos cómo el pensamiento afecta a Frieda, ella dice que en esencia le arruina la vida.

Aunque entiende todo esto de forma intelectual, la espiral de ansiedad la ha llevado a pensar que "el peligro está en todas partes" de una forma tan profunda que ni siquiera puede imaginar ninguna alternativa. Boyd y yo la animamos a considerar pensamientos opuestos, como "la seguridad está en todas partes". Ella ve la lógica, pero no la siente. Todo nuestro juego de palabras no ha logrado ni siquiera rozar la superficie de su ansiedad.

De hecho, mientras hablamos, Frieda muestra cada vez más ansiedad, se inquieta y su voz se vuelve más aguda y estridente. Observo a Griffin mirando a Frieda. Se inclina con levedad hacia ella, consciente de que su ansiedad ha aumentado, pero sigue pareciendo tranquilo. Le pido a Frieda que se fije en lo tranquilo que está, esperando que pueda usarlo para "corregularse".

Hablamos sobre el hecho de que Griffin no puede asustarse con historias sobre cosas que no están presentes. Si percibe peligro, actuará. Mientras tanto, descansa aquí, irradiando paz, sereno como un buda.

—¿Sabes? —dice Frieda, mirando a Griffin—, a veces, cuando persigue ardillas, tengo la extraña sensación de que cree que es parte de su trabajo. Me mira como si intentara mostrarme algo.

Esto me genera curiosidad (palabra clave), así que le pido que me cuente más.

—Es como... —Mira con fijeza a Griffin, acariciándole su cabeza inmóvil. Después de un largo momento, se desploma en su silla y agrega—: No lo sé.

Parece tener una respuesta de "desplome total de luz roja", así que decido aportar algo de energía ofreciendo una suposición.

—¿Qué pasaría si Griffin intentara mostrarte que, aunque el peligro existe en todas partes, las ardillas también existen en todas partes? Ya sabes: diversión, juego, alegría. Tonterías. ¿Y si trata de que desvíes tu atención hacia tus ardillas?

Frieda inclina un poco la cabeza.

—Bueno —dice—, supongo... que... podría... ser... —Su voz se apaga. Entonces, por primera vez en nuestra conversación, esboza una sonrisa genuina—. Sí, de hecho, podría ser. —Se ríe un poco.

Y, de repente, Griffin, el perro, pierde los estribos.

Primero se sienta muy erguido y gira la cabeza para mirar fijamente a Frieda. A medida que su risa se convierte en carcajada, Griffin se vuelve loco de alegría, salta a su regazo, mueve todo su cuerpo y le lame el rostro. Luego salta a mi regazo y me lame la cara. Luego salta al regazo de Boyd. Nos cubre a todos con su pelaje sedoso, besos de perro y alegría pura.

No exagero. Si hubieras estado en esa habitación, jurarías que Griffin trataba de decirle a su querida humana: "¡Sí! ¡Sí! ¡Eso es! ¡Lo entendiste! ¡Por fin lo entendiste!".

Frieda dice que nunca antes había roto el protocolo de forma tan drástica.

Me gusta pensar que la aleja de algo peligroso.

En este capítulo, hablaremos de tus "ardillas", sin importar cuáles sean. Veremos cómo, cuando te permites vivir con calma y curiosidad, te conectas naturalmente con todo lo que nutre tu cuerpo, tu mente, tu corazón y tu alma. Así es como funcionan las espirales de creatividad: cuando hemos activado nuestros curiosos hemisferios derechos, se ponen a trabajar aprendiendo más sobre los temas que más nos interesan y encontrando formas innovadoras e inesperadas de relacionarlos. Todo el proceso nos aleja cada vez más de la ansiedad y nos lleva hacia la curiosidad, donde nuestros hemisferios derechos comenzarán a establecer nuevas conexiones, a generar ideas sin precedentes y a adentrarse cada vez más en la fascinación.

INTERESES "ARDILLA"

En el capítulo anterior, hablamos sobre cómo puedes activar la curiosidad que surge del interés al enfocarte en ciertos temas. Pero dentro de la curiosidad por interés encontramos mucha variedad. Hay algunos temas que apenas nos intrigan y otros que —cuando nos liberamos de la ansiedad— nos fascinan *para siempre*, tan frescos y atractivos para nosotros como las ardillas para Griffin. Cuanto más aprendemos sobre estos temas, más queremos seguir aprendiendo.

Algunas curiosidades son breves y se satisfacen con facilidad. Por ejemplo, si me encuentro con una pista desconcertante en un crucigrama, descifrar la palabra satisface mi curiosidad. Esa no es una pasión a nivel "ardilla". Por otro lado, quizá he pasado años enteros examinando con minucia dibujos y pinturas, he visto cientos de demostraciones de arte en línea y he dedicado decenas de miles de horas a experimentar con diferentes técnicas y medios por mi cuenta. Pero ahora siento más curiosidad por las artes visuales que nunca. Así afectan a nuestras vidas los intereses a nivel "ardilla". Citando a *Alicia en el país de las maravillas*, nos vuelven "curiosos y más que curiosos".

Si seguimos algo que nos interesa lo suficiente, comenzamos a encontrar momentos que nos llenan de asombro, que le dan más sentido a nuestra existencia. Por ejemplo, Ram Dass, un maestro espiritual que comenzó su carrera como un psicólogo de Harvard llamado Richard Alpert, solía dar discursos radicales sobre dos de sus temas favoritos: el yoga y los psicodélicos. Un día vio a una anciana en su audiencia. Tenía el aspecto de alguien que por lo general consideraría a Ram Dass detestable. Con cierto aire de rebeldía, dio un discurso de especial escándalo sobre "experiencias que tuvo después de usar sustancias psicodélicas, experiencias de gran valor y trascendencia". Después del discurso, la mujer se le acercó. Como Ram Dass lo expresó:

> [Ella] se acercó y dijo: "Muchas gracias. Tiene mucho sentido. Así es justo como yo entiendo el universo". Y yo respondí:

> "¿Cómo lo sabes? Es decir, ¿qué has hecho en tu vida que te ha llevado a ese tipo de experiencias?". Ella se inclinó hacia delante con aire conspirador y dijo: "Hago crochet".

Ahora, mucha gente hace crochet. Pero esta mujer *hacía crochet.* Para ella, el arte de tejer no era solo hacer tapetes: era una verdadera ardilla. Me gusta pensar que, dado que el crochet requiere el uso de ambas manos, además de la capacidad de visualizar la belleza mientras se piensa en términos cuantitativos precisos, estimulaba todo el cerebro de esta mujer al punto de establecer el mismo tipo de conexiones que Ram Dass hizo a través del LSD.

Lo que quiero decir es que cualquier interés puede convertirse en una verdadera pasión "ardilla" si lo seguimos lo suficiente. Subir a cualquier espiral de creatividad que de verdad nos interese no solo puede alejarnos cada vez más de la ansiedad, sino también brindarnos experiencias poderosas e iluminadoras que expanden nuestra capacidad de sentir cosas como la belleza y el asombro. Pero en nuestra cultura, tendemos a suprimir estas experiencias. No seguimos nuestra creatividad tan lejos como puede llegar, por lo que nos sorprende cuando un simple pasatiempo creativo como el crochet nos brinda las mismas ideas poderosas que un viaje con drogas psicodélicas.

Las pasiones "ardilla" no son adicciones

Creo que el permiso limitado que nos damos para dedicar tiempo a nuestras pasiones lleva a algunas personas a desarrollar un hambre interna que intentan satisfacer no solo con psicodélicos, que por lo general no generan adicción, sino también con sustancias químicas que sí lo hacen.

Cuando trabajé con heroinómanos activos, me decían que habían encontrado su pasión en la vida, y que era la heroína. De hecho, muchos de ellos decían no tener ningún otro interés. Podía darme cuenta de que lo creían. Pero esta obsesión, aunque similar en algunos aspectos a los efectos de un estado cerebral creativo, no los llevaba hacia la paz, como lo hace un verdadero interés "ardilla". A menudo, los adictos me decían que, cuando no estaban bajo los efectos de la droga, sufrían una ansiedad paralizante que solo podían mitigar con heroína. En el proceso, estaban perdiendo cosas que valoraban: relaciones, trabajos, su propia ética.

Nuestras partes bombero pueden lanzarnos "pasiones" falsas de esta manera. Pueden descubrir que las drogas, el juego o el sexo peligroso pueden borrar nuestras ansiedades por un tiempo, y confunden esto con alegría. Pero el efecto de la adicción es un placer a corto plazo seguido de una intensa sensación de pérdida y necesidad, que se acompaña de una avalancha de ansiedad de terrible intensidad. Cuando somos adictos y no podemos obtener de inmediato esa droga, o esa euforia, o el amor de esa persona, entramos en pánico.

Los intereses genuinos tienen el efecto contrario. La espiral de creatividad nos aleja de forma progresiva de la ansiedad. Al conectar con cualquier pasión genuina, exploramos y aprendemos, volviéndonos más capaces de regular nuestro sistema nervioso hacia la zona de luz verde, donde permanecemos por periodos más largos. Involucrarse con un verdadero interés "ardilla" no crea una dependencia ni una ansiedad crecientes. En cambio, impulsa un aumento gradual de todas las cualidades del Ser: calma, claridad, confianza, curiosidad, coraje, compasión, conexión y creatividad.

IDENTIFICAR NUESTRAS ARDILLAS

Muchas personas que acuden a mí en busca de ayuda se sienten como perros de servicio en un mundo sin ardillas. No pueden encontrar sus pasiones y a menudo no creen que tengan ninguna. Esto solía parecerme extraño porque las pasiones, por definición, deberían destacar mucho. Al menos destacan para mi cerebro con TDAH (una vez vi una ardilla fuera de mi ventana y dejé una reunión de negocios para seguirla). Pero como me dijeron las personas que mapearon mi cerebro, los cerebros neurotípicos eligen el comportamiento social "apropiado" por encima de la curiosidad por interés. Y, por supuesto, las espirales de ansiedad atrapan a muchos de nosotros, lo que nos encierra lejos de cualquier rastro de pasión. De verdad no podemos ver lo que nos interesa, aunque partes que reprimimos y exiliamos todavía guarden ese conocimiento en los rincones secretos de nuestra psique.

He trabajado con cientos de personas que pasan años ocupándose con arduo esfuerzo en diversas tareas, actividades escolares y empleos que llenan el tiempo y pagan el alquiler, pero que nunca les permiten dejar de lado la ansiedad ni experimentar sus verdaderas pasiones. A menudo han pasado la mayor parte de sus vidas en un estado del sistema nervioso de luz amarilla o luz roja. Desde allí, todo parece peligroso o agotador. Han experimentado ansiedad o apatía durante tanto tiempo que ni siquiera recuerdan cómo es sentirse verdaderamente fascinados.

Otro mito que a menudo atormenta a estas personas es la creencia de que encontrar una verdadera pasión ocurre en medio de una explosión deslumbrante de claridad y certeza, como una especie de visión inconfundible de nuestro futuro. Eso no es cierto. He asesorado a cientos de personas y he visto que el proceso para encontrar nuestras pasiones comienza con una débil sensación de interés, luego una ligera voluntad para investigar lo que nos interesa, después más curiosidad, lo que motiva más investigación, lo que por fin puede convertirse en el propósito de toda una vida.

Creo que el destino nos lleva a experimentar de la misma manera en que lo hicimos cuando éramos bebés, abandonando actividades que ya no nos interesan y fijando nuestra atención en las que sí. He visto a personas seguir este ciclo creativo en aumento constante hacia carreras, lugares, ideas y relaciones. De vez en cuando, pueden experimentar un gran avance (hablaremos de eso en el próximo capítulo), pero miles de horas de curiosidad creciente sostienen cada estallido de intuición.

Aquí tienes una especie de ejercicio correctivo que puedes usar para reconectar con tus propias pasiones (tus propias ardillas), incluso si crees que no existen. Comienza este ejercicio calmando a tu criatura ansiosa mediante las habilidades que ya has aprendido en este libro o cualquier otra que te funcione. Luego, busca algo para escribir y sigue los pasos a continuación.

Nueva habilidad
OBSERVA QUÉ TE EMPUJA Y QUÉ TE JALA

Este ejercicio te pedirá que recuerdes parte de tu educación. Si creciste asistiendo a la escuela, me gustaría que usaras esa experiencia como materia prima. Si nunca fuiste a la escuela, recuerda cómo aprendiste habilidades en casa o en cualquier trabajo que hayas tenido.

1. **Recuerda una "antiardilla".**
   Piensa en algo que te enseñaron en la escuela, o en un lugar similar, que no disfrutaste aprendiendo. Podría ser una materia como Matemáticas o Ciencias Sociales, o un libro aburrido que te asignaron leer, o clases de un profesor con el poder de dormir a una lechuga. Nombra este tema aburrido, libro o profesor:

   ____

   Ahora recuerda la *sensación* en tu cuerpo cuando interactuaste con esta persona o tema. En particular, fíjate en *lo que pasó con tus ojos.* ¿Querías mirar a esta persona o cosa, o querías apartar la vista? Reproduce tus recuerdos como videos muy cortos y observa:

   - ¿Cómo te sentías cuando veías que era hora de aprender más sobre la cosa aburrida?

     ____

   - ¿Cómo se sentía entrar en la habitación donde te encontrabas con la cosa aburrida?

     ____

   - ¿Cómo se sentía obligarte a prestar atención a la cosa aburrida?

     ____

2. **Recuerda una ardilla, incluso una muy vaga o pequeña.**
Piensa en algo que *sí disfrutaste* aprender más o menos en la misma época de tu vida: una materia, un deporte, una canción en el coro. Puede ser tu primer amor, de quien querías saberlo todo, o un auto que anhelabas tener cuando crecieras. Escribe aquí tu interés "ardilla":
____

De nuevo, observa la *sensación en tu cuerpo*, sobre todo en tus ojos, mientras recuerdas:
    - ¿Cómo te sentías cuando veías que era hora de aprender más sobre el interés "ardilla"?
    ____
    - ¿Cómo se sentía entrar en la habitación donde te encontrabas con tu interés "ardilla"?
    ____
    - ¿Cómo se sentía cuando le dabas toda tu atención a tu interés "ardilla"?
    ____

3. **Intenta alternar entre tu antiardilla y tu ardilla.**
Observa que prestar atención a algo poco atractivo se siente como si algo te empujara, como caminar cuesta arriba contra un fuerte viento. En cambio, ir hacia algo que te interesa, que despierta tu curiosidad, se siente más como si algo te jalara hacia delante, caminar cuesta abajo con el viento a tu espalda. Familiarízate con cómo percibes cada sensación.
4. **A lo largo de un día normal, fíjate en qué se siente como un "empuje" y qué te "jala".**
La próxima vez que vayas en auto al trabajo, navegues por las redes sociales o socialices con un grupo de personas, fíjate cuando algo te hace querer inclinarte, mirar más de cerca y aprender más. También presta atención cuando quieras apartar

la vista y hacer otra cosa —cualquier cosa—. A medida que notes lo que sientes, solo piensa: "Eso me está empujando" o "Eso me está jalando".

Este pequeño ejercicio puede darte un acceso más estable a tus curiosidades específicas. No siempre podrás evitar todas tus actividades de "empuje", como responder correos electrónicos, programar citas dentales, cuadrar tu chequera, asistir a reuniones aburridas o calmar a un bebé enfermo. Quizá no decidas seguir cada cosa "ardilla" que "jala" tu interés, como bailar jazz, el tiro con arco, la comedia en vivo o técnicas de espionaje. Pero descubrirás que todo, sin excepción, tiene una ligera carga de curiosidad o de aversión. Puede que ni siquiera sepas por qué algo se siente de una manera o de otra. Pero como un buen perro de servicio, comenzarás a discernir entre lo que es tóxico y lo que es parte de tu yo creativo.

CUANDO HAN APLASTADO LA CURIOSIDAD

Cuando empecé a trabajar como *coach*, no sabía muy bien qué hacer con las personas que encontraban el mundo aburrido y no mostraban ninguna inclinación creativa. Repasaba listas de posibles actividades, preguntando qué las "empujaba" y qué las "jalaba", tratando de llevarlas hacia el conocimiento de lo que más deseaban.

Nunca funcionó.

Luego trabajé con una clienta que entrenaba perros de servicio (como Griffin) para personas con discapacidades. Un día, mencionó que si un perro de servicio no tiene suficiente tiempo para dormir y jugar, se volverá apático y se sentirá agotado, igual que un humano sobrecargado de trabajo.

"¡Maldita sea!", pensé, "¡he estado sirviendo al sistema!". Mis clientes sin curiosidad no solo carecían de imaginación. Estaban *cansados*.

Nuestra sociedad, dominada por el hemisferio izquierdo, está tan enfocada en la productividad económica y en cumplir todas las normas que tiende a dejar el descanso y el sueño fuera de la ecuación de una vida feliz. Según los Centros para el Control y la Prevención de Enfermedades (CDC), alrededor de un tercio de los estadounidenses no duerme lo suficiente. Por sí solo, ese factor puede matar nuestra curiosidad, arruinar nuestra salud, provocarnos accidentes y conducirnos a la ira, la desesperación y, por supuesto, la ansiedad.

Si no sientes curiosidad por nada, lo más probable es que estés agotado. Aquí tienes una prueba rápida para evaluar si es el caso, tan sencilla que ni siquiera le daré un formato especial: imagina que tu hada madrina aparece de repente a través de la pared y dice: "A partir de ahora, toda tu vida se pondrá en pausa durante un mes. Durante todo ese periodo, debes dormir todo lo que puedas y pasar el resto del tiempo relajándote en un entorno reconfortante".

Siente tu reacción interior frente esta idea. ¿Qué le sucede a tu cuerpo, tu corazón y tu mente? Si un mes sin hacer nada en absoluto te parece maravilloso, es probable que te encuentres demasiado cansado para ser creativo en este momento. Muchísimas veces en mi vida la simple idea de descansar me ha hecho llorar de emoción (la falta de sueño hace que esta sea una reacción probable a cualquier cosa, incluso cepillarse los dientes, pero eso solo sirve para ilustrar mi argumento). Por otro lado, si mi hada madrina me hubiera dicho esto durante mis semanas de Sapo Artista, le habría lanzado un zapato y habría salido corriendo. ¿Un mes de ocio cuando podría estar pintando? De ninguna manera.

Es cierto que, cuando vivimos según nuestras pasiones, quizá necesitemos dormir menos, y que el trabajo y el descanso lleguen a sentirse como lo mismo. Pero si *anhelas* un mes de tiempo libre y de rejuvenecimiento, añadir un montón de actividades creativas no es un paso inteligente. La buena noticia es que no te llevará un mes entero de descanso absoluto restaurar tu ser creativo. Te llevará unas cuatro noches de buen sueño, cuatro días en los que no dejes que nada te empuje más allá de tus límites.

No sé por qué cuatro días son el número mágico que restaura la curiosidad, pero he comprobado que esto es cierto tanto para mí como para mis clientes. Cuatro días y cuatro noches de descanso no recargarán por completo tus baterías creativas, pero te llevarán por encima de la línea de "vacío", con un poco de energía para seguir adelante. Si realmente quieres vivir libre de ansiedad y estás demasiado cansado para identificar cualquier interés, encuentra una manera —cualquiera— de conseguir cuatro días de descanso. Toma medidas de emergencia. Si tienes insomnio, ve con tu doctor y busca ayuda médica. Tómate una baja por enfermedad en el trabajo. Haz lo que sea que te permita minimizar tus responsabilidades de cuidado de los niños. Además del oxígeno y el agua, el sueño debería ser tu prioridad más alta.

Cuando hayas descansado, tu cerebro empezará a buscar ardillas y ¡oh, las encontrará! He visto cómo sucede esto una y otra vez. Tu curiosidad infantil nunca muere; solo entra en animación suspendida cuando el descanso es la mayor necesidad. A medida que tu medidor de "descanso" suba por encima de la línea de "vacío" (no hasta el máximo, solo por encima del vacío), tu curiosidad comenzará a atraerte hacia tus pasiones.

CUANDO LA CURIOSIDAD TE SEDUCE

Vivir en la era de internet nos permite sumergirnos en "madrigueras de conejo" que no estaban disponibles hace tan solo una generación (advertencia: algunas de estas madrigueras pueden volverse descabelladas, así que no creas todo lo que lees). Al aprender más sobre una persona, un deporte, una ciencia o una máquina, pensarás: "¡Vaya, eso es genial!". A medida que investigues, la intensidad aumentará: "¡Vaya, eso es de verdad genial!". Te sentirás motivado a pasar aún más tiempo pensando, hablando y aprendiendo sobre ello. En algún momento, podrías pasar al siguiente nivel y desarrollar un sentimiento de anhelo: "Ojalá pudiera hacer eso". Entonces, el deseo podría convertirse en una intención: "¡Averiguaré cómo hacerlo!".

Este es el momento en el que puedes comenzar a experimentar con las actividades que te fascinan. Después de semanas buscando en internet videos de un comediante en particular, puedes empezar a escribir tus propios chistes y probarlos con tu familia. O puede que veas una estrella fugaz, escuches que se llama meteorito, empieces a aprender qué es y luego pidas prestado el detector de metales de tu abuela para comenzar a buscar rocas interplanetarias. El tema podría ser cualquier cosa que se te ocurra. La clave es que sea tan genial que quieras participar en ello.

Aquí hay un último punto que identificará una actividad como un ingrediente necesario para tu mejor vida: cuando te concentras en ella, no eres consciente del tiempo. De hecho, pierdes la conciencia de todo excepto de lo que estás haciendo en ese momento, lo que a menudo significa que tus pensamientos no fluirán en forma de lenguaje. Tu hemisferio derecho no verbal y atemporal dominará tu atención.

Este es el estado que el psicólogo Mihaly Csikszentmihalyi denominó como *flow*, la máxima sensación de alegría e implicación apasionada en la vida. Creo que es la forma en que todos deberíamos sentirnos la mayor parte del tiempo.

Solo para ayudarte a recordar, aquí hay cuatro exclamaciones espontáneas, provocadas por una creatividad en aumento, que te llevarán de una vida aburrida y ansiosa a tus verdaderas pasiones:

- "¡Oh, vaya, qué genial!".
- "¡Oh, vaya, eso es de verdad genial!".
- "Ojalá pudiera hacer eso".
- "¡Averiguaré cómo hacer eso!".

Cuando encuentres algo que te atraiga a lo largo de esta cadena de interés, estás listo para empezar a coleccionar cosas que te lo recuerden. Estos son destellos que pueden atraerte de nuevo a la fascinación cada vez que necesites sentirte inspirado. Los llamo tu "bolsa de retazos de curiosidades".

TU BOLSA DE RETAZOS DE CURIOSIDADES

Como buena niña de Utah, durante mi infancia me vestía con faldas largas y gorros para celebrar el Día de los Pioneros, y recogía fruta caída para hacer conservas para el invierno. Todas las mujeres que conocía tenían una bolsa de retazos de tela. Cuando alguien desgastaba las rodillas de sus pantalones por rezar con fervor o por accidente quemaba una falda larga de cuadros mientras estaba bajo los efectos del jarabe para la tos, su madre cortaba cualquier sección de tela útil que sobrara y la ponía en la bolsa de retazos.

Me gusta la idea de hacer una bolsa de retazos para reunir nuestras pasiones, porque es sencilla y espontánea, no pretenciosa ni impresionante. Intentar ser pretencioso e impresionante es como apuntar un arma a tu curiosidad: no funcionará. Solo te asustará y te provocará más ansiedad.

Tu bolsa de retazos de curiosidades puede ser cualquier recipiente, digital o tridimensional, donde colecciones cosas interesantes. Algunas bolsas de curiosidades, por ejemplo, podrían incluir listas de enlaces interesantes de internet, un corcho donde puedas colgar imágenes de cosas que te fascinan o una caja donde puedas guardar objetos que hayas hecho y encontrado.

Nueva habilidad
CREA TU BOLSA DE RETAZOS DE CURIOSIDADES

- A medida que transcurre tu vida cotidiana, proponte fijarte en cualquier cosa que te haga pensar: "¡Oh, vaya, qué genial!" u "¡Ojalá pudiera hacer eso!".
- Cuando te encuentres con algo así, busca o crea algo que te lo recuerde: una frase, una foto, una grabación, un enlace de internet. Estos son tus retazos de interés.
- Guarda todos tus retazos de interés en un solo lugar, ya sea físico o digital.

La primera y mejor razón para crear una bolsa de retazos es disfrutarlo. Cuando era pequeña, a veces revisaba la bolsa de retazos de mi madre solo para ver telas bonitas. Apreciar estos trozos coloridos era placentero en sí mismo, una señal de una actividad que forma parte del propósito de nuestra vida. Cuando tengas tu bolsa de retazos en marcha, dedica unos minutos cada día a echarle un vistazo por puro placer. Con el tiempo, usarás tus colecciones para empezar a crear una nueva vida, pero por ahora solo disfrútalas porque te hacen feliz y alegran la vista.

Mi bolsa de retazos de curiosidades existe sobre todo en el espacio digital, aunque sí tengo una reserva bastante grande de materiales de arte y una pequeña de equipo deportivo. Aquí tienes una lista de algunas cosas que conservo en la bolsa de curiosidades de mi computadora, solo para darte un ejemplo:

- Fotos de las personas increíbles de mi vida haciendo lo suyo: escribiendo, enseñando, prestando sus servicios al mundo.
- Videos de esquiadores extremos deslizándose por pendientes casi verticales.
- Una carpeta con las pinturas de Hokusai.
- Videos de personas haciendo rutinas de baile de Broadway, saltando en trampolines y llegando a aeropuertos disfrazadas de tiranosaurios.
- Muchas citas de la filosofía taoísta y zen, que artistas chinos y japoneses escribieron con encantadora caligrafía.
- Una biblioteca de Kindle y de audiolibros que contiene más volúmenes de los que podrían caber en mi casa. Están divididos en categorías, incluyendo, entre otras, biología, psicología, rastreo de animales, física, exploración de la naturaleza, antirracismo, antropología, neurociencia, espiritualidad, ecología y, por supuesto, asesinatos.
- Una aplicación que intenta con audacia enseñarme un nuevo idioma.
- Muchas imágenes de animales con aspecto ridículo, con leyendas que yo misma añadí. (Por ejemplo, una nutria robando un sándwich de helado, con la leyenda "Todos mis sueños se están haciendo realidad en este momento").

Mientras escribo esto, puedo sentir cómo me invade la alegría de perseguir ardillas solo con pensar en mi bolsa de curiosidades. Y no me parece extraño que me apasione por igual tanto estudiar filosofía asiática como pegar afirmaciones *new age* a fotos tontas de animales. En mi hemisferio derecho no hay clasificaciones ni juicios que se basen en la productividad financiera o el uso eficiente del tiempo. Solo hay curiosidad, conexión, asombro y deleite. Este disfrute es el objetivo principal de tener una bolsa de retazos de curiosidades.

Sin embargo, hay un objetivo secundario y espero ayudarte a alcanzarlo. Ese objetivo es comenzar a *construir tu vida* con cosas de tu bolsa de retazos de curiosidades, todas esas cosas increíbles que te atraen hacia su órbita. Al principio, puede que estas cosas parezcan no tener conexión con algo tan elevado como el propósito de tu vida. Pero a medida que juegues con tu curiosidad, tu hemisferio derecho comenzará a hacer conexiones que nunca habías imaginado posibles.

Por ejemplo, de niño, el cofundador de Apple, Steve Jobs, quedó fascinado por el diseño de cierto procesador de alimentos y, en otra ocasión, por la forma en que un ternero recién nacido podía levantarse, sin más, y caminar. Sin duda, estos intereses extraños no podrían servir al propósito de vida de una persona, ¿verdad? Incorrecto. El procesador de alimentos le dio a Jobs la forma básica de lo que ahora llamamos una computadora personal, y ver al ternero recién nacido lo llevó a comprometerse a fabricar máquinas que saldrían de la caja listas para usarse.

Una vez más, encontrar y cumplir tu propósito de vida no es algo que ocurra en un solo momento de revelación; es un proceso gradual de combinar cosas que iluminan a tu yo creador. Es un poco como hacer un edredón con los retazos de fascinación que has coleccionado. El "marco del edredón" en esta metáfora es el tiempo: un día, un año, toda tu vida. Llenarlo con un mosaico original de cosas fabulosas es la forma en que tu yo creador construye la vida que merece.

LOS PATRONES DEL EDREDÓN DE LA SOCIEDAD

Aunque nunca he hecho un edredón, pasé muchas horas de mi infancia jugando bajo rectángulos de tela, rodeada por las rodillas, pantorrillas y zapatos de mujeres mormonas mientras cosían. Sé que algunos edredones están planificados con meticulosidad para ajustarse a patrones que se establecieron hace siglos, patrones con nombres maravillosos como "Estrella Solitaria", "Escalera de Jacob", "Ventana de Catedral" y "Pata de Oso". Las mujeres compran las telas para estos edredones teniendo en cuenta el patrón, las disponen con cuidado, las ensamblan en "bloques" y luego las cosen, ajustándolas constantemente para mantener la geometría perfecta.

Así es como nos han enseñado a crear nuestras vidas. El proceso parece sencillo: basta con unir actividades que la sociedad considera importantes, prácticas y lucrativas. Podemos elegir entre varios patrones familiares: magnate de los negocios, que llena su tiempo cerrando tratos y fumando puros; *influencer* glamorosa, que pasa cada momento manteniéndose bella y recibiendo admiración; o madre perfecta, un patrón cosido con diez mil horas de preparación de comidas orgánicas, manteniendo una casa impecable y ofreciendo atención amorosa ininterrumpida a cada estado de ánimo de un niño.

Al crecer, la mayoría de nosotros asumimos que replicaremos los patrones que vemos a nuestro alrededor. O quizá nos volvemos un poco salvajes y decidimos combinar patrones; por ejemplo, crear un mosaico de emprendedora exitosa y madre perfecta. Todo suena como una idea maravillosa hasta que crecemos y empezamos a intentar que nuestras vidas encajen en los patrones de estas expectativas. Entonces nos encontramos con una serie de obstáculos.

A veces resulta que los patrones que hemos elegido son tan poco atractivos para nuestro yo creador que el mero hecho de reunir los materiales necesarios requiere un gran "empujón". Nos arrastramos durante años de estudios hacia profesiones que no nos interesan de forma inherente. Luego intentamos construir una vida con estos materiales, solo para descubrir que los edredones que hemos cosido se sienten rígidos, ásperos e insoportables. Esto es cierto incluso para las personas que consideramos exitosas. He tenido muchos clientes famosos cuyas vidas los arañaban como papel de lija, incluso cuando millones de personas los envidiaban y admiraban.

Construir nuestras vidas con telas que no nos gustan para que coincidan con patrones que no elegimos es un anatema para nuestros "yoes" creativos. No solo es insatisfactorio; es deprimente. Nos saca de la espiral de creatividad y nos mete en espirales de ansiedad. Lo que logramos armar es un edredón que se ve mal, se siente mal y no nos mantiene calientes.

Esto me quedó muy claro cuando intenté combinar los patrones de edredón que conforman "académica de Harvard" y "madre mormona". Cuanto más me esforzaba por hacer una vida siguiendo estos patrones, más se desmoronaba todo en mis manos. Me enfermé y me puse muy ansiosa haciendo "bloques de edredón" que no me atraían por sí solos, y cuando intenté unirlos, se repelían entre sí. Mi tiempo era un caos de tareas dispares: mantener la casa, trabajar, terminar el posgrado y cuidar a tres niños menores de cuatro años, todo cosido con el deshilachado hilo del agotamiento por falta de sueño.

En algún momento, me di cuenta de que estaba fracasando, todos los días, en hacer un solo bloque de edredón que estuviera a la altura de los estándares de la sociedad. No había manera de hacer que mi vida se viera como la sociedad me había enseñado que debía verse. Desesperada, decidí tirar todos los patrones y hacer algo que mis ancestros pioneros habrían llamado un "edredón loco". Solo que cuando me metí en el proceso, me di cuenta de que no me estaba volviendo loca; me estaba haciendo más feliz y equilibrada. Estaba haciendo un "edredón de la cordura". Funcionó mejor de lo que jamás hubiera soñado. Creo que a ti también te funcionará.

UN ENFOQUE DIFERENTE PARA HACER EDREDONES

Contrario al enfoque cuidadoso y preestablecido de coser edredones, algunas personas que han acumulado bolsas de retazos llenas de bonitos retales deciden crear patrones muy originales. No hay diseños en este método, ni patrones tradicionales, ni modelos predeterminados. Estas personas solo cosen lo que les place a sus ojos y manos, creando un diseño que nadie ha imaginado antes. Es una forma de coser muy propia del hemisferio derecho. Y, en consonancia con el rechazo del hemisferio izquierdo por los métodos del hemisferio derecho, la gente llama a las obras maestras resultantes "edredones locos".

El proceso de hacer un edredón loco comienza cuando las costureras eligen un trozo de tela que les encanta en particular, uno que quieren cerca del centro de su producto final. Luego encuentran otra pieza que parece combinar con la primera y las cosen juntas. Luego añaden otra pieza, y otra, trabajando alrededor del centro, construyendo hacia afuera en un círculo tosco, una espiral de creatividad tal cual. Hay mucha experimentación, cálculo visual y reorganización. Al final, tienen un mosaico lo suficientemente grande para el edredón que quieren hacer. Luego recortan y terminan los bordes.

Ver videos en los que las costureras enseñan este método llena de alegría mi corazón de Sapo Artista. Usan frases como "Solo mira lo que te agrada a la vista", "Deja que las formas fluyan", "Si algo no te gusta, no tengas miedo de deshacerlo", "Dedica mucho tiempo a reorganizar", "Lo irregular es bueno", "Corta donde necesites", "Siempre puedes cambiarlo" y "Sé muy indulgente con todo lo que hagas".

Estas son las palabras de personas que, al menos por el momento, han dejado la ansiedad atrás, han adoptado una actitud de amabilidad hacia sí mismas y se han involucrado plenamente en la fase de "conexiones" de la espiral de creatividad. Puede que sigan teniendo momentos de ansiedad, pero no mientras hacen estos edredones —y tutoriales en video—. Parecen disfrutar el proceso de la misma manera en que el perro de servicio de Frieda, Griffin, disfruta de una buena cacería de ardillas.

A tu hemisferio izquierdo le podría parecer desagradable. "Con razón lo llaman edredón loco", podría pensar tu yo amante del orden. "¡Qué locura tomar simplemente lo que te atrae y coserlo!".

O no.

Propongo que la mayoría de los patrones de vida que nuestra cultura favorece son los verdaderos "edredones locos", conglomerados de tareas poco atractivas que pueden destrozar nuestras mentes y nuestros corazones. Tomar tela que no nos gusta y coserla en patrones poco atractivos, llenando todo el marco de nuestro tiempo con materiales que se sienten incómodos y chocan entre sí, eso sí es una locura. Es una locura vivir con poco o ningún descanso, amor o comunión. Es una locura hacer cosas que no nos iluminan, día tras día, año tras año. Es una locura apartar la vista de nuestra curiosidad por interés y centrarnos solo en lo que otros nos dicen que es "óptimo". Es una locura servir a sistemas que explotan a los humanos, a otros seres y al planeta mismo.

Aquí tienes algunos retazos de edredón que sí son sensatos: conocer los deseos de nuestro corazón. Cuidar nuestros cuerpos de la misma mancra quc cuidaríamos a cualquier otra criatura invaluable. Pasar tiempo de relajación con nuestros seres queridos. Vernos como hijos de la naturaleza, no como sus dueños. Mantenernos fuera de las espirales de ansiedad que envenenan nuestra alegría y nos hacen justificar ataques, explotación y asesinatos. Explorar todo lo que nos hace decir: "¡Oh, vaya, eso es tan genial!"

Así que ahora que tienes tu bolsa de retazos de curiosidades, sigamos haciendo conexiones. Comencemos el proceso de convertir tu vida en un "edredón de la cordura".

UNA MUESTRA DEL EDREDÓN DE LA CORDURA

Para un ejemplo brillante de un edredón de la cordura completo, es decir, una vida con verdadera cordura, te remito una vez más al perro Griffin. Los "bloques" de edredón que componen los días, las semanas y los años de Griffin incluyen el trabajo que ama, la humana que adora, buena comida, mucho sueño, tiempo de juego diario y ¡ARDILLAS! ¡Muchas ardillas! ¡Quizá filas de pieles de ardilla cosidas, con las colas formando un fleco peludo alrededor de un edredón que se basa por completo en ardillas!

Por supuesto, no te recomiendo que uses pieles de animales para hacer tu propio edredón de la cordura. Solo quiero para ti lo que el perro Griffin tiene —y lo que parece querer para Frieda—: una vida donde la mayor parte de tu atención se dedique a detectar cosas que te fascinan, acercarte a ellas y unirlas en patrones de tu propia creación.

Si tu vida es muy estricta, el edredón de la cordura puede ser solo un rayo de luz en tu día, un momento en el que puedes quitarte la correa para corretear brevemente por el jardín. Con el tiempo, a medida que el "edredón" se convierta en una parte normal de tu rutina, puedes añadir otras piezas de tu bolsa de curiosidades, dedicando cada día un poco más de tiempo a coser actividades que amas en tu horario. Tu edredón de la cordura comenzará como una pieza central, pero puede terminar cubriendo toda tu vida con belleza y calidez.

Por ejemplo, Evelyn era una gerente de recursos humanos con un esposo devoto y dos hijas encantadoras. Su vida era perfecta, si no contabas su aplastante depresión y su ansiedad monstruosa. Durante nuestra primera sesión, miraba al vacío, manifestando poco interés en nada... excepto cuando mencionó llevar a sus hijas a un recital de danza. Por un momento, vi algo de luz en sus ojos, no cuando hablaba de sus hijas *per se*, sino cuando hablaba de la forma en que bailaban.

Le pedí a Evelyn que me contara más sobre el baile. Se sentó un poco más recta, diciéndome que de niña la danza la obsesionaba y practicaba sin parar los pasos sola en su habitación.

Había visto todas las actuaciones, películas y programas de televisión relacionados con la danza que pudo encontrar.

Le solicité a Evelyn que reuniera una bolsa de curiosidades de elementos relacionados con el baile: fotos, videos, música. La siguiente ocasión en la que hablamos, me confesó con una enorme sonrisa que había vuelto a bailar sola en su habitación. Lo llamó "una inútil pérdida de tiempo". Cuando le dije que pensaba que podría ser lo más importante que había hecho en mucho tiempo, se rio de mí, pero se animó aún más.

En resumen: después de unas semanas, Evelyn se inscribió a clases de jazz, lo que la hizo tan feliz que su esposo, intrigado, acabó aceptando acompañarla a una clase de baile de salón. Esto dio un nuevo aire a su matrimonio, y toda la familia comenzó a bailar mientras preparaban la cena u ordenaban la casa. Al año siguiente, Evelyn comenzó a enseñar danza a niños en el pequeño estudio donde sus hijas habían comenzado. Pero el hecho de que por fin ganara algo de dinero con su baile no es el punto. El punto es que su depresión y su ansiedad desaparecieron, y su familia, apasionada por la danza, se convirtió en una pequeña tribu de curiosidad, creatividad y autoexpresión compartidas.

CREA TU EDREDÓN DE LA CORDURA

Sin importar el tipo de edredón de la cordura que crees a partir de tus pasatiempos favoritos, no aprenderás tanto a fabricar una vida creativa como a *desaprender cómo evitar hacerlo*. Tu hemisferio derecho es un costurero de la cordura natural, casi automático. Libre de ansiedad, avivado por la curiosidad, en automático recolecta y conecta cosas en unidades improbables, así como acabo de combinar la metáfora de la persecución de ardillas y la metáfora del edredón en una metáfora mixta más grande y, espero, de impacto visual. Puede que la imagen de un edredón de piel de ardilla con flecos de colas peludas nunca antes entrara en tu mente. Pero ahora está ahí, y apuesto a que llegó para quedarse. De nada.

Aunque quizá no quieras confeccionar un edredón, unir tus pasiones auténticas en una vida salvaje y hermosa iluminará tu yo creativo. De hecho, creo que el proceso de crear un edredón de la cordura es la tarea fundamental que debemos llevar a cabo en esta tierra. Y si no estamos disfrutando el proceso de dar forma a nuestras vidas —o al menos sintiéndonos absortos en él—, no estamos haciendo edredones de la cordura. Así que aquí tienes algunas instrucciones concisas.

Nueva habilidad
TRABAJA EN TU EDREDÓN DE LA CORDURA

- **Elige algo de tu bolsa de retazos de curiosidades que atraiga tu atención de manera constante.** Esto *no* tiene por qué ser algo que te traiga elogios o dinero. Podría ser una foto, una planta, una pieza musical, un tutorial de cocina en línea. Los únicos criterios son que sea genial y que quieras concentrarte en ello.
- **Reserva entre diez y veinte minutos de tu día para aprender más sobre este elemento.** Puedes limitarte a leer sobre lo que te interesa o puedes empezar a crear algo inspirado en ello. Sea como sea, hazlo por diversión. Siempre puedes "recortarlo" si no armoniza con el resto de tu vida.

- **Aprende a pensar en esto como el *centro* de tu día.** Aunque tu actividad parezca extraña, y aunque no encaje en tu vida tal como la conoces, esto no es un "extra". Esta es la pieza central de la vida que estás empezando a crear. No es menos importante que las actividades "normales". En todo caso, es más importante.
- **Incluye este elemento en tu horario todos los días durante al menos una semana. Luego considera qué otro elemento de tu bolsa de curiosidades podría combinar bien con él.** Escribir libros es la pieza central de un edredón que comencé alrededor de los veinticinco años. Casi no tenía tiempo para escribir, solo entre diez y treinta minutos al día, pero me sentía muy "atraída" a hacerlo. Luego conocí a un par de aspirantes a escritores y formé un grupo de escritura que se reunía todos los meses. Después comencé a leer unas pocas páginas de libros sobre "cómo publicar" varias veces a la semana. Y aquí estamos.
- **Poco a poco, cose más retazos interesantes en un edredón cada vez más grande.** Todavía estoy cosiendo mi edredón de la cordura en torno a la escritura. Lo estoy haciendo en este mismo momento, buscando ideas que me ayuden o me interesen en mi bolsa de curiosidades, modificando y dando forma a cada frase a medida que avanzo. Es muy difícil. Es una maravilla. No tengo idea de qué hora es.

  He entrenado a otras personas mientras construían sus propios edredones de la cordura alrededor de todo tipo de actividades: criar gallinas, preparar salsas para espaguetis, fotografiar insectos, tallar jabones, archivar cupones, practicar radiestesia, silbar y apilar rocas en mojones interesantes, por nombrar algunas. Tus intereses pueden parecer bastante normales o superextraños para las personas que te rodean. Lo que importa es que estimulen *tu* curiosidad y te hagan querer seguir jugando con ellos.
- **No tengas miedo de deshacer las piezas que no funcionan, cortar las que te parezcan demasiado grandes y reorganizar,**

reorganizar, reorganizar. Como parte de mi vida que surgió de la escritura (el *coaching*), les enseño a otros *coaches* de vida a pensar como costureros, cosiendo trozos de pasión en el trabajo de sus vidas y ayudando a otros a hacer lo mismo. Es irónico que muchos aspirantes a *coaches* intenten hacer que esto encaje en un molde de "trabajo" cultural. Hablan de establecer contactos, conseguir tarjetas de presentación, ir a convenciones, etcétera. Si cosas "normales" a nivel social como estas son intereses a nivel ardilla para ti, úsalas. Pero si no, encuentra alguna cosa extraña que ames y mira cómo puedes encajarla en tu vida.

- **Deja que parezca extraño.** Recuerda, si sigues tu yo creativo en lugar de las normas sociales, terminarás pareciendo extraño y sintiéndote bien. Concéntrate en el lado de "sentirte bien". Si te preocupa parecer extraño, vuelve y calma a tu criatura ansiosa. De hecho...
- **Calma a tu criatura ansiosa tantas veces como sea necesario.** Todo este proceso es contracultural y es muy probable que recibas advertencias severas y críticas de tu propio hemisferio izquierdo y de las personas que te rodean. Necesitarás calmar tu ansiedad y ordenar tus prioridades muchas veces. Es esta repetición (caer en espirales de ansiedad, calmar a nuestras criaturas internas, moverse hacia la curiosidad y la conexión) lo que construye la resiliencia creativa. La repetición te hará pensar cada vez menos si tienes miedo o no.

LA RIQUEZA DE LOS COSTUREROS

He visto a cientos de costureros metafóricos de la cordura encontrar una enorme satisfacción y plenitud al coser sus vidas a partir de cosas que amaban. Algunas de esas personas terminaron ganándose la vida en el proceso y unas pocas tuvieron éxito más allá de lo que jamás soñaron. Por ejemplo:

- Cuando era una joven adulta y amante de los animales, Zoe terminó en una carrera entrenando a perros para ayudar a veteranos con estrés postraumático. Era tan buena en ello que el ejército la reclutó para usar sus métodos de manera profesional antes de que terminara la escuela.
- A Claire siempre le ha apasionado el aprendizaje y la enseñanza. A sus treinta y tantos, fundó una ONG para ayudar a construir centros de aprendizaje en las zonas rurales de Sudáfrica, donde cualquier persona, sin importar su edad, pudiera aprender a leer, escribir, contar y adquirir habilidades laborales. La primera reunión consistió en tres personas sentadas en cajas de madera. Hoy día, la organización ayuda a miles de niños y adultos, muchos de los cuales han pasado de resultados pésimos a brillantes en pruebas estándar. Claire viaja por el mundo y se codea con donantes cuando no está animando a maestros y alumnos.
- Xander es un videojugador profesional, tan brillante en la creación de mundos ficticios y en la retención de información en su cabeza que grupos de jugadores le pagan para que dirija sus juegos de mesa en línea.
- Georgia decidió educar a sus hijos en casa y le gustó tanto que creó una empresa para enseñar a otros padres a educar a sus hijos en casa.
- Nonnelg comenzó a escribir un blog sobre cómo encontró su camino a través del matrimonio, la crianza de

> los hijos y la recuperación de la adicción. Con el tiempo, fue añadiendo cosas a este mosaico básico de edredón: escribió libros que se convirtieron en superventas, preside una fundación filantrópica que ha recaudado más de 45 millones de dólares para mujeres y niños en crisis, se casó con una campeona mundial de futbol y lanzó un pódcast que se convirtió en el número uno de la lista "Lo mejor de 2021" de Apple Podcasts.

Bueno, *Nonnelg* es *Glennon* al revés. Me refiero a Glennon Doyle, y si ese nombre no te resulta familiar, espera una hora. He revelado su identidad aquí porque estoy bastante segura de que no le importará que la identifiquen como alguien que persigue a sus ardillas más interesantes y que cose su vida desde el centro hacia afuera.

No estoy diciendo que tengas que convertirte en un bloguero famoso para vivir tus sueños. La mayoría de las personas que acabo de mencionar no son ricas. Todas ellas han vivido muchos momentos en los que la situación las abrumó y aterrorizó, y todas han enfrentado críticas de seres queridos y observadores ocasionales que les dijeron que deberían sentar cabeza y centrarse en trabajos ordinarios.

La diferencia entre estas personas y las que nunca llegan a coser un edredón de la cordura completo es que insistieron en confiar en su alegría por encima de las normas de la cultura WEIRD. Encontraron tan poca alegría en vidas no creativas que se estaban agotando, como perros de servicio que nunca llegan a perseguir una sola ardilla. Sus actividades creativas les sirvieron de la misma manera que la danza le sirvió a Evelyn: cuanto más se centraban en sus intereses reales, más sentían que su curiosidad regresaba. Esto las llevó a explorar conexiones y a buscar nuevas formas de crear cosas, servicios, eventos, aventuras. Lo que creaban estaba tan lleno de energía creativa y alegre que otras personas se fijaron. Esto dio lugar a amistades, viajes, ideas de negocio y la formación de comunidades enteras que compartían sus pasiones.

Irónicamente, el dinero suele ser un efecto secundario de liberar la obsesión del hemisferio izquierdo con la adquisición de riqueza y, en cambio, centrarse en un compromiso intenso con nuestros impulsos creativos más profundos. Si mis clientes y amigos se hubieran propuesto ganar dinero a través de sus pasiones creativas, podrían haber caído en la mentalidad de "acumular más cosas" que alimenta las espirales de ansiedad. Podrían haber matado la alegría que sentían. En cambio, todas estas personas comenzaron a coser edredones de la cordura como una especie de medicina, que al inicio probaron en pequeñas dosis y luego aumentaron poco a poco. Con el tiempo, ganaron dinero con sus pasiones justo porque lo hicieron todo por pasión, no por dinero.

En cualquier caso, la mayoría de las personas que cosen edredones de la cordura no terminan sentadas sobre enormes montones de oro. Pero tienen otro tipo de riqueza: la alegría de perseguir ardillas y el permiso para dedicar su tiempo a hacer cosas que nutren sus corazones y sus almas. El hemisferio izquierdo no ve esto como razón suficiente para salirse del camino común, siguiendo cualquier ardilla que anhelemos perseguir. Pero el hemisferio derecho, es decir, todo el cerebro trabajando en equilibrio, sí lo hace. El rey Midas, pese a todas sus riquezas, murió solo y hambriento. Un costurero de la cordura puede sentir que alguien lo abraza.

Cuando ves a personas que han pasado años cosiendo sus edredones de la cordura, personas que incluso pueden haberse vuelto ricas y famosas en el proceso, podrías pensar que han seguido alguna fórmula para el éxito, algo que necesitas emular. Pero no comenzaron con grandes logros. Comenzaron haciendo algo, por lo general solos, que mantuvo su curiosidad. No puedes obtener los resultados que deseas replicando los *patrones* particulares de sus vidas, solo el *método* particular que usaron para hacer sus "edredones".

Este método requiere autenticidad absoluta. Comienza con la identificación de tus ardillas, las cosas que te fascinan. Se acelera cuando las reúnes en una bolsa de retazos de curiosidades. Comienza a dar forma a tu vida cuando las colocas en el centro de tu atención diaria. Y crece a medida que conectas, conectas y conectas estas cosas, cometiendo muchos errores, calculando a ojo y reorganizando, cortando y volviendo a unir cosas.

Después de algunos años, alcanzarás altos niveles de excelencia en cualquier interés extraño y poco ortodoxo que añadas a tu vida. Y harás esto no por poder, riqueza o estatus, sino por la alegría de explorar los límites exteriores de tus capacidades inventivas. Tu yo creativo ama los desafíos: un reto original, incluso visionario, del tipo que es superdifícil y a la vez muy satisfactorio. Así que envuélvete en tu edredón de piel de ardilla y ven conmigo. En el próximo capítulo, profundizaremos en la siguiente etapa de la espiral de creatividad: la maestría.

8
MAESTRÍA: LIBERANDO AL MAGO

En el verano de 1949, un bombero veterano llamado Wag Dodge salió con un equipo de 14 paracaidistas antiincendios para combatir uno de los peores incendios forestales en la historia de Montana. Mientras descendían por una grieta llamada Mann Gulch, una ráfaga de viento hizo que el incendio se acelerara de forma brusca. Dodge levantó la vista y vio las llamas demasiado cerca, avanzando hacia los bomberos a doscientos metros por minuto. Gritó a sus hombres, quienes soltaron su equipo y comenzaron a correr. Pero no fueron lo bastante rápidos.

En un horrible instante, Dodge se dio cuenta de que nadie podía escapar de ese fuego. Entonces, hizo algo para lo que nunca lo habían entrenado, algo para lo que no habían entrenado a nadie. Dodge dejó de correr, encendió un fósforo y prendió fuego a la hierba formando un círculo a su alrededor. Gritó a sus hombres, diciéndoles que se reunieran con él, pero en la confusión, ellos siguieron corriendo. Dodge se dejó caer dentro del círculo humeante de hierba quemada, se cubrió con una manta y esperó a que el fuego pasara por encima de él. Las llamas rugieron a su alrededor, pero el círculo quemado no les dio combustible, actuando como una barrera cortafuegos alrededor del cuerpo de Dodge. Trece bomberos murieron. Dodge sobrevivió, prácticamente ileso.

Lo que le sucedió a Wag Dodge en aquel horrible día muestra un cierto aspecto de la creatividad, uno que nos puede servir no solo cuando nos proponemos hacer algo original, sino incluso en las circunstancias más difíciles. Este aspecto de nuestro pensamiento creativo moviliza la capacidad de nuestro hemisferio derecho para asociar todo lo que hemos aprendido con lo que nos está sucediendo en el presente y generar nuevas ideas.

A esto lo llamo "liberar al mago". No porque crea en un tipo de magia de cuento de hadas, sino porque, como dice Iain McGilchrist, el hemisferio izquierdo le llama magia a todo lo que no comprende.

Si decides construir una vida que se base en la creatividad en lugar de en la ansiedad, podrías concentrarte tanto en convertir tu vida en un "edredón de cordura" —es decir, llenar tu tiempo con las cosas que amas— que termines por superar todos los límites conocidos. La espiral de creatividad te habrá llevado tan lejos como la mayoría de la gente llega, pero querrás ir aún más allá. En las sagas heroicas clásicas de muchas culturas, este es el momento en que llegan ayudantes mágicos. En tu cerebro, es cuando despiertas el genio más profundo de tu hemisferio derecho.

Si lo permites, tu cerebro puede hacer cosas como las que hizo Wag Dodge durante el incendio de Mann Gulch. Operando fuera de su pensamiento consciente, el hemisferio derecho de Dodge evaluó la situación, combinó recuerdos de experiencias previas, ideó una solución y la lanzó a la conciencia de Dodge como un destello de inspiración. Sabía que, cuando se quema, un área no ofrece combustible para un incendio que avanza, por lo que el fuego la salta. Cuando el cerebro de Dodge percibió la velocidad y dirección del fuego, dándose cuenta de que no podía escapar del desastre, sacó a relucir toda la experiencia que había almacenado trabajando con cortafuegos. Dodge supo, con una claridad súbita y perfecta, que tenía el tiempo justo para crear una zona segura de emergencia donde pudiera sobrevivir.

De nuevo, esto no es algo que Dodge hiciera a propósito; sucedió más rápido de lo que su mente cognitiva podía pensar. Su cerebro lo hizo por él a través de una súbita revelación que los psicólogos llaman el *efecto eureka*. La palabra griega *eureka* significa "¡lo encontré!" y es supuestamente lo que gritó el antiguo matemático Arquímedes cuando se tomó un descanso de intentar resolver un problema lógico y de repente vio la solución mientras se metía en la bañera. En otras palabras, este fenómeno ha estado ocurriendo en las mentes de los pensadores creativos durante miles de años. Y puede pasarte a ti, de forma habitual, si sabes cómo invitarlo.

Cuando hayas aprendido a calmar a tu criatura ansiosa, acceder a tu curiosidad y conectarte con más de tus intereses creativos, tejiendo una vida de "edredón de cordura", comenzarás a vivir en un estado de ánimo diferente, una actitud constante de exploración e invención que difiere de la habitual energía tensa de nuestra cultura impulsada por la ansiedad. Cuando mis clientes comienzan a profundizar en sus pasiones, estableciendo conexiones originales, a veces sorprendentes, experimentan una mayor libertad frente a la ansiedad, al tiempo que generan ideas y planes de vida que nunca antes habían imaginado.

Estar perdido en la ansiedad psicológica, en una cultura que el pensamiento del hemisferio izquierdo domina, puede no parecer tan urgente como un incendio forestal, pero creo que lo es. En lo individual, cada uno de nosotros se enfrenta al problema crucial de encontrarle sentido y alegría a la vida. En lo colectivo, nos enfrentamos a problemas que se nos presentan de la misma manera en que el fuego avanzaba hacia Wag Dodge y su equipo: cambios drásticos en casi todas las industrias, agitación política y polarización, devastación intensiva de los ecosistemas que nos mantienen vivos. Por fortuna, todos tenemos el equipo interno necesario para resolver problemas de la misma forma asombrosa y sin precedentes en que lo hizo Dodge en el incendio de Mann Gulch. Pero debido al énfasis de nuestro mundo en el pensamiento que la ansiedad impulsa, del cerebro izquierdo, muchos hemos olvidado cómo usarlo.

EL MAGO EN TU MENTE

Cuando te digo que hay un genio escondido en tu cabeza, no estoy hablando por hablar: tengo datos que lo respaldan. Por ejemplo, en la década de 1960, funcionarios de la NASA encargaron un estudio para identificar a los "genios creativos", personas que esperaban reclutar para diversas actividades relacionadas con el espacio.

Al igual que el desafío de la torre de espaguetis, las pruebas de genialidad de la NASA resultaron ser pan comido... para niños de tres a cinco años. Un impresionante 98 por ciento de los mil seiscientos individuos evaluados en este grupo de edad obtuvo una puntuación de genios creativos. Pero cinco años después, esa cifra se había reducido al 32 por ciento en el mismo grupo de niños. Cinco años más tarde, solo era el 10 por ciento. Y, como señalaron los investigadores George Land y Beth Jarman, cuando ellos administraron las mismas pruebas a doscientos mil adultos, un mísero 2 por ciento entró en la categoría de genios creativos. Los investigadores culparon al sistema educativo y al entorno social, que nos enseñan a *no* ser los genios que la naturaleza quiso que fuéramos.

Es probable que seas como la mayoría de las personas del estudio de la NASA: empezaste tu vida como un genio creativo normal y te convertiste en una persona inconsciente de tu propia brillantez. Hace mucho tiempo me di cuenta de que, cuando empiezo a hablar de usar la creatividad para dar forma a nuestras vidas, mis clientes ansiosos suelen entrar en pánico. "¡Oh, no, yo no!", dicen. "¡No soy creativo! ¡No tengo ni un ápice de creatividad!". A veces incluso dicen: "Soy estúpido; nunca podría hacer algo así". Me parte el corazón escuchar con qué sinceridad, locura y profundidad creen esto.

La buena noticia es que tu genio creativo no puede destruirse, solo enviarse al exilio. El Ser esencial que identificaste en el capítulo 4 tiene acceso a todos esos fragmentos de genio abandonados. Cada idea y ejercicio de este libro están destinados a ayudarte a reconectar con ellos. Ahora hemos llegado al punto en el que puedes aprender a activar tu hemisferio derecho, liberarte de limitaciones arraigadas y empezar a hacer una cantidad normal de magia deslumbrante.

CÓMO DESPERTAR TU GENIO

En primer lugar, permíteme señalar que si quieres vivir bien sin creatividad, de la forma en que la vida nos ha enseñado a vivir a la mayoría de nosotros, necesitarás un montón de golpes de suerte. Para empezar, te recomiendo que nazcas en una familia adinerada. Asegúrate de ser un hombre cisgénero, blanco y heterosexual, sin neurodivergencias, sin trauma emocional y con el cuerpo musculoso y sin grasa de un modelo de ropa interior. Recuerda contar con personas poderosas que te proporcionen mucho dinero, que muevan los hilos para allanarte el camino en el sistema educativo y que te preparen una carrera lucrativa.

¡Ahí está! ¿Verdad que funciona bien?

Estamos tan acostumbrados a aceptar este modelo de "éxito" que la mayoría de mis clientes, al no haber nacido en cuna de oro, solo pueden imaginar construir las vidas que desean ganando la lotería. Otros sueltan clichés como "Quizá un pariente rico que no conozco me deje una fortuna" o "Una celebridad se hará amiga mía y entonces todo será maravilloso". Bromean. Más o menos. Pero las bromas no son tan graciosas y el hecho es que a estas personas no les enseñaron otras ideas para forjar una vida feliz. Sus genios creativos están exiliados. Viven con la gran ansiedad de depender de factores fuera de su control para obtener lo que desean.

Si no eres uno de los pocos privilegiados, la vida puede sentirse agotadora, injusta y dura. Pero también tienes la motivación para abordar el éxito de una manera que no dependa de una pirámide social de poder; en cambio, invoca tu genio creativo. Para lograrlo, necesitas cuatro cosas: *1)* circunstancias que te exijan lidiar con problemas difíciles, *2)* una curiosidad basada en el interés que te impulse a recopilar conocimiento y experiencia, *3)* una pizca de coraje y *4)* un aparente callejón sin salida.

Estas son las condiciones que desencadenan el efecto eureka. Podemos verlas todas en la respuesta de Wag Dodge al incendio de Mann Gulch. Dodge tenía mucho interés en el fuego: había pasado años combatiéndolo, estudiándolo, hablando y pensando en ello. Tuvo el coraje de entrar en una situación donde se pondría a prueba su conocimiento y su experiencia. Entonces, cuando el fuego se intensificó, Dodge se encontró en un aparente callejón sin salida. No podía huir a pie porque el fuego se acercaba con demasiada rapidez. Y no podía escapar en lo psicológico porque era el jefe del equipo; no había nadie más a quien recurrir o de quien depender. La responsabilidad recaía en él.

Es una ironía que muchos de nosotros necesitamos este tipo de situación extrema para dejar salir a nuestros genios creativos de sus jaulas. En el momento antes de encontrar la solución, Dodge experimentó un miedo puro (no ansiedad, sino la poderosa llamada a la acción que surge en situaciones peligrosas). En esos instantes, nuestras mentes verbales pueden silenciarse y aclararse. En el espacio que se abre cuando el pensamiento verbal se apaga, el hemisferio derecho puede entregar una idea. Esto no siempre sucede, pero cuando ocurre, puede cambiar la forma en que abordamos un problema para siempre.

Los hombres de Dodge, quizá sin darse cuenta de la velocidad a la que se movía el fuego, no podían entender lo que él estaba haciendo o lo que les pedía que hicieran. Pero enfrentado a una situación imposible, el hemisferio derecho del cerebro de Dodge combinó todo lo que sabía con todo lo que podía observar y proyectó una solución en su conciencia. *¡Shazam!*

EL PODER DE LOS CALLEJONES SIN SALIDA

Abordar los problemas de esta manera es lo opuesto a una forma de vida basada en la ansiedad. De hecho, cuando entendí que las dificultades y los callejones sin salida son componentes necesarios que nuestros cerebros usan para dar grandes saltos creativos, dejé de sentir tanta ansiedad por todos mis problemas. Incluso me sentí menos ansiosa por el problema de la ansiedad en sí misma. Vi que es solo en los límites externos de nuestro conocimiento y recursos donde necesitamos pura inventiva, en lugar de alguna otra forma de inteligencia, como el debido proceso, la racionalidad o incluso la sensibilidad emocional. Para activar nuestros magos internos, debemos estar muy motivados y atorados por completo.

Por esto la creatividad suele surgir de personas, o de poblaciones enteras, atascadas en situaciones difíciles. Tengo un amigo al que llamaré Joe, que trabaja como solucionador de problemas para corporaciones. Joe tiene que ser ingenioso porque su parálisis cerebral lo obliga a "pensar de forma lateral" tan solo para desenvolverse en un día normal. Cuando los médicos le dijeron que podían implantarle un dispositivo en su cerebro para disminuir los efectos de la parálisis cerebral, él se negó. Me dijo que tener que lidiar con su cuerpo con capacidades diferentes todo el día, todos los días, era lo que mantenía su genio despierto.

Es por eso por lo que la creatividad puede surgir en personas —a veces poblaciones enteras— que han vivido en circunstancias terribles. No estoy sugiriendo que estas personas tuvieran suerte de ser tan desafortunadas. Pero es sorprendente contemplar, por ejemplo, cómo los antiguos chinos, que vivían en una enorme llanura aluvial y sufrieron inundaciones devastadoras durante siglos, inventaron un sistema de irrigación tan sofisticado que los convirtió en una potencia mundial, y todavía lo usan hoy día. O la forma en que los residentes del centro de Turquía, azotados por la guerra, descubrieron cómo albergar a veinte mil personas en una enorme ciudad subterránea de 18 niveles. (El sistema de conductos de ventilación era una genialidad).

A veces, los tipos de creatividad más artísticos surgen para ayudar a las personas en las peores circunstancias. Resmaa Menakem, un terapeuta somático, recordó cómo su abuela, con las manos cicatrizadas de recoger algodón, tarareaba todo el día: no solo un suave canturreo, sino un zumbido poderoso que le hacía vibrar todo el cuerpo. Menakem dijo: "No creo que mi gente hubiera sobrevivido doscientos cincuenta años de violación legal (violación por placer, violación por lucro, violación para vender a mis ancestros y a sus hijos) si no hubiera sido por el tarareo, el balanceo, el vaivén y las miradas vibrantes a través de la tierra. Eso es una forma de arte".

El arte y la resolución de problemas están vinculados de esta manera: para abordar los asuntos prácticos más básicos, la mente humana puede alcanzar altos niveles de invención creativa. Cuanto más difícil sea el problema, más ingenio puede invocar el cerebro derecho para elaborar una solución. En mi propia vida y en la vida de mis clientes, he notado que los saltos cognitivos a menudo ocurren en momentos de máxima dificultad:

- Mi amiga Eva, masajista, perdió su trabajo al inicio de la pandemia de covid-19. En poco tiempo, aprendió a coser y comenzó a confeccionar y vender mascarillas muy originales para mantenerse a sí misma y a su pequeña hija.
- Cuando mi cliente Shane perdió todo su dinero a manos de un carterista durante un viaje a Europa, se sentó en la calle con su fiel guitarra y ganó suficiente dinero para comer y alquilar una pequeña habitación.
- Cuando mi prima Lydia era una joven madre trabajadora, una mañana de invierno se despertó y encontró la puerta de su auto congelada. Metió periódico en la rendija entre la puerta y el marco del auto, le prendió fuego y llegó a tiempo al trabajo.

El punto es que cuando nos proponemos construir vidas individuales basadas en la creatividad en lugar de la ansiedad, *los problemas que enfrentamos ayudan a estimular el proceso creativo*. Esa es una noticia maravillosa, porque aunque podemos quedarnos sin muchos recursos, nuestro suministro de problemas nunca se agota. Si tu vida está libre de problemas, dirige tu atención creativa a todos los problemas colectivos: la guerra, la injusticia y la amenaza de colapso ecológico global. Elige un problema y despierta a tu mago interior. Lo necesitamos.

CORTEJAR EL EFECTO EUREKA

En la escuela, te enseñaron con esmero a reprimir tu genio creativo abordando cada asignatura de manera lógica y lineal. Ya sea que hicieras matemáticas o escribieras un ensayo, tenías que seguir procedimientos consistentes, y estos tenían que ser los mismos usados por todos los demás. Así es como el hemisferio izquierdo prefiere abordar cualquier problema: describe la situación usando lenguaje y números, consulta a expertos que te dirán cómo resolver este asunto y sigue con precisión el protocolo establecido. Ya sea que el trabajo consista en mezclar productos químicos, gestionar trabajadores o criar hijos, así es como el hemisferio izquierdo prefiere avanzar. De hecho, cree que no hay alternativa. Se *sorprendería* al escuchar que has encontrado otra forma.

Aquí la tienes.

Este enfoque para la resolución creativa de problemas no aplica conceptos ni protocolos conocidos. En cambio, crea las condiciones que tienen más probabilidades de despertar al mago dormido en tu hemisferio derecho. Este mago luego resolverá problemas *para* ti de maneras que harán que tu hemisferio izquierdo se quede boquiabierto. Desglosaré el proceso aquí, después pasaré el resto de este capítulo ayudándote a implementarlo. Ya has leído sobre los pasos iniciales:

1. Cálmate
2. Da un paseo
3. Enciéndete
4. Practica a fondo
5. Atáscate
6. Confía

Veamos cómo puedes seguir todos estos pasos mientras construyes un más hermoso, práctico y mágico “edredón de cordura de la vida”.

Paso uno: cálmate

La primera parte de este libro tiene como objetivo ayudarte a pasar de la ansiedad a una calma razonable. Lo vuelvo a mencionar ahora, recalcando una vez más lo que he estado repitiendo hasta la saciedad, porque *la repetición es la forma de reprogramar tu cerebro para que se calme y se mantenga así.* Calmar a tu criatura ansiosa es como lavarse las manos: no lleva mucho tiempo cuando sabes cómo, debe repetirse muchas veces al día y es crucial si quieres evitar infectarte con la epidemia de ansiedad que azota nuestra sociedad. Cuando nuestros cerebros se enredan en historias llenas de miedo y esfuerzos de control de la espiral de ansiedad, escondemos a nuestros genios creativos. Cuando calmamos cada aspecto de nosotros mismos, todas nuestras criaturas ansiosas, mantenemos la lógica del hemisferio izquierdo, pero la combinamos con la intuición del hemisferio derecho.

Cuando la vida se ponga difícil, elige tus ejercicios de relajación favoritos y úsalos. Así como la fortuna favorece la mente preparada, la magia creativa beneficia el cerebro tranquilo.

Paso dos: da un paseo

Deambular y asombrarse son dos cosas que hacías cuando eras un niño genio creativo y que rara vez hacemos como adultos. Este es el modo de coleccionar las curiosidades que vimos en el capítulo 7. Aquí quiero enfatizar el poder de deambular para estimular tu genio interior. Si tienes la movilidad, nada supera el movimiento físico a través de nuevos entornos como forma de activar tu imaginación creativa.

Si te encanta ir a lugares nuevos, donde no hablas el idioma ni conoces las costumbres, viajar puede despertar una verdadera fascinación, como la de un niño en una dulcería, atrayendo tu atención hacia cosas que la gente local no nota. Si no puedes viajar al extranjero, intenta deambular cada día durante al menos diez o veinte minutos. Elige un lugar de fácil acceso (una calle de tu ciudad cerca de tu casa, un museo, una librería, un mercado) y recórrelo sin otro objetivo que observar lo que observes. Permítete ser atraído por lo que capte tu atención. Investígalo. Escucha, asómate, olfatea y toca, si te lo permiten.

Si no puedes caminar ni conducir, aún puedes deambular. Durante los años que pasé con muletas, cuando la vida me forzó a ir más despacio, noté cosas que nunca había visto cuando pasaba junto a ellas con mis dos piernas sanas. También descubrí cuánto querían ayudarme los extraños. (Eso, en sí mismo, fue una increíble exploración). Y como último recurso, deambular por internet —siempre y cuando vayas a lugares desconocidos y aprendas cosas nuevas— es una forma en que el cerebro puede divagar mientras el cuerpo permanece quieto.

De cualquier forma que puedas gestionarlo, deambular lleva a asombrarse y merece un lugar en tu agenda. Nunca pienses que complacer a tu niño interior por un juego despreocupado es una pérdida de tiempo. De hecho, es una de las mejores maneras de resolver tus problemas más urgentes.

Paso tres: deja que tu mente se encienda

En su libro *El código del talento*, Daniel Coyle utiliza la palabra *ignición* para referirse al momento en que presenciamos algo que captura de forma *intensa* nuestra curiosidad y nos empuja a una exploración profunda.

La ignición fue lo que le ocurrió a Josh Waitzkin —el campeón de ajedrez de la vida real que aparece en la película *En busca de Bobby Fischer*— cuando tenía seis años y vio a jugadores de ajedrez callejeros en un parque. A los dieciséis años, Waitzkin ya era un gran maestro de ajedrez internacional. Pero la historia no terminó ahí. De joven, tuvo otra respuesta de ignición a un arte marcial chino llamado *tuishou* (manos que empujan), un deporte popular en Taiwán. Después de años de entrenamiento, Waitzkin reinó como campeón de peso medio en los Campeonatos Nacionales de Tai Chi Chuan durante cinco años consecutivos. El genio puede llevarte en todo tipo de direcciones inesperadas.

Cuando varias personas se "encienden" al mismo tiempo, una ola de genialidad puede surgir dentro de una población. A menudo, esta ola se hace visible unos años más tarde, después de que los espectadores "encendidos" han tenido tiempo de practicar las habilidades que han visto. Coyle menciona a las muchas jugadoras de tenis rusas de primer nivel que aparecieron en escena varios años después del partido de semifinales de Anna Kournikova en Wimbledon. Un grupo similar de brillantes golfistas femeninas surgió de Corea después de que Pak Se-ri, de veinte años, ganara el Campeonato LPGA de McDonald's.

Si quieres *ver* cómo surgen cohortes de genios a raíz de eventos de ignición, haz un maratón de competiciones televisadas que requieran fuerza o habilidad. Prueba *American Ninja Warrior*, donde personas de todas las formas, tamaños y géneros intentan superar carreras de obstáculos difíciles. O mira *So You Think You Can Dance*, donde los participantes aprenden y realizan una cantidad asombrosa de rutinas complicadas en muy poco tiempo. Si prefieres cocinar, opta por *The Great British Bake Off*, donde hombres grandotes lloran de vergüenza porque las bases de sus tartas les quedaron húmedas (de nuevo, por favor, búscalo en Google).

Más o menos cinco años después del debut de cada uno de estos programas, la calidad de los participantes se disparó. *American Ninja Warrior* una vez contrató a participantes "improvisados" con disfraces extravagantes que, como era de esperar, caían de cabeza apenas comenzaban. Pero unos años después, el programa tuvo que aumentar la dificultad de sus obstáculos, ya que los espectadores que habían visto las primeras temporadas comenzaron a mostrar la agilidad de ardillas enloquecidas por la cafeína. Los bailarines de temporadas posteriores de *So You Think You Can Dance* hicieron que la primera hornada de genios pareciera necesitar andadores. Y donde un buen pastel una vez pudo valerle a su creador el título de "Panadero Estrella" en *The Great British Bake Off*, ganar ese honor en temporadas posteriores requirió hazañas como construir un motor de combustión que funcionara con hojaldre.

En todos estos casos, un cierto número de espectadores se encendieron por lo que vieron en la pantalla; luego se pusieron a escalar, a bailar y a hornear como si sus vidas (de "edredón de cordura") dependieran de ello. Estas personas ardían de entusiasmo. Tenían algo que los psicólogos llaman "la pasión por dominar", un impulso casi obsesivo por aprender ciertas habilidades. Con pocos años de práctica, estaban rindiendo a niveles inconcebibles para quienes los precedieron. También se volvieron creativos, inventando nuevos movimientos, nuevos obstáculos y nuevas recetas.

¡Y practicaron! ¡Vaya que practicaron!

Paso cuatro: practica a fondo

Mi maestro de artes marciales solía decir: "La práctica no hace la perfección. La práctica hace la permanencia". Por esta razón, hacía que sus alumnos realizaran cada nuevo movimiento *muy lento, pero perfecto* mil veces. Luego pasábamos a las siguientes mil repeticiones, durante las cuales se suponía que debíamos aumentar la velocidad. Al final, hacíamos el movimiento mil veces usando la forma perfecta con la mayor velocidad y fuerza que podíamos manejar.

Coyle utiliza el término "práctica profunda" para describir esta minuciosa e implacable búsqueda de la maestría; otros investigadores han usado "práctica dedicada" para referirse a lo mismo. La evidencia muestra que practicar de esta manera —esforzándose mucho por un objetivo elevado, en lugar de repetir ejercicios de rutina— hace que el cerebro avance hacia la maestría a velocidades supersónicas. Solo seis minutos de práctica profunda añaden tanta facilidad como un mes de práctica ordinaria.

K. Anders Ericsson, el psicólogo que propuso la idea de que se necesitan diez mil horas de trabajo para convertirse en un maestro en cualquier habilidad, descubrió que este tipo de práctica funciona mejor cuando se realiza como una "práctica lúdica". Ericsson encontró que aprendemos mejor no cuando solo hacemos ejercicios, sino cuando intentamos tocar un instrumento, practicar un deporte, jugar al ajedrez o hacer lo que sea como si fuera precisamente un juego (este proceso puede ocurrir en cualquier actividad que requiera desarrollo de habilidades). Esto significa que, incluso si el proceso es difícil, también es divertido.

Divertirse mientras se satisface ese impulso feroz de dominar requiere un equilibrio delicado: esforzarse por la perfección, pero siendo muy amables con nosotros mismos (complaciéndonos con un poco de DIA) si no lo alcanzamos. Según un estudio de 2023, sentimos la máxima diversión cuando hemos estado haciendo algo creativo durante mucho tiempo y luego renunciamos al control del proceso. Si conduces un auto, es probable que lo hayas experimentado. Al principio, era difícil, incluso aterrador, pero cuando lo haces lo suficiente como para dejar de pensar en cada movimiento, tu manejo se convirtió en una especie de memoria corporal que te permitió dejar de concentrarte con tu mente cognitiva. Así es como la práctica dedicada se convierte en práctica lúdica.

Según la investigación de la psicóloga infantil Karyn Purvis, necesitas como cuatrocientas repeticiones para crear una nueva sinapsis en el cerebro con el tipo de práctica ordinaria y extenuante que quizá te enseñaron a hacer en la escuela. Pero si el aprendizaje ocurre durante el juego, solo necesitas de diez a veinte repeticiones.

Aunque el aprendizaje de práctica lúdica es rápido, no tiene nada de perezoso. A diferencia de comer bombones junto a la alberca, esta forma de aprender puede ser difícil y frustrante, aunque también sea muy gratificante. La práctica lúdica es necesaria para alcanzar el nivel de maestría en casi cualquier cosa. También creo que es la mejor manera de programar nuestros cerebros para la creatividad en lugar de la ansiedad.

Para adquirir habilidades y abrir el acceso al genio en tu cerebro, comienza por encontrar alguna habilidad o actividad que te interese tanto que quieras dominarla (esto es un poco diferente a las cosas intrigantes que pones en tu "bolsa de curiosidades"; es un deseo muy específico de alcanzar la maestría). Luego, enciende la llama de la ignición observando ejemplos de personas que hacen esto muy bien. Después, haz tu mejor intento para *replicar el más alto nivel de rendimiento que hayas visto*.

Alerta de *spoiler*: fracasarás.

Entonces, en lugar de tirar la toalla, cálmate. Utiliza el DIA. Observa lo que sí hiciste bien y dónde has mejorado, aunque sea un poco. Invoca tu coraje y tu curiosidad mientras reconoces que no lograste la perfección que buscabas, y luego averigua por qué. Pregúntate cosas como "¿Por qué no funcionó como yo quería?", "¿Qué faltó?", "¿Dónde me equivoqué?", "¿Qué podría hacer mejor?".

La práctica lúdica va en contra de muchas de nuestras suposiciones culturales sobre la creatividad. Por ejemplo, el sesgo de nuestro hemisferio izquierdo, que nos empuja tan fuerte cuando realizamos tareas reglamentadas y rutinarias, a menudo equipara la creatividad con una especie de espontaneidad sin control que no requiere esfuerzo ni disciplina. Conozco a profesores de arte o escritura creativa que animan a los estudiantes a dejar que la pintura o las palabras fluyan, sin tener un resultado previsto o intentar hacerlo "bien". Por supuesto, este enfoque de los proyectos creativos es válido y útil; por ejemplo, la escritura expresiva que sugerí en el capítulo 4 es una forma maravillosa de articular sentimientos y de entendernos a nosotros mismos. Pero cuando nos proponemos dominar algo, "solo hacer lo que sea" no es un objetivo satisfactorio. No despierta a los magos en nuestros cerebros.

Cuando era niña, poseída por las ganas de dominar, no solo quería pintar con los dedos, por muy alegre que eso pudiera ser. Quería dibujar como dibujaban mis artistas favoritos. Uno de mis recuerdos más claros de la infancia es el de sentarme en el suelo con pañales impermeables, intentando y fracasando una y otra vez en dibujar la nariz humana de frente. Después de días de esfuerzo, obtuve una especie de forma de "U" rudimentaria. Recuerdo haber llorado de frustración al verme forzada a reconocer que era lo mejor que podía hacer.

Diez años después, recién empezando a usar carboncillo, estaba jugando —a fondo— a dibujar una copia del rostro de la Madonna en la pintura de Leonardo da Vinci, *La Virgen de las rocas*. Con unas veinte mil horas de práctica de dibujo acumuladas para entonces, logré un parecido bastante cercano. Por supuesto, mi boceto era solo una copia, no mi propia invención. Pero al mirar lo que acababa de hacer, volví a llorar. ¡Al fin había dibujado una nariz que podía aceptar!

Pero la experiencia significó más para mí que solo eso. Cuando miré el hermoso rostro en la obra de Da Vinci, vi el amor mismo. Poder reproducirlo significaba que, si lo intentaba una y otra vez, algún día podría plasmar en papel lo que sentía en mi corazón. Mi Sapo Artista, siempre encendido con el anhelo de expresar, sintió una oleada de alivio increíble.

Cuatro años después, comencé mi primera clase de dibujo universitario. Me emocionó cuando el profesor Will Reimann nos pidió a todos los estudiantes que dibujáramos líneas rectas y círculos perfectos. No líneas más o menos rectas, no círculos más o menos redondos, sino líneas rectas *de verdad* y círculos redondos *de verdad*. "Dibujen los mejores círculos que puedan", dijo, "y luego verifiquen: ¿ese círculo es *de verdad redondo*? ¿Tiene bultos, abolladuras, protuberancias? Intenten de nuevo. Vean si pueden eliminar los bultos y las abolladuras. Verifiquen de nuevo. Intenten de nuevo. Verifiquen de nuevo. Y así de forma sucesiva".

Estaba en la gloria. Sabía que había encontrado a un gran maestro y sabía que me impulsaría a aprender cosas que anhelaba dominar. Esa clase liberó mi mente para abordar *todo* como práctica lúdica, y me encantó. Por eso me sentí un poco sorprendida cuando, años después, les pedí a los participantes de un seminario de creatividad que hicieran este ejercicio y me encontré con una resistencia apanicada. Muchos de ellos comenzaron a murmurar con inquietud. Una mujer —juro por Dios que no exagero— se levantó y gritó: "¡No vine aquí para este tipo de disparates! ¡Vine a que me elogiaran por todo lo que hago!". Le reembolsé su dinero, la despedí y lo atribuí a mi propia "práctica dedicada" en el arte de dirigir seminarios.

Creo que elogiar a la gente por lo que sea que haya hecho es una buena idea cuando usamos actividades creativas para pasar el tiempo o para sanar heridas emocionales. Pero solo hacer garabatos (o soplar en un saxofón estridente, o golpear teclas de computadora al azar, o escribir números que no cuentan ningún tipo de historia) no exige que entremos en la espiral de creatividad. No es satisfactorio de la misma manera que la maestría. Y no nos mantiene fuera de la ansiedad. De hecho, puede empeorarla.

En 2007, la psicóloga de Stanford Carol Dweck informó que cuando los niños recibían elogios por ser dotados, inteligentes o talentosos, se ponían ansiosos. Buscaban tareas que "probaran" su brillantez y evitaban las tareas que no lo harían. Otros estudiantes creían en desarrollar habilidades, no solo en ser talentosos. Según Dweck, ellos "entendían que incluso Einstein y Mozart tuvieron que dedicar años de esfuerzo para convertirse en quienes eran". Cuando estos estudiantes asumían desafíos, seguían intentando, fallando y volviendo a intentar para acercarse a los niveles de habilidad que deseaban. Accedieron a la pasión por dominar, luego derramaron su energía en la práctica lúdica, no en asegurarse de forma ansiosa que no se caerían de sus pedestales.

No escatimes en elogios para ti y para otros, pero que esos elogios sean para la práctica dedicada y el juego profundo. ¿Quieres probarlo ahora mismo? Repliquemos esa tarea de mi curso universitario favorito. Incluso si no aspiras a ser artista, esto abrirá la conexión de tu cerebro con tu genio creativo. Como dice la profesora de arte Betty Edwards en su clásica guía original, *Dibujar con el lado derecho del cerebro*:

> Dibujar [...] puede proporcionar una doble ventaja. Primero, al obtener acceso a la parte de tu mente que funciona en un estilo propicio para el pensamiento creativo e intuitivo, aprenderás una habilidad fundamental de las artes visuales: cómo plasmar en papel lo que ves delante de tus ojos. Segundo, mejorarás tu capacidad de pensar de forma más creativa en otras áreas de tu vida.

Sin importar que trates de aprender a planificar fiestas, sobre ciencia espacial, a criar a los hijos o cualquier otra habilidad compleja, tu mago interior utilizará cualquier práctica dedicada que emprendas para potenciar tu genio creativo en todas las áreas. ¡Hagámoslo!

Nueva habilidad
UN POCO DE PRÁCTICA LÚDICA

1. Dibuja un cuadrado y un círculo a mano alzada en la página siguiente o en una hoja de papel diferente.
2. Observa dónde el cuadrado no es un cuadrado exacto y el círculo no es un círculo exacto. Compruébalo con una regla o con un objeto circular.
3. Intenta de nuevo —a mano alzada, por favor— y mira si puedes hacer que tu próximo cuadrado y círculo sean más perfectos, cuadrados y redondos. Haz cuadrados y círculos más grandes. Hazlos perfectos.
4. Si puedes hacer cuadrados y círculos perfectos de cualquier tamaño, dibuja un autorretrato. No de una fotografía, sino de un espejo. ¡Asegúrate de hacer bien la nariz!
5. Continúa esforzándote por dibujar algo difícil y hacerlo perfecto hasta que empieces a sentirte tan frustrado que quieras rendirte.
6. Intenta de nuevo después de dormir. Tu cerebro habrá pasado la noche haciendo nuevas conexiones neuronales. Podrás notar un salto en tu nivel de habilidad y comodidad.
7. Intenta algo aún más difícil. Trabaja siempre hasta que llegues a un callejón sin salida, la condición final para despertar tu genio creativo.

UN CÍRCULO PERFECTO	UN CUADRADO PERFECTO

Paso cinco: atascarse

Un estancamiento es la sensación que tenemos cuando llegamos a los límites de nuestra capacidad en cualquier intento. No es el fin de todas las opciones, sino el fin de todas las opciones *aparentes*. Este es el punto donde las espirales de creatividad de nuestro cerebro pueden generar ideas que nunca antes habíamos tenido.

La mayoría de nosotros dejamos que nuestra ansiedad nos aleje de los lugares difíciles donde no somos muy hábiles o no sabemos cómo continuar. Aprendemos habilidades básicas para editar un video en línea, pero nos negamos cuando el programa que estamos usando nos pidc dominar una técnica difícil para la que necesitamos leer instrucciones o ver un tutorial. Escribimos nuestras memorias como un regalo para la posteridad, pero entramos en pánico cuando alguien sugiere conseguir un editor para que lea el borrador y sugiera mejoras. Memorizamos tres canciones en el piano y las tocamos bien, pero decidimos que aprender a leer música, por asombroso que fuera, está más allá de nuestras capacidades.

En el momento en el que retrocedemos de esta manera, encogiéndonos ante un desafío creativo, nuestras vidas también comienzan a contraerse. Pero si nos mantenemos en el juego creativo, probando todo tipo de soluciones posibles, equivocándonos y volviendo a intentarlo y volviendo a equivocarnos (pero esta vez mejor), podemos desencadenar saltos de perspicacia y descubrimiento en las misteriosas profundidades de nuestro hemisferio derecho. Alcanzar un estancamiento conduce a una sensación que yo llamo "ampollas cerebrales", una sensación de aspereza en la cabeza acompañada de frustración emocional. Esto no es una señal de que debamos detenernos. Es una señal de que estamos despertando nuestro genio creativo.

Esto es lo que hacen los estudiantes de la filosofía zen cuando se sientan con un *koan* desconcertante como "¿cuál es el sonido de una mano aplaudiendo?". Miran una pared en blanco, concentrados en el *koan*, sin siquiera pensar, esperando el salto de perspicacia que abre una forma nueva de ver el universo. Es lo que hizo Albert Einstein en su tiempo libre en la oficina de patentes, empujando de forma constante su mente para comprender verdades extrañas, como que el tiempo pasa más despacio con el aumento de la velocidad física. Es lo que hizo la prodigio del violín Min Kym, mientras se esforzaba por hacer música increíble descubrió que ella también tenía que utilizar la relatividad: en un momento dado, Kym aprendió que, como no podía mover los dedos tan rápido para tocar ciertos pasajes, necesitaba estirar el tiempo ralentizando su mente. "Si puedes ver más allá del tiempo, deja que el tiempo se alargue", escribió Kym más tarde, "entonces podrás tocarlo todo".

Yo no lo habría pensado.

Estos arranques de genialidad son las percepciones que obtenemos cuando ocurren nuevas conexiones en nuestra cabeza, que unen neuronas que antes estaban muy separadas. Tu cerebro derecho es, de hecho, un tono de gris más pálido que su gemelo del lado izquierdo, porque contiene neuronas mucho más largas, que fortifica una sustancia blanca llamada mielina (así como usamos goma o plástico para envolver cables eléctricos, el cuerpo usa mielina para contener la electricidad en una neurona). Cuando desafiamos nuestras mentes y nuestros cuerpos para ir más allá de nuestro nivel de habilidad, el cerebro comienza a unir estos largos nervios, conectando cada vez más fragmentos de conocimiento en un proceso llamado *transferencia lejana.*

La capacidad de aplicar el aprendizaje de un área a un proyecto diferente significa que *todo lo que hemos experimentado es material para nuestras mentes de genio creativo.* Por eso, aprender a dibujar un círculo perfecto puede ayudarte de verdad a ser un mejor contador, o compositor, o buceador de aguas profundas. Cuando Josh Waitzkin se convirtió en campeón de artes marciales, hizo transferencias lejanas del ajedrez que le ayudaron a elaborar estrategias y a pensar varios pasos por delante. Luego se dedicó a las inversiones, donde ahora aplica habilidades tanto del ajedrez como de las artes marciales para ganar mucho dinero.

He visto a personas hacer todo tipo de transferencias lejanas, primero dentro de sus cabezas y luego en áreas específicas de su vida. Caroline usó las habilidades que había adquirido como esquiadora competitiva para construir una empresa de consultoría de gran éxito. "Para esquiar bien", dijo, "tienes que lanzar tu cuerpo por la línea de caída, que es lo último que tu cuerpo quiere hacer. Pero tomar ese 'riesgo' es justo lo que hace que tus esquís se coloquen debajo de ti y te mantengan segura. La consultoría es similar: voy directo a los problemas que mis clientes *menos* quieren escuchar. Pero, a medida que se 'incluyen' en estos problemas, descubren que el riesgo planificado es el camino hacia el éxito, y es estimulante".

Bailey comenzó la universidad como aspirante a poeta, luego hizo ignición con la ciencia y aplicó al estudio de la botánica la misma disciplina que al escribir sonetos. Ezra trabajó durante años como programador de computadoras antes de escribir y publicar una novela sobre una joven hacker que resolvía crímenes. Olivia es una médica que obtiene un ingreso secundario significativo a través de la creación y venta de cerámica.

No tiene por qué ser el arte lo que despierte tu mago, pero cualquier arte que ames ofrece un lugar ideal para empezar a construir superautopistas en tu hemisferio derecho. Will Reimann es un genio ayudando a la gente a hacer esto, forzando de manera consciente a los estudiantes a situaciones en las que necesitan las transferencias lejanas del cerebro derecho para adquirir nuevas habilidades.

Cuando llegué al estudio de Will y empecé a intentar dibujar líneas más rectas y círculos más redondos, llevaba años "jugando de forma profunda" con lápices. Estos permiten muchos trucos agradables: sombreado suave, líneas que varían en grosor o se desvanecen hasta desaparecer, alto contraste entre marcas tenues e intensas. Disfrutaba de todas estas técnicas. Las estaba usando una tarde, dibujando en el estudio, cuando un objeto aterrizó en mi cuaderno de bocetos. Era una estilográfica, un instrumento que hace una línea negra de ancho invariable. Sobresaltada, levanté la vista y vi a Will sonriéndome. "De ahora en adelante", dijo, asintiendo hacia la estilográfica, "usa eso".

¡Dios mío, cómo odiaba esa pluma! Tienes que entender, yo tenía que dibujar. Tenía que hacerlo. En ese momento, era mi única forma de calmar mi ansiedad termonuclear. Pero la estilográfica me robó todas mis técnicas favoritas. Nada de sombreados delicados. Nada de anchos de línea variables. Nada de bocetos tenues. Luché con la estilográfica todo el día y soñé con ella toda la noche. Hice muchísimos dibujos malos. Me quedé atascada.

Entonces, un día, haciendo garabatos para calmarme en otra clase, noté una textura interesante que había creado de forma accidental al construir marcas de diferentes formas. Una luz parpadeó en mi cerebro. "Ah", pensé, entrecerrando los ojos. "Bueno, sí. Eso funciona".

A partir de ese momento, empecé a usar las estilográficas de una manera nueva. Mis métodos vinieron de mi propio cerebro y de la práctica lúdica, no de ningún ejemplo de técnica de pluma y tinta que hubiera visto. Boceteaba con puntos y vectores imaginarios y sombreaba con todo tipo de líneas de diferentes formas. Más tarde, cuando taché un elemento de mi lista de deseos al ganar una exposición de arte, lo hice con esa pluma.

Un día, después de que la pluma y yo nos habíamos hecho mejores amigas, volví al estudio vacío para practicar dibujo. Mientras punteaba y hacía sombreados, algo más aterrizó en mi cuaderno de bocetos. Un pincel de acuarela.

Levanté la vista y vi a Will con su mejor sonrisa diabólica. "Bienvenida al infierno", dijo.

Lo maldije y ambos reímos. Me estaba empujando hacia un nuevo conjunto de callejones sin salida. Al dirigirme a lo que él sabía que no podía hacer, me estaba enseñando a dibujar, a ser creativa, a invocar destellos de magia en mi propia mente. Me estaba enseñando a vivir.

Paso seis: confía

No puedes matar a tu genio creativo, pero puedes bloquearlo al intentar controlar el proceso de resolución de problemas.

Eso es lo que te han enseñado a hacer toda tu vida. Por supuesto, entiendo que si intentas lograr algo difícil y llegas a un estancamiento, es casi seguro que te sentirás ansioso. En este punto, *debes salir de la espiral de ansiedad*. Puede que no seas capaz de eliminar cada pulso de ansiedad en tu cerebro, pero puedes detener la espiral si usas tus habilidades para calmar a tu criatura y luego *dejas de intentar controlar los resultados*.

Una forma de hacer esto es dejar tu mente en blanco, de la misma manera que los meditadores zen detienen el pensamiento o como la mente de Wag Dodge pudo haberse quedado en blanco cuando vio el fuego acercarse tan rápido. Un método más fiable y agradable es usar lo que yo llamo "el enfoque de Monty Python". *El circo volador de Monty Python*, un programa de *sketches* de comedia, se hizo famoso porque vinculaba las escenas con el elegante "¡Y ahora, algo muy diferente!". Empújate hasta el *impasse* y luego haz algo muy diferente. Sal a patinar, haz un rompecabezas o entrena a tu cangrejo ermitaño para que se sepa su nombre. Deja que tu hemisferio derecho trabaje.

No recuerdo cuándo empecé a usar este enfoque, pero sí me acuerdo de notar que, cuando dejaba un problema complicado para hacer algo muy distinto, de repente veía una solución. Lo pensaba como si mi cerebro estuviera poniendo un huevo. Si te sientes intimidado por trabajar la magia profunda en tu mente inconsciente, imagina que tu genio creativo es una gallina. Suelta ideas como una gallina pone huevos (¡plop!) y no tienes que saber cómo o por qué. Este proceso es mágico, pero también humilde y práctico. Pruébalo con el siguiente ejercicio.

Nueva habilidad
CONFÍA EN LA GALLINA

1. Utiliza el siguiente proceso la próxima vez que te encuentres atascado en un problema: un desacuerdo con un ser querido, un enigma logístico, una fecha de entrega que se acerca. O, si quieres aprenderlo aquí y ahora —lo que te hará mejor para resolver los problemas que surjan en el futuro—, piensa en un dilema pequeño pero persistente que te gustaría resolver, por ejemplo, cómo dejar de perder calcetines cada vez que lavas la ropa o cómo ser más encantador en una fiesta. O, como tercera opción, puedes intentar resolver uno o más de los problemas que he enumerado a continuación.

    - ¿Cómo puedo armar un atuendo genial usando solo la ropa que ya tengo y cualquier otra cosa que esté disponible en mi casa ahora mismo?
    - ¿Cómo puedo ganar un dólar [o yen, o peso, etcétera] de una fuente nueva hoy o mañana?
    - ¿Qué juego puedo crear para uno o más niños que los eduque, los cautive y me los quite de encima por una maldita hora?
    - ¿Qué comida puedo preparar para mi familia o amigos que sea nutritiva, deliciosa y cueste cinco dólares o menos?
    - ¿Qué puedo publicar en redes sociales sobre algo frustrante que me haya pasado hoy, de una manera que haga reír a mis amigos?
    - ¿Qué canciones puedo poner en una lista de reproducción que hagan que la persona a quien amo se sienta [nombra tu emoción: melancólica, energizada, inspirada, enojada, enamorada, nostálgica, etcétera]?

2. Piensa en el problema elegido hasta que te quedes sin ideas. Luego escribe una breve solicitud a tu Gallina Mágica Interior. Debe ser algo como esto:

Querida Gallina Mágica, necesito nuevas ideas para resolver [escribe aquí tu problema]. Por favor, ponte a trabajar para desarrollar una y luego entrégala a mi cerebro. Atentamente, yo.

3. Ve a hacer algo muy diferente. Lleva contigo tu teléfono o un cuaderno para anotar si una idea/huevo se te ocurre.
4. Continúa haciendo cosas muy diferentes hasta que llegue una idea.

UNA VIDA MÁGICA

Es maravilloso ver a personas que se sentían sin vida y sin inspiración reavivar su genio creativo. He tenido el privilegio de presenciar esto muchas veces. He visto que tener a tu mago interior bien despierto llena tu vida de luz, calor y energía.

Cuando aprendas a manejar esta parte de la espiral de creatividad, verás que muchas cosas despertarán tu interés. Algunas chispas se convertirán en una verdadera pasión por alcanzar la maestría. La práctica lúdica que hagas reconfigurará los circuitos eléctricos de tu cerebro, combinando destellos de conexión y comprensión de cada parte de tu experiencia. Y cuando pienses que estás atascado, una perspicacia repentina se encenderá en tu mente, enseñándote verdades que nunca antes habías conocido: verdades que quizá *nadie* haya conocido antes.

Comparada con esto, una vida impulsada por la ansiedad parece tan aburrida. Cuando hayas vivido como un mago creativo por un tiempo, es posible que empieces a ver el regreso a la ansiedad como una elección. Cada vez más, te sentirás capaz de negarte a entrar en la espiral paralizante de la ansiedad.

Sabrás que, en cambio, puedes dirigirte de forma deliberada hacia la curiosidad y ascender en espiral hacia nuevas experiencias y horizontes. El genio creativo es muy difícil y también normal. Es la forma en que te diseñaron para pensar y vivir. Te llevará directo al fuego y luego te entregará a la seguridad con destellos de inspiración. Puede motivarte a encontrar una manera de mantenerte fuera de la espiral de ansiedad para siempre.

Y ahí es cuando la verdadera diversión comienza.

Tercera parte

LA CREACIÓN

9

ROMPIENDO LAS REGLAS DE TU ROL, CUIDANDO TU MISIÓN

A principios de la década de 2020, con el ascenso de Black Lives Matter y otros movimientos de justicia social cobrando fuerza, salí a buscar a alguien que sirviera como oficial de diversidad para la pequeña empresa que dirijo en línea. Como mi trabajo —capacitar y entrenar a *coaches*— consiste en ayudar a las personas a pensar de manera diferente, quería que los valores de equidad, diversidad e inclusión (EDI) impregnaran todo lo que hacíamos. Mis colegas y yo buscamos de forma larga y ardua a la persona adecuada. Al final, me encontré en una reunión de Zoom con las otras tres personas que conforman el equipo de liderazgo de mi empresa y una consultora en EDI llamada Yvonne Jackson.

A esas alturas, todos habíamos visto cómo internet exacerba todo tipo de tensiones sociales. Las discusiones en línea pueden comenzar con unas pocas personas ansiosas lanzándose ataques verbales, para luego explotar casi al instante en peleas feroces que destruyen amistades y familias. Y eso ocurre cuando el tema es, digamos, cómo bañar a un perro. Cuando se trata de discutir temas relacionados con la violación, la opresión y el asesinato, es difícil ver cómo alguien puede siquiera pisar el campo sin recibir una cantidad letal de críticas. Le preguntamos a Yvonne cómo manejaría estas inquietantes situaciones y cómo podría enseñarnos a lidiar con ellas con sabiduría.

—Bueno, ¿qué es lo que más te asusta? —me preguntó Yvonne.

—Supongo que podría cometer un error. Podría hacer algo mal —respondí.

—¿Podría? —cuestionó Yvonne, alzando las cejas—. ¡Oh!, no hay 'podría'. *Vas* a cometer errores. *Miles* de ellos. Y tratarás con gente que esté enojada contigo. Lo digo en serio. *Enojada. Contigo.* No hay forma de evitarlo.

Nos sonrió desde su pantalla de computadora y sentí una burbuja de felicidad. Esta burbuja no parecía provenir del currículum de Yvonne, aunque era muy impresionante. Venía de su presencia. Irradiaba calma, confianza y compasión.

—¿Y... esto te parece... agradable? —le pregunté, entrecerrando un ojo.

Yvonne se rio durante mucho tiempo.

—*Agradable* es una palabra fuerte —dijo—. Agradable, no. Pero gozoso, sí. Porque creo que el gozo es lo que sientes cuando estás "en misión". Y si no estoy en misión, si no estoy en mi gozo, no duraré mucho. Creo que lo mismo ocurre con todos. Si no podemos encontrar nuestro gozo y nuestra misión, terminaremos repitiendo toda la locura que ha estado ocurriendo durante siglos.

La entrevista terminó. Yvonne se desconectó y miré a mis colegas en los recuadros de mi pantalla.

—¿Qué dices? —le pregunté a Jennifer, mi CEO—. ¿Podemos permitirnos contratarla?

Siempre ignorante en finanzas, crucé los dedos, esperando contra todo pronóstico que dijera que sí.

—Creo —dijo Jennifer despacio— que no podemos permitirnos *no* contratarla.

Todos aplaudimos al unísono.

TU MISIÓN, SI DECIDES ACEPTARLA

Este capítulo trata sobre lo que sucede cuando tu búsqueda para acabar con la ansiedad te lleva tan lejos en una espiral de creatividad que te encuentras alineado con tu verdadero yo, enfocado en tu "misión". El sentido de propósito y de realización que surge en este punto es tan maravilloso que, a pesar de cualquier presión social que trabaje en tu contra, tu curiosidad te seguirá empujando más y más hacia tu propia forma única de ser.

Esta es la primera pista de la sensación que llamo "comunión" o "fundirse con la creación". Como ya he mencionado, es una frase extraña, en parte porque, en nuestra cultura, muy pocas personas hablan de algo parecido. Favorecemos las discusiones sobre cómo competir, producir, prosperar y complacer a nuestros hemisferios izquierdos de otra manera. Pero cuando sigas tus intereses creativos lo suficiente como para *dominar* una habilidad o un proyecto, habrá periodos en los que incluso el arduo trabajo de la maestría se convertirá en una auténtica dicha. Este estado tranquilo pero activo produce una sensación de "regreso a casa", un intenso placer por el proceso, una profunda satisfacción que te dice que has encontrado parte del propósito esencial de tu vida.

La razón más común por la que la gente me consulta es porque quiere este sentido de propósito, incluso si no puede recordar haberlo tenido alguna vez. "¿*Para* qué es todo esto?", dicen, refiriéndose a sus vidas en general. "Solo voy a la oficina, vuelvo a casa y me preparo para hacerlo de nuevo". O: "Amo a mis hijos con todo mi corazón, pero ¿llevarlos de un lado a otro y lavar su ropa es la forma en que se supone que debo pasar toda mi vida?". O: "Trabajé tan duro para ganar un premio por mi trabajo, pero ahora que lo he ganado, sigo pensando: '¿Y *qué*?'. Se siente tan inútil".

Por el contrario, las personas que siguen su genio creativo innato nunca preguntan: "¿Y qué?". El "¿y qué?" es la fascinación innata, que, como dijo Emerson de la belleza, "es su propia excusa para existir".

Cuando Damion dejó su trabajo de ventas minoristas para convertirse en mecánico, me dijo: "Solía mirar el reloj anhelando que terminara la jornada laboral. Ahora sigo mirando el reloj, pero es porque siempre deseo tener un poco más de tiempo para dedicar a un proyecto". Carolina, una terapeuta ocupacional para niños con discapacidades, dijo: "No me importa limpiar narices pequeñas y calmar rabietas, porque ayudar a los niños a desarrollar habilidades para la vida siempre ha sido lo que más me ha fascinado". Debido a que la sensación de estar "en misión" se nutre de las habilidades de conexión e interpretación del hemisferio derecho, aparta nuestra ansiedad, nuestro parloteo mental y nuestro sentido del tiempo. Como escribió Hesíodo sobre el logro de cualquier tipo de maestría: "Cuando llegas a la cima, entonces es fácil, aunque sea difícil".

Para habitar este sentido de estar "en misión", debemos hacer tres cosas. La primera es desapegarnos de los roles sociales que podamos estar siguiendo, a menos que encajen de forma perfecta con nuestro sentido de misión. La segunda es relajar el control de nuestra mente sobre todo lo que sabemos, de la manera verbal, controladora y memorizada en la que el hemisferio izquierdo sabe las cosas (hablaremos de cómo "soltar" esta manera en las próximas páginas). La tercera es adoptar una nueva forma de hacer las cosas, una que implique *hacer nada* en absoluto. O quizá debería decir *no hacer nada* en absoluto. ¿Suena confuso? No te preocupes. Cuando lo hayas experimentado, entenderás lo que quiero decir.

Así que, a trabajar. Lo cual puede o no ser el trabajo como lo solemos entender.

PARA ENCONTRAR TU PROPÓSITO, ROMPE LA DIRECTRIZ PRINCIPAL

Cuando las personas me dicen que su objetivo es liberarse de la ansiedad o que anhelan un sentido de propósito, rara vez se dan cuenta de que estos fines son dos caras de la misma moneda. Como hemos visto, vivir en una cultura dominada por el hemisferio izquierdo y tan materialista no solo genera ansiedad, sino que también anula la capacidad del hemisferio derecho para percibir el contexto, la conexión y la belleza. A medida que esto sucede, perdemos nuestro sentido de significado. La directriz principal de la cultura WEIRD ("¡Existes para obtener cosas!") nos motiva a través del miedo y de la carencia, mientras nos priva de propósito y alegría.

Calmar nuestra ansiedad y centrarnos en la creatividad puede ayudarnos a reconectar con nuestro cerebro completo y traernos una enorme felicidad. Y en algún momento, sea cual sea nuestra actividad creativa, dedicarnos a ella también nos hace contraculturales. Nos conecta con el Misterio, con la sensación de que estamos desempeñando un papel en un espectáculo universal que va mucho más allá de nuestras vidas individuales. Podemos sentir que alguien nos está guiando, impulsando y ayudando. La creación misma se convierte en la obra de nuestra vida y parece estar dándole sentido.

Muchos de mis clientes privados de propósito han tenido momentos en los que sintieron esta conexión con la creación, pero la mayoría se ha alejado de forma inmediata. Por ejemplo, a Pete le encantaba viajar, conocer gente e intercambiar ideas provenientes de diferentes culturas. Tenía un trabajo impresionante como gerente de cuentas en un banco internacional, pero aunque aprovechaba las experiencias que había vivido recorriendo el mundo, tenía que permanecer en un solo lugar. Pete se sentía aburrido y sin vida. Me pidió que lo ayudara a encontrar más satisfacción en su trabajo.

En lugar de darle un nuevo ejercicio de visualización o un método para establecer metas, le pedí que pensara en una forma en la que pudiera viajar por el mundo, comenzando al *día siguiente*, sin tener que ahorrar dinero ni recurrir a sus ahorros. Después de unas risas incrédulas (pensó que estaba bromeando, pero le aseguré que hablaba muy en serio), se le ocurrió la idea de viajar por el mundo enseñando inglés en varios países. Tenía varios amigos que habían hecho eso y les encantaba. Pete se iluminó como un letrero de neón mientras hablaba de esta posibilidad “loca y descabellada”. Luego, de repente, las luces se apagaron. Pete se desplomó en su silla. “No puedo dejar mi trabajo”, dijo. “El dinero es demasiado bueno”.

Lynette, una profesora de yoga, se frustraba de enseñar las mismas clases mes tras mes. "Quiero enseñar a la gente a hacer yoga para realinear sus *vidas*, no solo sus cuerpos", me dijo. "He descubierto mi propia manera de hacerlo. Sé cómo funciona. Me muero por compartirlo". Cuando hablamos de la posibilidad de que pudiera comenzar una nueva serie de clases, en las que añadiera su propio enfoque a la instrucción tradicional de yoga, Lynette se emocionó tanto que dijo: "¡Tengo que ir más despacio, estoy hiperventilando!". Luego la ansiedad asomó su feo rostro. "Pero ¿qué derecho tengo a enseñar cosas que acabo de *inventar*?", preguntó. "Si hago esto, todo el mundo pensará que soy muy engreída. ¡Y quizá ni siquiera funcione para todos!".

He tenido variaciones de esta conversación con cientos de personas. Comienzan a conectar con sus verdaderas curiosidades, su genio interior, su pasión por dominar, y el mundo entero se siente como una aventura fabulosa. Luego, de repente, su alegría se derrumba y se repliegan sobre sí mismos. Entonces siempre dicen alguna versión de lo mismo.

"Claro que me encantaría vivir de esa manera", dicen con tristeza o enfado o ansiedad. "Sería increíble. Pero la verdad es que es demasiado arriesgado. Primero tengo que ganar la mayor cantidad de dinero posible. Luego, quizá, pueda divertirme".

Nuestra cultura materialista, obsesionada con la productividad y dominada por el hemisferio izquierdo, cuenta esta historia favorita sobre cada una de nuestras vidas individuales. "¡No puedes ser tan idealista!", "¡No puedes sentirte en comunión con la creación, sea lo que sea que eso signifique!", "¡Tienes que conseguir más cosas!".

Ahora bien, por supuesto que estoy de acuerdo en que todos necesitamos cosas materiales para mantenernos a nosotros mismos y a nuestras familias. Pero nuestra sabiduría convencional lo convierte en un paquete completo: para sobrevivir, debemos aceptar toda la catástrofe del pensamiento y el comportamiento WEIRD. Debemos servir a un sistema que no tiene otro fin que crear riqueza, que nos reduce a engranajes de una máquina y excluye nuestra creatividad o singularidad.

He descubierto que las personas que primero buscan un propósito suelen encontrar formas de mantenerse. Pero aquellas que se centran en obtener "suficiente dinero" antes de buscar un sentido de misión nunca sienten que tienen tanta riqueza como necesitan. He asesorado a personas sin dinero en el banco que han logrado financiar grandes aventuras en la vida y a personas con millones de dólares que seguían diciendo que necesitaban un poco más antes de sentirse libres para buscar su verdadero propósito.

La clave para romper este patrón cultural es recordar que cuando nos dedicamos a nuestras misiones de vida, aprovechamos una enorme cantidad de motivación interna. Si la liberamos y dejamos que nuestro hemisferio derecho trabaje en el problema, puede ayudarnos a ver nuevas formas de financiar nuestra vida. También liberamos nuestra creatividad para que nos ayude a hacer viejos trabajos de nuevas maneras. "Cuando sabes *qué* quieres experimentar", dice una de las personas más aventureras que conozco, "el *cómo* es fácil de resolver".

Esto va en contra del canon del hemisferio izquierdo. El primer mandamiento de la cultura WEIRD es este: "Ganarás mucho dinero antes de pensar en el propósito de tu vida". Pero esa no es la verdad. Solo una sociedad que lo cree de verdad y nunca considera alternativas creativas nos lo impuso a todos por la fuerza.

Puedes ver el poder de esta particular parte de la socialización cuando la gente de repente obtiene mucho dinero y, aun así, no se siente libre para seguir su felicidad. En un estudio de 2010, Scott Highhouse, de la Bowling Green State University, descubrió que el 85 por ciento de los estadounidenses que ganaron la lotería siguieron trabajando en la fuerza laboral. Algunos redujeron sus horas a tiempo parcial, pero el 63 por ciento siguió haciendo lo que siempre había hecho. ¿Por qué? Aunque es posible que amaran sus trabajos, esa no fue la razón que dieron cuando explicaron sus decisiones a los investigadores. En cambio, dijeron:

- Tenían "identidades basadas en el trabajo". Esto significaba que se definían a sí mismos por lo que hacían para ganarse la vida; sentían que eran sus trabajos. La idea de renunciar les parecía una aniquilación.
- Tenían una "estrecha banda de estimulación". Sus trabajos eran su principal fuente de estimulación. No podían pensar en nada más interesante que hacer por su cuenta.
- Temían lo desconocido. Estaban aterrorizados por la idea de tener que ocupar su tiempo sin trabajos formales.
- Sentían una "culpa inducida por la ética de trabajo". Los investigadores encontraron que estas personas creían que solo podían justificar su existencia trabajando. Como Highhouse lo expresó: vivían según la regla social de "producir o, al menos, sentirse culpable".

Todas estas explicaciones se remontan a la ansiedad: el temor a perder la identidad, aburrirse, enfrentarse a lo desconocido o sentir culpa. Incluso con mucho dinero en mano, la mayoría de los ganadores de la lotería dijeron que seguían motivados por estas reglas basadas en la ansiedad. No hay nada de malo en tener un trabajo, y si te sientes "con propósito" en él, espero que nunca renuncies. Pero cuando la gente me dice que solo el dinero se interpone entre ellos y la creación de una vida significativa, me pregunto si el verdadero problema es estar atrapado en la ansiedad.

TRABAJAR "CON PROPÓSITO"

Así como algunas personas tienen mucho dinero o trabajos envidiables, pero no pueden encontrar su propósito, podemos hallarlo sin necesidad de acumular más dinero o tener empleos hechos a medida para nuestra misión en la vida. Solo necesitamos desprendernos de la ansiedad obsesionada con el dinero de la cultura WEIRD, calmarnos lo suficiente como para sentir lo que despierta nuestros intereses y luego encontrar formas de dedicar tiempo a desarrollar nuestros intereses a medida que se convierten en verdaderas pasiones.

De nuevo, las personas que viven así se vuelven muy creativas para ganarse la vida. Rompen los roles sociales típicos, a menudo inventando identidades profesionales que nunca antes habían existido. Descubren cómo mantenerse a sí mismos y a sus dependientes, pero centran la mayor parte de su esfuerzo mental en crear experiencias que hacen que sus vidas sean ricas y abundantes de muchas maneras, incluidas pero no limitadas a las financieras.

Por ejemplo, después de que Chuck fue despedido de su trabajo de consultor, su familia tuvo que mudarse a una casa más pequeña y recortar de forma drástica sus gastos. Entonces, el hijo adolescente de Chuck, Ben, decidió participar en un concurso que implicaba hacer un cohete modelo. Esto reavivó el propio amor de Chuck por la ingeniería creativa. Juntos, él y Ben buscaron materiales en depósitos de chatarra y el vertedero local. Publicaron sobre su proyecto en las redes sociales y comenzaron a recibir donaciones colectivas de otros fanáticos de los cohetes modelo.

"Antes de perder mi trabajo", dijo Chuck, "solo habría asumido que tenía que presupuestar dinero extra para ayudar a Ben con un proyecto como este y *nunca* habría ofrecido mi tiempo para unirme a él. En cambio, pudimos hacer todo el proyecto sin costos, nos divertimos muchísimo juntos y logramos algunos avances de ingeniería reales. Es la mayor alegría y propósito que he sentido en décadas". Más tarde, Chuck comenzó a trabajar como *coach* para ingenieros que se sentían atascados o desmotivados, lo que hizo que sus ingresos volvieran a fluir.

He visto este tipo de alegría y creatividad en personas con todo tipo de misiones de vida. Leah, una enfermera que había sufrido de insomnio, se asoció con otras dos profesionales médicas para dirigir retiros que les enseñan a personas agotadas a dormir mejor. Laura se convirtió en una chef vegana a domicilio para profesionales preocupados por su salud que estaban demasiado ocupados ganando dinero como para cocinar su propia comida saludable. Barney consulta con propietarios de casas y negocios para optimizar su uso de energía, a menudo ahorrándoles enormes cantidades de dinero mientras contribuye a su pasión por disminuir la huella del uso de combustible en el planeta.

Cuando empieces a vivir en la espiral de creatividad, encontrarás soluciones ingeniosas para todo tipo de problemas, desde los más individuales hasta los más universales. Y este trabajo —o, mejor dicho, este juego profundo— tendrá mucho significado para ti. Yvonne llama a su directriz principal "gozo" e insiste en no hacer nada que no le resulte gozoso. Puedes llamar a tu sentido de propósito "fascinación", "absorción", "tu lugar feliz" o "tu propia búsqueda de superhéroe". Sea cual sea la etiqueta, esta forma de resolver problemas y mantener tu vida significa que casi siempre estás "en misión". Eres el Sapo en un auto, extasiado, sintiendo el viento en tu cara.

Ve adonde te lleve este sentimiento y habrá momentos en que olvidarás todas tus razones programadas por la sociedad para hacer las cosas. Olvidarás preocuparte por los sospechosos comunes (el dinero, tu identidad laboral, tu experiencia limitada, tu miedo a lo desconocido y tu "culpa inducida por la ética de trabajo"). De hecho, es posible que olvides *toda* identidad, al menos tu identidad como un ser pequeño, aislado y vulnerable. En cambio, te arrastrarás por el flujo de la creación al convertirte en tu Ser: el Ser que es tranquilo, claro, seguro, curioso, valiente, compasivo, conectado y creativo. Y los Seres de otras personas querrán jugar contigo.

Esto puede llevar a una forma nueva de ganarse la vida (hablaremos más sobre eso en el capítulo 10), a volverte muy valioso en el trabajo que tienes ahora o a captar la atención de personas que reconocen algo extraordinario en la calidad de tu trabajo. Cuando vives en la espiral de creatividad, muchas personas se darán cuenta de que no pueden permitirse *no* contratarte.

TU MISIÓN VS. TU ROL

Recuerda, esta forma tan creativa y motivada por la misión de añadir valor al mundo no es aprobada por el pensamiento del hemisferio izquierdo. La gente te dirá que es rara, porque las culturas WEIRD están diseñadas para producir humanos que se desempeñen bien en la escuela, hagan trabajo "productivo" —lo disfruten o no—, críen a sus hijos para que hagan lo mismo y luego mueran. Quieren que encajemos en roles rígidos y prescritos por la sociedad. Quieren que todos seamos "personas moldeadas".

Déjame explicarte.

Si quieres hacer una escultura de arcilla de forma humana, podrías obtener un molde y luego empujar la arcilla en él hasta que llene cada curva y hendidura. Otra manera es construir una armadura: una especie de figura de palitos hecha de alambre. Usando este método, empacas la arcilla alrededor de la armadura, dándole forma de manera gradual hasta llegar a la forma correcta. Utilizando un molde, puedes hacer un número infinito de esculturas casi idénticas. Usando una armadura, nunca harás la misma escultura exacta dos veces.

Un rol social es como un molde, diseñado para convertir a muchas personas en copias idénticas. Cada rol requiere tareas, características y formas específicas de vestir y de hablar. Cada cultura asigna roles, y sus miembros intentan encajar en algunos de ellos. Mis clientes hacen mucha referencia a sus roles y las responsabilidades inherentes a ellos: la niña buena tiene que mantenerse amable y obediente, el tipo duro no puede derrumbarse y pedir ayuda, el ejecutivo estrella nunca debe permitir que los subalternos se salgan con la suya, el padre perfecto nunca debe perder la paciencia, el héroe que se sacrifica no puede quejarse ni exigir justicia, la *influencer* glamorosa no debe envejecer, la generosa filántropa no puede permitirse el autocuidado, y la persona ultraexitosa y despiadada nunca muestra —ni siquiera siente— compasión.

Todos reconocemos estos roles: son tropos culturales. Todo el mundo sabe que un ministro no debe actuar como un cantante de rock, quien no debe actuar como un soldado, quien no debe actuar como una niñera, y así de manera sucesiva. El hecho es que la mayoría podría desempeñar *todos* esos roles o salir de cualquier papel jamás ideado. Pero esta no es una práctica aprobada en la mayor parte de las culturas.

Las reglas de los roles pueden ser extrañas, inútiles y del todo arbitrarias, pero son respaldadas por una masa crítica de personas que creen que las cosas deben hacerse *de cierta manera*. Por ejemplo, acabo de ver una publicación en Twitter (ahora X) de alguien llamado Noah (@NoahDoNotCare), quien escribió: "Por accidente dije 'mediano' en vez de 'venti' en Starbucks y me llevaron atrás de la tienda para dispararme en la pierna". (Aclaración: esto es una broma. La gente de Starbucks no le disparó a Noah en la pierna. Solo querían hacerlo).

La razón por la que la gente reacciona de forma tan negativa cuando alguien se sale del rol es porque está obedeciendo la regla social que dice: "¡Todos debemos permanecer en nuestros roles!". Ellos mismos están tratando de desempeñar roles sociales específicos. La mayoría ha experimentado toda una vida el enfoque de "encajar en el molde". Quizá comenzó incluso antes de que nacieran. He tenido clientes cuyos padres llenaron las habitaciones de su infancia con carteles de las universidades de la Ivy League a las que se esperaba que asistieran, o con equipo deportivo que deseaban que usaran a nivel profesional, o de parafernalia religiosa.

Si quieres meter a alguien *con fuerza* en un molde, usa la religión. Elige una que se adhiera al viejo lema del hemisferio izquierdo: "¡Nuestro camino es el único camino!". Si muestran curiosidad, mátala con dogmas de virtud. Ayuda vivir en Utah.

Solo hay un pequeño problema al usar reglas sociales intensas para crear "personas moldeadas": si empujas demasiado fuerte, podrías romper el molde. De hecho —horror de horrores— podrías liberar a alguien. Cualquier rol que maximice la presión puede hacerlo, sea religioso o no. Cuando el molde se rompe, la persona dentro queda en libertad de acceder a su sentido más profundo de misión, la armadura alrededor de la cual puede construir una vida única. Después de eso, las reglas de rol están echadas a perder. Esa persona nunca volverá a actuar como nadie más, nunca.

ROMPER EL MOLDE

Esto fue lo que le pasó a Yvonne. Un día, después de que se convirtió en mi *coach* personal y profesional de EDI, le pregunté cómo lograba trabajar en un campo tan volátil con tanto deleite persistente y obvio. ¿Acaso nunca se ponía ansiosa?

Yvonne se rio aún más fuerte de lo habitual. "Oh, créeme", dijo, "podría ser un manojo de nervios si no tuviera estrategias para lidiar con esto. Pero he aprendido a tomar otra dirección porque sé lo que es estar en lo más bajo. Y cuando sabes con certeza cómo se siente lo más bajo, no tienes otra opción que encontrar tu alegría".

Y luego me cuenta una historia.

Un par de décadas atrás, cuando Yvonne tenía veintidós años, estaba sentada, aturdida, en una tensa reunión de la iglesia, esperando a que los ancianos salieran de la sala donde estaban decidiendo su destino. Yvonne acababa de confesar de forma pública sus "pecados", incluyendo el hecho de que había comenzado una relación con otro hombre mientras estaba separada, pero todavía no divorciada, de su exmarido.

Los ancianos regresaron a la capilla y anunciaron con gravedad que Dios les había dicho que Yvonne no se arrepentía lo suficiente y la expulsaron de la comunidad, un proceso similar a la excomunión. Desde ese momento, la comunidad —incluidos sus amigos y familiares— decidió evitarla. Hablar con ella se consideraba un pecado por el que otras personas podían ser castigadas.

"Me dijeron que entré a esa habitación viva y salí muerta", recuerda Yvonne.

"Muerta" es un rol social interesante. Por un lado, es una buena práctica para aceptar la naturaleza perecedera de todas las cosas. Por otro lado, significa no recibir apoyo social. Ese era todo el propósito de aislar a Yvonne. Al quitarle a todos los que podrían amarla y defenderla, la iglesia maximizó la presión social para obligar a cualquiera a obedecer. Esperaban que Yvonne volviera al molde, se ajustara a la forma deseada y mantuviera las reglas de su religión para siempre.

Pero eso no fue lo que pasó.

Los siguientes años fueron muy difíciles. Como mujer negra, Yvonne siempre había enfrentado la agotadora rutina del racismo y del sexismo. Ahora sus amigos, sus conocidos e incluso su familia la habían rechazado. "Me dijeron que no era nada, me trataron como si no fuera nada", me dijo. Luego esbozó su sonrisa contagiosa. "Y me alegro mucho, porque de lo contrario, quizá todavía creería lo que me enseñaron de niña. En cambio, me obsesioné con descubrir lo que era verdad para mí. Cuando tuve esa claridad interna, fui *libre*".

Poco a poco, Yvonne comenzó a encontrar una identidad más profunda que cualquier rol. En lugar de volver a su iglesia, comenzó a construir una vida de "edredón de cordura". Tomó una serie de trabajos, guiada por la intuición que llegó para llenar el espacio que antes dedicaba al dogma religioso. Para Yvonne, esta guía llegó en forma de alegría. Sin restricciones por los roles sociales, se dirigió hacia todo lo que le diera una sensación de calidez interior.

Yvonne se sintió muy atraída por ayudar a eliminar la injusticia y la discriminación, las cuales había sufrido de más formas de las que la mayoría de la gente siquiera considera. Reflexionando sobre sus propias experiencias, desarrolló métodos para ayudar a las personas a conectar a través de fronteras culturales, étnicas, religiosas y de otro tipo. Revivió su amor por el diseño (una vez había ido a la escuela de arte) y creó su propio sitio web y manuales de capacitación. Tuvo varios trabajos, de los que adquirió habilidades y competencia en la dirección de organizaciones. "No sabía lo que estaba haciendo de forma *consciente*, pero siempre intuí adónde debía acudir", me dijo.

Al final, la tarea de formarse de manera oficial en EDI atrajo a Yvonne. "¡Eso no me sonó bien!", dijo riendo. "No quería entrar en este campo. ¡Esto es *difícil*!". Pero, por extraño que pareciera, ahí era adonde la alegría de Yvonne la guiaba. Me lo describió como un conocimiento insistente e inexplicable, una atracción magnética de su corazón que desafiaba todas las protestas en su cabeza. Así que hacia allá fue, rompiendo el rol que marcaban las empresas estadounidenses al renunciar a otro trabajo —un puesto lucrativo y prestigioso en Apple)— para lanzar su propia consultora.

Eso fue lo que llevó a la reunión de Zoom conmigo, mis compañeros de equipo e Yvonne. Todavía no hemos dejado de celebrar. No podemos creer la suerte que tenemos de haber encontrado a esta persona a quien le dijeron que no era nada y como tal la trataron, a esta mujer tan adecuada para ayudarnos y enseñarnos, a esta genia creativa a la que *no* podíamos dejar de contratar.

Nunca ha habido un mejor momento para romper cualquier molde social que te limite y comenzar a crear tu vida sobre la armadura de la curiosidad y la alegría. Vivimos en una época de cambio social muy rápido, que se acelera de forma continua. Industrias enteras están colapsando mientras otras surgen; por ejemplo, el venerable negocio editorial se ha transformado por la fácil disponibilidad de información en línea. Airbnb ha sacudido la industria hotelera. Los centros comerciales, que antes bullían de gente, se han vuelto fantasmales a medida que casi todo el mundo compra en línea.

Mientras tanto, la comunicación constante y el intercambio de experiencias que la tecnología hace posible significan que las personas pueden encontrar apoyo para dejar los roles que la sociedad les impuso. Aquellos que exploran las diferentes identidades de género ahora pueden encontrar amistades que comparten sus experiencias. Artistas de cualquier campo pueden conocer a otros con los que comparten intereses e interactuar con ellos. Padres y madres que crían hijos neurodivergentes pueden reunirse y pensar en formas de cambiar la sociedad para satisfacer las necesidades de sus hijos, en lugar de obligar a esos niños a servir a la definición cultural de "normal".

Lo que quiero decir es que la gente está cuestionando y modificando casi todos los roles sociales existentes, rompiéndolos o abriéndolos. Nuevas formas de vivir y de servir a nuestros propósitos están surgiendo en todas partes, como veremos en los siguientes capítulos. Pero para aprovechar estas oportunidades —incluso para percibirlas—, antes necesitamos empezar a romper las reglas que mantenemos para permanecer alineados con roles que la sociedad aprueba. La búsqueda de aprobación es un comportamiento basado en la ansiedad e impulsado por la creencia del hemisferio izquierdo de que solo hay una forma de vivir.

Aquí tienes un ejercicio que te ayudará a abandonar la ansiedad como motivación básica de tu rol e imaginar quién podrías ser si das rienda suelta a tu sentido de curiosidad, de creatividad y de conexión.

Nueva habilidad
ROMPE LAS REGLAS DE TU ROL

1. Completa las siguientes oraciones con algunas cosas que siempre haces, **no porque las disfrutes de verdad, sino porque quieres que los demás te vean bien.** Escríbelas en la primera línea. En la segunda, escribe lo que la gente pensaría de ti si no lo hicieras (mientras lo escribes, es posible que escuches las voces de las personas que te criaron).

Ejemplos:

- Siempre [actividad] *me levanto al amanecer.*
  Si no lo hiciera, la gente pensaría que soy [juicio] *un pedazo de basura perezoso.*
- Siempre [actividad] *uso zapatos caros e incómodos.*
  Si no lo hiciera, la gente pensaría que soy [juicio] *peor que una bárbara.*
- Siempre [actividad] ________________________
  Si no lo hiciera, la gente pensaría que soy [juicio] ________
- Siempre [actividad] ________________________
  Si no lo hiciera, la gente pensaría que soy [juicio] ________
- Siempre [actividad] ________________________
  Si no lo hiciera, la gente pensaría que soy [juicio] ________

Ahora escribe algunas cosas que nunca haces, aunque te gustaría. Te abstienes de hacerlas **no porque sean ilegales o inmorales, sino porque tienes miedo de cómo te juzgaría la gente si las hicieras.**

Ejemplos:

- Nunca [actividad] *hablo por mí misma.*
  Si lo hiciera, la gente pensaría que soy [juicio] *egoísta y exigente.*
- Nunca [actividad] *me quejo.*

Si lo hiciera, la gente pensaría que soy [juicio] *débil y quejumbrosa.*

- Nunca [actividad] ________________________
  Si lo hiciera, la gente pensaría que soy [juicio] __________
- Nunca [actividad] ________________________
  Si lo hiciera, la gente pensaría que soy [juicio] __________
- Nunca [actividad] ________________________
  Si lo hiciera, la gente pensaría que soy [juicio] __________

2. A continuación, rellena el recuadro de la izquierda copiando las cosas que acabas de escribir. Cuando lo hayas hecho, ve al recuadro de la derecha y piensa en lo que de verdad preferirías hacer.

Columna A **Cosas que hago para cumplir mi rol**	**Columna B** **Cosas que preferiría hacer**
Ejemplos: • Siempre me levanto al amanecer. • Siempre uso zapatos caros e incómodos. • Nunca hablo por mí mismo. • Nunca muestro tristeza.	**Ejemplos:** • Me gustaría dormir hasta sentirme descansado. • Me gustaría usar Birkenstocks. • Me gustaría pedir más arroz a la hora de la comida. • Me gustaría llorar en el hombro de alguien.
1.	**1.**
2.	**2.**
3.	**3.**
4.	**4.**
5.	**5.**
6.	**6.**

3. Ahora piensa en algo que podrías hacer hoy de la columna B (en otras palabras, una acción que encaje dentro de lo que consideras moral, pero que se salga *un poco* de las reglas de tu rol). Dicho de otra manera, no crees que haya nada de malo en hacer o no hacer esto, pero las personas que te socializaron no lo verían con buenos ojos.

Ejemplos:

Hoy podría romper las reglas de mi rol al *tomar una siesta a mediodía; usar Birkenstocks para ir a trabajar; decirle a mi hijo adolescente que deje de tocar la batería por la noche; quejarme con todo el mundo que conozco de lo mucho que odio la nieve;* etcétera.

Tu turno:

Hoy podría romper las reglas de mi rol al:

____

____

____

4. Haz lo que quieras. Rompe las reglas. Es probable que te sientas muy ansioso por esto. Solo respira, calma a tu criatura y mantente firme.
5. Repite cada día.

La recompensa de aprender a vivir de esta manera es que nos volvemos cada vez más conscientes de las cosas hermosas que queremos tejer en nuestros edredones de cordura. Al mismo tiempo, casi como una ocurrencia tardía, nos encontramos ampliando nuestras zonas de confort, cambiando nuestro comportamiento de maneras que nos nutren y dejando atrás la ansiedad. Las actividades que provienen de nuestro interior —en lugar de moldes sociales— alimentan nuestro interés, aumentan nuestro vigor físico y mental, y calman nuestros corazones. Cuanto más rompamos nuestro rol, más probable será que combinemos los elementos precisos que componen nuestras misiones de vida más intencionadas. Nadie puede darnos los mapas de estas misiones. Debemos dibujarlos nosotros mismos uniéndonos a la energía de la creación pura.

UNIÉNDONOS CON LA CREACIÓN PARA FORMAR TU MISIÓN

Ahora que hemos visto cómo los roles sociales nos impiden encontrar nuestro propósito y hemos empezado a considerar formas de liberarnos de nuestros moldes particulares, veamos cómo podría ser la vida más allá del mundo de las personas que la sociedad ha moldeado, donde cada uno de nosotros crea según su propio sentido único de propósito.

La mayoría de quienes saben que no están viviendo las misiones de su alma buscan nuevos roles que les queden perfectos, listos para usar, sin necesidad de alteración ni imaginación: un trabajo diferente, un hogar en un clima más agradable, una nueva pareja. Si has hecho un cambio como este y has aterrizado en una vida que se alinea con la misión de tu vida, no podría estar más feliz por ti. ¡Deja de leer! ¡Vuelve a tu gran vida!

Pero la mayoría de la gente es más como la cajera del supermercado adonde fui a comprar provisiones después de un viaje. Me preguntó por qué necesitaba tanta comida, y yo respondí que había estado dirigiendo un safari para cambiar la vida de los participantes en Sudáfrica.

—¡Guau! —exclamó sorprendida—. ¿Cómo conseguiste ese trabajo?

—Mmm... De verdad no lo *conseguí* —le dije—. Más bien... lo inventé".

De camino a casa con mis compras, recordé lo nerviosos que estábamos mis amigos y yo al crear un bloque de edredón de cordura a partir de nuestro amor por los animales y la naturaleza, nuestro compromiso de restaurar ecosistemas, nuestros respectivos intentos de encontrar la felicidad, nuestro amor mutuo y nuestro sentido de misión. Cada uno de nosotros había ayudado a crear este bloque de edredón (el retiro de safari para cambiar tu vida), y se convirtió en un hermoso componente de nuestras existencias individuales. Y aunque es muy inconveniente para la mayoría de nuestros clientes viajar hasta la sabana africana, parece que hay muchas personas que sienten que no pueden permitirse *no* inscribirse.

El filósofo Frederick Buechner definió la vocación o misión de vida como "el lugar donde tu profunda alegría y el hambre profunda del mundo se encuentran". Mi cliente Pete encontró tal intersección: le encantaba viajar y sabía que podía enseñar inglés a personas que querían aprenderlo. La profesora de yoga Lynette me dijo: "*Sé* que podría ayudar a la gente a estar más sana con las prácticas que he inventado", y sabía que muchas personas ansiaban sentirse mejor. Solo los miedos de Pete y Lynette a abandonar roles establecidos y crear alternativas algo originales les impedían adentrarse en esta poderosa intersección de alegría y servicio.

Cuando mis amigos y yo nos propusimos organizar retiros de safari, no teníamos idea de si seríamos capaces de ganar dinero. Nos movíamos por fe, sucumbiendo con frecuencia a episodios de terrible ansiedad. Es probable que tengas miedo, como siempre me pasa a mí, cuando empieces a alejarte de las normas culturales para crear una forma más directa de seguir tu misión. Pero esto no se deberá a una amenaza física en la habitación, como un incendio o un ornitorrinco enfurecido (los ornitorrincos solo miden unos sesenta centímetros, pero pueden apuñalarte hasta la muerte con sus espolones venenosos en el talón). En otras palabras, esto no es miedo verdadero, ni sano, ni útil. Solo es ansiedad. Cuando surja, abórdala con las habilidades que aprendiste en este libro y sigue adelante.

Vive de esta manera y podrías terminar encontrando una misión que nadie más ha imaginado siquiera. Usa el ejercicio anterior —el que te ayuda a identificar cosas poco gratificantes que haces por convención social y te anima a elegir alternativas satisfactorias— una y otra vez. Busca y cambia cada convención de rol que te parezca tóxica o agotadora. Intercámbialas por cualquier cosa que te interese, y quiero decir *cualquier cosa*. Bloque por bloque de edredón, encontrarás que puedes unir muchas de estas cosas hasta que crees una forma de vida que te dé una profunda alegría y ayude a nutrir a otras personas en los lugares donde sus cuerpos o almas tienen hambre.

Cuando hayas creado esta vida de edredón de cordura, puedes darle un nombre. He oído a Leah, la enfermera que ayuda a los insomnes, llamarse a sí misma "la Dama del Sueño". Mis amigos en Sudáfrica llaman a su trabajo "restaurar el Edén"; otros pueden llamarlos sanadores de hábitats. No es raro que la gente empiece a nombrar a otros con títulos que nunca esperaron. Todavía me encojo ante la etiqueta de "*coach* de vida", que no existía cuando era niña, ni siquiera cuando obtuve mi doctorado. El "*coaching* de vida" está *muy* fuera del rol de la academia; es el tipo de título que hace que los académicos tradicionales quieran sacarte y dispararte en la pierna. Pero el rol de "académica de Harvard" me convirtió en un manojo de nervios ansioso. Cuando decidí dejarlo y seguir mi curiosidad hacia la alegría, al fin me sentí "con propósito".

La mayoría de mis amigos viven así. Algunos han tenido un gran éxito al no desempeñar los roles que la sociedad ha definido. De hecho, nunca permanecen en ningún rol reconocido por mucho tiempo y la mayor parte de lo que hacen por placer no les genera dinero. Siguen su curiosidad, permiten que crezca hasta convertirse en sed de maestría y terminan creando cosas muy originales.

Así que estoy a punto de hacer algo que me aconsejaron no hacer: describiré a algunas personas *muy exitosas*. “No vayas por ahí”, me dijeron. “El gran éxito no es fácil de empatizar. Mantenlo simple”. Pero describiré a estas personas, sin disfrazarlas, para que sepas que un gran éxito es muy posible cuando rompemos nuestros moldes sociales y comenzamos a construir nuestra vida a partir de nuestros sentidos más profundos de significado.

- Liz, miserable en su papel de esposa de suburbio y sin querer dar el siguiente paso aprobado por la sociedad hacia el rol de madre, puso toda su energía en la única cosa que encendió una pequeña llama de curiosidad en su cerebro: el deseo de aprender italiano. Si quieres saber qué pasó después, lee *Comer, rezar, amar*.

  Cuando conocí a Liz, me dijo que casi siempre iba adonde la curiosidad la llevaba. En los últimos meses se había obsesionado con la jardinería (esto luego apareció en su novela *La firma de todas las cosas*). Más tarde, durante mi mes de Sapo Artista, le envié un mensaje de texto con una foto de un dibujo que había hecho. Se entusiasmó tanto que se quedó despierta toda la noche creando un mazo completo de 72 cartas de tarot. Liz no planeaba publicar ni vender su nuevo mazo de cartas. Solo le encanta crear.

- Alex creció en Sudáfrica bajo el *apartheid*. Durante su infancia, su familia atravesó dificultades económicas tan intensas que la única forma en que Álex podía comer era seguir a una gallina hasta que pusiera un huevo.

  De joven, Alex rompió con las normas sociales racistas de sus ancestros blancos al hacerse aprendiz de Renias Mhlongo, un brillante rastreador de animales de la tribu shangaan. Los dos se hicieron mejores amigos y rastreadores tan legendarios que numerosos conservacionistas los reclutaron para localizar y proteger a grandes depredadores en todo el mundo. Alex y Renias fundaron una "academia de rastreo" para capacitar a jóvenes de zonas rurales para que pudieran conseguir trabajos poniendo en práctica antiguas habilidades de rastreo para guiar safaris. Luego, Alex lanzó una empresa para crear papillas de alta nutrición que servirían en las escuelas para que cada niño obtuviera los nutrientes de un día completo con el almuerzo escolar, motivando a sus padres a ayudarlos a acceder a la educación.
- Conocí a Susan cuando la nombraron editora en jefe de *O*, la revista de Oprah Winfrey. En la oficina decían que era una "triple amenaza", ya que había tenido éxito como diseñadora de arte, periodista y editora. Como una de las columnistas mensuales de la revista, fui a Nueva York a reunirme con ella. Esperaba que habláramos de nuestro trabajo. No lo hicimos.

  Acababa de leer *Los dientes del diablo*, el apasionante libro de Susan sobre los grandes tiburones blancos, y quería saber más. Después de nuestra discusión sobre tiburones, pasamos a contemplar las olas rebeldes del

> océano, la inteligencia de los delfines y el sueño de Susan de bucear en un submarino de aguas profundas (convertiría cada uno de estos temas en libros superventas). Cuando nos dimos cuenta de que nuestro tiempo había terminado y ni siquiera habíamos mencionado el trabajo, consideramos reunirnos de nuevo para almorzar al día siguiente. Pero Susan no pudo. Tendría que haber faltado a su clase de esgrima.

De nuevo, estoy usando a estas personas exitosas como ejemplos porque quiero que sepas lo que puede pasar cuando nos comprometemos a vivir de una manera creativa y a diseñar vidas que nos llenen de un sentido de propósito. Ninguna de estas personas empezó con un mapa claro de sus misiones. Ninguna de ellas tuvo éxito financiero desde el principio. Alex nunca olvida lo que es tener hambre crónica. Liz recuerda cómo pateaba a un ratón para sacarlo de un agujero en el piso del auto de su familia mientras conducían por los helados bosques de Connecticut. Cuando comenté lo humilde y sencilla que es Susan, ella se rio y dijo: "Nunca me propuse ser algo impresionante. Solo estoy feliz de estar aquí y ser tomada en cuenta".

Estas personas siempre han tenido vidas ricas y abundantes, *tuvieran o no dinero.* Todas pasaron por muchos trabajos y relaciones a medida que creaban sus edredones de cordura. Pero nunca esperaron que ningún trabajo o rol en una relación *fuera* su misión. Una y otra vez, tuvieron el coraje de dejar la comodidad de la convención establecida, de enfrentar críticas y rechazo. Todas sintieron como si estuvieran saltando de una serie de acantilados. Todas sintieron el miedo a lo desconocido.

Y en algún momento, todas sintieron que desaparecían por completo. De hecho, esa fue la gran recompensa.

De nuevo, déjame explicarme.

CUANDO EL EGO SE DISUELVE EN LA CREACIÓN

La mañana del derrame cerebral de Jill Bolte Taylor, ella se encontraba en la ducha y observó su mano apoyada en los azulejos del baño. Mientras su hemisferio izquierdo fallaba intermitentemente, estos objetos seguían cambiando su apariencia. Primero, Jill veía los azulejos y su mano, como de costumbre. Luego, su cerebro izquierdo se desconectaba y veía los azulejos y su mano convertirse en nubes de energía entremezclada. No había separación entre ellos, entre nada. La realidad era solo un campo interconectado de energía vibrante.

Jill no estaba alucinando. Su cerebro no estaba "inventando" lo que veía desde su hemisferio derecho. Solo estaba observando la realidad sin la *edición* y *simplificación* del izquierdo. La versión del mundo como "nubes de energía" coincide con la descripción de la realidad que obtenemos de la física moderna. Las sociedades WEIRD consideran extraño ver eso con nuestros ojos. Y pensarías que obstaculizaría el rendimiento práctico. En el caso de un derrame cerebral masivo, eso es cierto. Pero cuando recurrimos a nuestros hemisferios derechos para crear nuestro camino a través de la vida, obtenemos tentadoras pistas de lo que se siente al mezclarse con la creación, y esto a menudo se asocia con el *máximo* rendimiento.

Esto es lo que Jill me dice que experimenta cuando hace esculturas: una sensación de unidad con la piedra, con la figura que está tallando, con el acto de creación mismo. Yvonne siente que se convierte en la encarnación de la alegría, incluso mientras navega por un territorio emocional explosivo. Liz dice que cuando no quiere escribir, empezar de todos modos pronto la lleva a un lugar donde "las paredes caen" y se disuelve en la creación de la historia. Durante una expedición de rastreo, la mente de Alex está tan tranquila y concentrada que desaparece, convirtiéndose en una parte indistinguible del paisaje y de los animales. Y cuando Susan cumplió su deseo y viajó millas por debajo de la superficie del océano en un diminuto submarino transparente, me dijo que no sintió ningún miedo. Se sintió protegida, segura, parte del mar y de alguna fuerza universal compasiva, sin preocuparse en absoluto por su existencia individual.

Dudo que te educaran para encontrar formas de desaparecer en la creación. En las culturas WEIRD, eso no es algo común. Pero muchas tradiciones antiguas han enseñado a las personas a disolver de forma deliberada sus identidades mientras realizan cualquier tarea. Cultivan el sentimiento que surge cuando vamos más allá de la ansiedad: desaparecemos para nosotros mismos y sentimos que algo insondable nos usa como herramienta de creación.

Lo más parecido que tienen las sociedades WEIRD a este tropo cultural puede ser la imagen de la Fuerza ayudando a Luke Skywalker a disparar sus torpedos de protones en la parte inferior de la Estrella de la Muerte (creo que nuestra necesidad de nombrar esta experiencia, de "confiar en la Fuerza", es parte de lo que hizo que *La guerra de las galaxias* fuera tan exitosa). Los antiguos taoístas chinos lo describen como *wei-wu-wei* (hacer-sin-hacer). Su intención era permitir que el "hacer-sin-hacer" surgiera en cada parte de sus vidas. Es como Luke permitiendo que la Fuerza dirija *todas* sus acciones, desde volar un cohete hasta almorzar.

No existe una traducción fácil al español de *wei-wu-wei* porque la experiencia es, en última instancia, indescriptible. Pero esto puede y nos sucede a todos, aunque sea de formas minúsculas, porque nuestros sistemas nerviosos tienen la capacidad innata de hacerlo.

Un ejemplo que ya he mencionado es la habilidad de conducir un auto. Los conductores experimentados no tienen que pensar de manera consciente una estrategia cada vez que pisan el freno o giran el volante. Y es posible que tuvieras la experiencia de reaccionar a un problema repentino (un animal que se cruza en la carretera, por ejemplo) antes de que tu mente consciente siquiera supiera lo que estaba sucediendo.

Si haces cualquier tipo de trabajo tridimensional que requiera el pensamiento del hemisferio derecho, como jardinería, construcción o cocina, a veces podrías sentir que la tierra, la madera o la comida en tu sartén están "pidiendo" lo que necesitan de una manera que no puedes describir. Los novelistas pueden encontrar a sus personajes diciendo cosas inesperadas. Los pintores hablan de lienzos que "quieren" ciertos colores y formas. Una cirujana cardiovascular me dijo una vez: "Hay un momento en el que el cuerpo del paciente comienza a hacerme saber lo que quiere que hagan mis manos. No tengo idea de cómo describir esa sensación, pero me aseguro de seguir sus instrucciones".

El "hacer-sin-hacer" surge sobre todo cuando hemos dedicado muchas horas a alcanzar la maestría en alguna habilidad creativa y luego *dejamos de intentar controlar* lo que estamos creando. Esta es una hazaña paradójica, un equilibrio al filo de la navaja entre las habilidades que hemos integrado y la relajación completa. Pero fuimos diseñados para lograrlo.

Aquí tienes un ejercicio para ayudarte a empezar.

Nueva habilidad
HAZ SIN HACER

1. Elige algo que quieras crear. Podría existir en el espacio, como un objeto, o en el tiempo, como una pieza musical, o ambas cosas. Podría ser hacer algo como bailar en línea, reconfigurar tu camioneta o cualquier actividad creativa que disfrutes.
2. Busca algunos ejemplos de personas que hagan este tipo de cosas *con maestría*.
3. Comprométete a una práctica lúdica e intenta hacer tu propia cosa (tu objeto, tu música) tan bien como lo hacen los maestros.
4. Si este pensamiento te produce ansiedad, calma a tu criatura, conéctate con la curiosidad y sigue adelante. Niégate a desanimarte.
5. **Ahora cambia tu atención cuatro veces: ve arriba, ve abajo, vete, vuelve a entrar.**

   - **Ir arriba** significa alejarse mentalmente, como un halcón que vuela cada vez más alto, hasta que puedas ver el propósito al que estás tratando de servir al hacer esto. Por ejemplo, cuando trabajo con Yvonne, estamos "yendo arriba" de forma constante para mirar nuestro objetivo final de crear una empresa que ayude a catalizar una sociedad más justa.
   - **Ir abajo** significa regresar a la actividad inmediata. Concéntrate por completo en hacer que esa pequeña tarea te lleve hacia el propósito que acabas de ver desde arriba. Mi equipo y yo pasamos de las aspiraciones más elevadas a las

labores prácticas: escribir un poco de texto para nuestro sitio web, tomar una foto, cualquier pequeño paso que debamos dar para seguir nuestra misión general.

- **Irse** significa exactamente eso. Levántate y camina, o lee una novela, o nada en un río, o juega *Calabozos y dragones* con tus amigos, o mira cómo se ve tu sala cuando estás boca abajo. Haz algo que te obligue a dejar de pensar en las tareas de tu misión.
- **Volver a entrar** significa regresar a esa cadena de pequeñas tareas que te conducen a tu propósito más elevado, mientras mantienes la mentalidad relajada y abierta de un viajero. Las actividades pueden parecer diferentes ahora. Las verás desde nuevos ángulos. Conectarás cosas nuevas. Transferirás ideas que surgieron mientras deambulabas para resolver problemas que antes te confundían.

La insistencia de Yvonne en la alegría es uno de esos golpes de genialidad. "Vamos", dirá, "puedes hallar una manera de hacer esto que te eleva. ¿Agradable? No siempre. ¿Gozoso? Por supuesto".

6. Haz esto una y otra vez hasta que empieces a sentir que algo piensa, habla o se mueve a través de ti, sin que tengas necesidad de esforzarte. Al principio, esto puede ser solo un destello, pero cada vez que practiques, deberías sentir más momentos de "hacer-sin-hacer". De forma gradual, tu cerebro programará este estado como su forma favorita de avanzar.

EL JUEGO DE LA CONCIENCIA

No puedo hacerte sentir esta extraña y maravillosa sensación de disolverte en la creación, así que, *por favor, intenta el ejercicio anterior en lugar de solo leerlo.* Compara la sensación con lo que se siente al cumplir las reglas de tu rol social, sea cual sea este. Para la mayoría de nosotros, vivir en estricta adherencia a los roles disponibles en nuestra sociedad dominada por el cerebro izquierdo nos deja sin otro objetivo que "justificar nuestra existencia trabajando". Pero fundirse con la creación, permitiéndonos seguir la curiosidad y la creatividad del hemisferio derecho, es lo suficientemente bueno como para ser un fin en sí mismo.

Si puedes recordar algún momento de maestría relajada (un movimiento inspirado en el campo de juego o en la pista de esquí; la primera vez que tus dedos hallaron de forma automática un acorde en tu guitarra; la extraña audacia que te empujó más allá de tu timidez, haciéndote decir justo lo correcto a la persona de la que pronto te enamorarías; el repentino florecimiento de una nueva idea, *gadget*, grupo o evento), recuerda cómo se sintió esa sensación. Imagina sentirla más a menudo, sentirla *todo el tiempo*.

¿Es común este río constante de descubrimientos dichosos? ¡Para nada! ¿Es posible? Durante miles de años, la gente ha demostrado que la respuesta es que sí.

En algunas filosofías indias, el universo mismo es visto como un producto de este tipo de energía absorbente, que se conoce con la palabra *Lila* ("juego divino"). El cosmos consciente, sintiendo su propia identidad a través de diversas formas, está creando la realidad por el mero placer de hacerlo. Cuando tomamos conciencia de este sentimiento y notamos la fuerza de la creación dirigiendo nuestras acciones, sentimos una sacudida de asombro que los sabios indios llaman "el esplendor del reconocimiento". La Fuerza dentro de nosotros se ve a sí misma como una con la Fuerza que nos rodea: lo divino encontrando lo divino, jugando en una nueva forma.

A Liz Gilbert le gusta contar la historia de una bailarina que conoció, quien fue elegida para interpretar a Juana de Arco en *Diálogo seráfico*, una de las obras más icónicas de la gran coreógrafa Martha Graham. En ese momento, esta estrella de la danza en ascenso tenía solo dieciocho años. Estaba tan extasiada como ansiosa porque la eligieron para interpretar a Juana. En la noche del estreno, esperando que subiera el telón, tuvo un verdadero ataque de pánico. "Recé para que el suelo se abriera y me tragara", le dijo a Liz. "Y entonces… lo hizo. Desaparecí. Y Juana de Arco salió a ese escenario".

Esta bailarina no quiso decir de manera literal que el espíritu de una heroína francesa muerta hace mucho tiempo la hubiera poseído. Quiso decir que la Fuerza —cualquiera que fuera la fuerza que impulsó a la verdadera Juana de Arco, así como al ficticio Luke Skywalker— parecía tomar el control de su cuerpo y de su mente.

Cuando Andrew Newberg y Eugene d'Aquili estudiaron a personas que sentían una sensación de unidad con toda la creación, descubrieron que estos meditadores experimentaban dicha cuando dos partes de su cerebro se silenciaban: una que nos da la sensación de estar separados del resto del universo y otra que nos hace sentir que tenemos el control. ¿Perder nuestro sentido de identidad y nuestro sentido de control? ¡Ay! ¡Esa es la peor pesadilla del hemisferio izquierdo! ¡Te socializaron para evitarlo durante toda tu vida!

¡Pero cómo baila!

Cuando empezamos a romper con los roles sociales, rindiéndonos a la energía de la creación universal al seguir lo que nos ilumina, sentimos esta experiencia trascendente. No solo ocurre cuando estamos frente a una audiencia. Puede ser igual de intensa cuando regamos nuestras plantas, dirigimos una reunión, aprendemos un idioma, jugamos con nuestros hijos o le escribimos un correo electrónico a una amiga.

Si calmas tu ansiedad, te alejas de los roles que te han sido asignados y te diriges hacia las acciones que te brindan dicha, terminarás en más y más lugares donde tu profunda alegría se encuentre con la profunda necesidad del mundo. Eso te motivará a esforzarte por la maestría porque es absorbente, el extremo más lejano de la *diversión*.

En algún momento, cuando hayas ido arriba y abajo, te hayas alejado y vuelto a una tarea, puede que olvides controlar cualquier cosa en absoluto. Es posible que te dejes llevar por la confianza en la Fuerza. Y entonces, para parafrasear a Eleanor Roosevelt, harás cosas que crees que no puedes hacer, porque no eres tú quien las está haciendo. No habrá diferencia entre tú y el resto de la creación. Habrás "vuelto a casa", a tu Ser desinteresado.

10
CONSTELANDO UN ECOSISTEMA

Si por casualidad conducías por Sussex Occidental, Inglaterra, en algún momento de la década de 2010, es posible que hubieras visto a un hombre pequeño y discreto caminando por la carretera, recogiendo basura y metiéndola en grandes bolsas de plástico. Si conducías la misma ruta con frecuencia, podrías haber visto a este sujeto en múltiples ocasiones, porque a menudo caminaba más de treinta kilómetros al día, levantando y embolsando todo con entusiasmo, desde animales muertos hasta tostadoras rotas.

Sin saber nada más sobre el hombre que recogía basura, quizá no te habría sorprendido enterarte de su difícil historia. Era uno de seis hijos, pequeño para su edad, afligido por tics y compulsiones que hoy quizá se diagnosticarían como TOC o síndrome de Tourette. Incluso de niño, sabía que era gay y vivía aterrorizado de ser descubierto; un miedo que resultó justificado más tarde, cuando su padre supo sobre su homosexualidad y lo desterró de la casa. Como adulto joven, el recolector de basura vagó de un interés a otro hasta que encontró algo a lo que podía comprometerse: las drogas. Casi cualquier cosa que alterara su mente serviría, aunque prefería la metanfetamina. Financió su adicción y se ganó la vida a duras penas haciendo trabajos manuales, limpiando casas y departamentos.

“Pobrecito”, habrías pensado al escuchar todo esto. Tu corazón podría haberte dolido por el hombre, ahora de sesenta años, mientras lo veías avanzar con las manos ensangrentadas de tanto hurgar entre la basura para recoger latas de refresco y bolsas de plástico con excrementos de perro. Lo que quizá no habrías adivinado es que también posee varias casas, las decora con pinturas originales de artistas como Picasso, y contrata un jet privado cuando tiene algún contratiempo en sus viajes. Limpiar carreteras día tras día es solo su pasatiempo.

El hombre se llama David Sedaris. Es famoso por escribir ensayos humorísticos, que lee en voz alta ante auditorios abarrotados en todo el mundo. Ahora bien, esto no suele ser un trabajo fácil de conseguir. En la oficina de desempleo no te preguntarán: “¿Ha considerado escribir ensayos humorísticos sobre su vida y luego leerlos en voz alta?”. Incluso para autores exitosos —que son muy pocos—, la mayoría de las lecturas de libros atraen a audiencias minúsculas. La única persona que se me ocurre que tuvo una carrera similar a la de Sedaris es Mark Twain, pero Twain no tenía la competencia de la televisión, del internet o de los audiolibros. Y, desde luego, nunca dio conferencias en China o Rumania. Sedaris llena recintos adondequiera que va, desde la Ópera de Sídney hasta el Carnegie Hall.

Este éxito no provino de seguir las reglas, de adular a las personas adecuadas, ni de subir la escalera del éxito. Sedaris rompió reglas a diestra y siniestra. Hizo lo que le gustaba, desde las drogas hasta la limpieza de casas (un maniático obsesivo del orden, eligió el trabajo no solo porque necesitaba el dinero, sino porque lo disfrutaba). Sobre todo, *se negó a dejar de crear*. Con el tiempo, escribió tanta prosa extraña y divertida y se volvió tan bueno leyendo en voz alta que más de quince millones de personas compraron sus libros. Incluso después de alcanzar fama y fortuna, siguió haciendo lo que quería: limpiar carreteras, kilómetro tras kilómetro.

UN NUEVO ECOSISTEMA ECONÓMICO

Podríamos entender la carrera de Sedaris como una mera casualidad, una historia de una en un millón de alguien que logró el éxito a pesar de entregarse a su excentricidad. Pero después de ver de primera mano cómo cientos de clientes y amigos han encontrado el éxito en caminos profesionales poco probables, no lo considero así. Creo que Sedaris es rico y famoso *porque se entregó* a su excentricidad. Se ha convertido en el centro de una red de apoyo y abundancia de personas, ideas, eventos y riqueza financiera que se forma de modo natural alrededor de quienes viven de forma creativa. Llamo al proceso de conectar con una red así "constelar un ecosistema económico", y creo que todos podemos hacerlo.

Este capítulo discutirá cómo puedes constelar una nueva forma de vivir —y de ganarte la vida— a medida que pasas menos tiempo inmerso en espirales de ansiedad y más siguiendo espirales de creatividad. Cuando digo "constelar", me refiero a reunir, de la misma manera en que las abejas se reúnen alrededor de las flores o los turistas, alrededor de los artistas callejeros. Cuanto más te permitas encarnar a tu genio creativo único, más podrás convertirte en el centro de un sistema que no solo alimenta tu alma, sino que también te hace ganar una fortuna. Sin siquiera proponértelo, puedes crear una forma de prosperar que nunca antes ha existido.

ECOLOGÍA NATURAL VS. LA ECONOMÍA "WEIRD"

Pero, primero, ¿qué quiero decir con "ecosistema"? Un ecosistema —por ejemplo, una jungla o un arrecife de coral— es una red de seres vivos en la que cada componente responde de manera constante a todos los demás y al entorno que lo rodea. Durante gran parte de la historia humana, nosotros, como especie, hemos vivido como componentes cooperativos de ecosistemas. Los khoisan, que han ocupado el sur de África por más tiempo que cualquier otro humano en cualquier lugar del mundo, sobrevivieron cientos de miles de años de esta manera. Cuando llegaban las lluvias, buscaban plantas comestibles. En la estación seca, era fácil cazar animales en los abrevaderos.

Casi todos los pueblos "premodernos" que conocemos entendieron la lógica de cooperar con sus ecosistemas locales. Hubo excepciones, como los habitantes de la Isla de Pascua, que talaron todas las palmeras de la isla, debido a lo cual alteraron tanto el ecosistema que muchos terminaron comiéndose unos a otros, muriendo de hambre o ambas cosas.

Pero la mayoría de las sociedades tradicionales estaban compuestas por personas inteligentes que entendían que no es buena idea saquear y destruir un ecosistema cuando eres parte de él. Como me dijo una vez un chamán peruano: "Dame un pez, como por un día. Enséñame a pescar, como para toda la vida. Enséñame a mantener a los peces vivos y sanos, y mis descendientes comerán para siempre".

Pienso que podemos vivir creando sistemas cooperativos en miniatura dondequiera que nos encontremos en el mundo, en la sociedad y en la economía. La mayor parte de este capítulo explicará cómo puedes hacerlo. De hecho, en nuestro punto de la historia, constelar tu propio ecosistema económico no es solo una buena idea: es una forma de evitar el peligro a medida que la economía que domina nuestro planeta colapsa bajo sus propias creaciones.

LA JAULA DE HIERRO DEL MUNDO "WEIRD"

—Mira, a mí tampoco me gustan las reuniones de profesores —dice un colega al que llamaré doctor Delmer Sombrerazo. Me ofrece una sonrisa, la sonrisa tolerante que un profesor amable le dedica a una profesora treintañera como yo—. Pero si puedes apretar los dientes y aguantar unos pocos años, podrías conseguir la titularidad, como yo. —Sombrerazo gesticula alrededor de su oficina, llena de libros, papeles, una foto de su esposa e hijos, y el excremento de dinosaurio fosilizado que una vez recibió a manera de broma—. Yo ya tengo la vida resuelta aquí. Vale la pena la miseria.

—Eh, de acuerdo —digo—. Yo... entiendo.

Esto es cierto, en el sentido de que puedo oír los sonidos que salen de su boca. En cuanto a su argumento, no tiene más sentido para mí que la propuesta del cartógrafo cerebral de "tratar" mi atención basada en intereses. La idea de pasar el resto de mi vida luchando pequeñas batallas intelectuales, escribiendo artículos que, en promedio, siete colegas aburridos y polémicos leerán, me pone la piel de gallina. Fijo mis ojos en el excremento de dinosaurio y exclamo:

—Solo... Solo no puedo.

Sombrerazo se reclina en su silla, exasperado.

—Bueno, entonces supongo que nunca serás más que una humilde esposa de profesor.

Es un regalo que lo diga así. En el mundo tan cauteloso de la academia, no sueles escuchar cosas expresadas con tanta franqueza. Las palabras de Sombrerazo me han obsequiado una historia que vale la pena contar una y otra vez, como lo estoy haciendo ahora mismo, y me siento llena de gratitud.

Pensaré a menudo en Sombrerazo en los años venideros. Pensaré en él mientras me preocupo y hago presupuestos, tratando de publicar mi primer libro. Pensaré en él cuando escuche que la universidad lo despidió, con o sin titularidad; nunca sabré por qué. Y pensaré en Sombrerazo el año en que me dé cuenta de que acabo de pagar más impuestos que la cantidad total que gané durante mis años en la academia.

Pero en el momento de esa conversación, no estaba tan segura. De hecho, estaba de acuerdo con él en que debería conservar mi trabajo sensato, luchar por la titularidad, con todo lo que eso implicaba. Pero estaba física y psicológicamente agotada. Mis enfermedades autoinmunes hacían que fuera imposible sentarme, pararme o usar las manos por mucho tiempo. La poca energía que tenía debía ir a mis tres hijos pequeños. Incluso ese día aterrador sabía que la economía del mundo moderno estaba cambiando y que los trabajos "seguros" no lo serían para siempre.

Siendo una persona cercana a la cima de la pirámide económica, Sombrerazo no compartía mi inquietud por la seguridad laboral. Él esperaba que su configuración financiera actual lo mantuviera para siempre. Pasaba por alto realidades incómodas, como el hecho de que despedían a los profesores titulares con más frecuencia y que gran parte de nuestros sistemas económicos comenzaban a resquebrajarse, fragmentarse y disolverse. Dudo que alguna vez hubiera imaginado un mundo sin el sistema social que siempre había experimentado, el sistema diseñado para colocar a unas pocas personas ricas y privilegiadas en la cima de una pirámide económica.

Estos pocos privilegiados —hombres blancos con propiedades— eran "todos los hombres" que Thomas Jefferson tenía en mente cuando escribió las palabras "Todos los hombres son creados iguales", mientras era atendido por personas que él consideraba de su propiedad. La economía del mundo WEIRD, incluida la institución de la esclavitud, fue diseñada para mantener ricos a hombres como Jefferson con base en la explotación del trabajo de otros.

Y funcionó. Funcionó de maravilla. En los siglos que siguieron a Jefferson, los ricos se hicieron más ricos, y los pobres siguieron creando cada vez más riqueza que no podían conservar. Ah, claro, esto condujo a revoluciones en lugares como China y la antigua Unión Soviética. Pero estas revueltas solo impulsaron a un grupo diferente a la clase explotadora, empujando a muchas personas antes privilegiadas a las masas hambrientas. Como decían en China cuando hice una investigación en la década de los ochenta: "Bajo el capitalismo, el hombre explota al hombre, pero bajo el comunismo, es al revés".

Esta situación sigue funcionando para ti si eres parte del uno por ciento de los humanos que, al momento de escribir esto, poseen la mitad de la riqueza mundial. De hecho, el sistema es bastante bueno si te encuentras entre el 10 por ciento más rico de los adultos, quienes tienen el 85 por ciento de toda la riqueza del planeta. Las cosas se ponen menos emocionantes si perteneces a las otras nueve décimas partes de la población humana, que tienen que repartirse el 15 por ciento restante de los recursos económicos del mundo.

Mucho antes, a principios del siglo xx, el "padre de la sociología", Max Weber, predijo todo esto. Describió cómo serían los trabajos mucho antes de que estuvieran generalizados. A Weber le fascinaba la economía estadounidense porque las personas que la crearon, señaló, estaban impulsadas por una creencia religiosa de que Dios siempre concede riqueza a los justos. Así que construyeron una economía obsesionada con maximizar la riqueza. Esto algún día conduciría a empleos específicos y especializados que maximizarían la eficiencia y las ganancias.

Weber llamó a esto "la jaula de hierro del racionalismo" y afirmó que un día arrastraría a todos los humanos hacia sí misma, aplastando su individualidad. Luego se fue a acostar por unos años, paralizado por la depresión, el insomnio y la ansiedad. En otras palabras, hizo un excelente trabajo al prever un futuro en el que casi todos terminarían en una jaula diseñada por el hemisferio izquierdo, y se vio arrastrado por los problemas emocionales típicos de alguien atrapado en esa misma prisión. Murió en 1920 a los cincuenta y seis años, a causa de una pandemia de gripe que no predijo. Nadie puede pensar en todo.

CÓMO Y POR QUÉ LA JAULA DE HIERRO ESTÁ COLAPSANDO

De hecho, mientras la mente brillante de Weber concibió el desarrollo de trabajos similares a los de las máquinas, no mencionó la característica más paradójica de la jaula de hierro: no fue diseñada para sostener la vida. Su enfoque mecanicista del dinero ignora el hecho de que los humanos no nacimos para depender de él, sino para depender de sistemas biológicos porque somos sistemas biológicos.

Este hecho brillaba como un letrero de neón en mi mente mientras escuchaba a Delmer Sombrerazo y pensaba en mi pésima salud y mis tres hijos. Sabía que la descripción de la carrera de un profesor, como la mayoría de los trabajos de la jaula de hierro, se basaba en la suposición de que cada académico tendría un activo invisible que el sistema no valora en absoluto: una "humilde esposa de profesor".

Sin la humilde esposa del profesor Sombrerazo trabajando tiempo completo sin remuneración para mantener a su familia, toda su forma de ser se desmoronaría. El trabajo de la jaula de hierro no podría existir sin esposas humildes, porque no hay nada en él que cuide a las personas: criar hijos, consolar a los enfermos, ayudar a los ancianos, crear los lazos emocionales que todos necesitamos para mantenernos cuerdos. La señora Sombrerazo, como millones de otras personas "humildes" no remuneradas, hacía todo eso gratis. Pero a su esposo —y a ella— les enseñaron a valorar solo los trabajos que ganan dinero a la manera de la jaula de hierro. La mayoría de ellos no se puede hacer mientras se cuida al mismo tiempo de nuestros cuerpos, de los unos a los otros o de la Tierra.

Así que aquí está nuestra irónica situación: miles de millones de personas se han forzado a realizar trabajos miserables, pensando que esto es necesario para mantenerse vivas y criar familias. A corto plazo, eso parece cierto. Es lo que recomendaría cualquier espiral de ansiedad que se precie. Pero a largo plazo, o empezamos a usar nuestras mentes creativas brillantes para *cuidar la vida* o terminamos como los habitantes de la Isla de Pascua, destruyendo las condiciones necesarias para nuestra propia supervivencia.

En resumen, no necesitamos realizar trabajos de jaula de hierro para que todos podamos sobrevivir; muchos necesitamos *dejar* de hacer esos trabajos para que todos podamos sobrevivir.

Cuando esto se me ocurrió por primera vez, sentí como si hubiera estado corriendo a toda velocidad por una pista de carreras, dándolo todo, y de repente percatarme de que la meta estaba en la dirección opuesta. Al principio fue confuso. Va en contra de nuestra sabiduría convencional y no hay un camino claro hacia ello dentro de la lógica dominada por el hemisferio izquierdo de nuestra sociedad actual. Pero cada vez más personas están escapando de sus jaulas, ya sea porque no pueden tolerar las condiciones o porque el cambio social y los avances tecnológicos están destrozando toda la prisión de hierro que dominó el siglo pasado.

Mientras escribo esto, industrias que nuestros abuelos consideraban permanentes y estables están desapareciendo o cambiando radicalmente. Incluyen viejos pilares como la agricultura, la manufactura, los servicios postales, los servicios hoteleros, la conducción de taxis, el asesoramiento financiero, la edición y todos los medios impresos, y cientos más. Hace poco recibí un correo electrónico de un ministro que me decía que los demás ministros ahora están usando inteligencia artificial para componer sermones (sermones *muy buenos*). "¿Cómo puedo competir?", me preguntó. Antes de escucharlo, ni siquiera era consciente de que los ministros tienen que competir, pero, por supuesto, en nuestro sistema social, deben hacerlo. Y quienes usan la última tecnología están ganando la competencia.

Funcionar en esta situación no requiere repeticiones robóticas de trabajo de fábrica. Requiere creatividad. Si nos alejamos de la ansiedad y nutrimos nuestra creatividad, podemos usar las tecnologías emergentes para hacer casi cualquier cosa.

LO QUE EL MUNDO NECESITA AHORA ES CREATIVIDAD

En 2005, Daniel Pink publicó *Una mente completamente nueva. Por qué los cerebros derechos gobernarán el futuro*. La idea básica presentada en el superventas de Pink era que se mecanizarían cada vez más los aspectos metódicos y analíticos del mundo empresarial, y que los activos más valiosos en el futuro serían cualidades centradas en el hemisferio derecho, como la capacidad de jugar, de mostrar empatía, de crear significado, de diseñar cosas y de contar historias. Los críticos atacaron el trabajo de Pink por simplificar en exceso las funciones del cerebro. Lo mismo puede decirse de cualquier libro que simplifique la disparidad entre hemisferio derecho e izquierdo (incluido este), aunque considero que se trata de una simplificación muy útil. Sin embargo, nadie criticó Pink por no haber llevado sus predicciones *lo suficientemente lejos*.

Por ejemplo, Pink propuso que "los maestros en bellas artes son los nuevos maestros en administración de empresas", que las personas con títulos en artes se volverían más cotizadas que las personas con títulos en ciencias. No predijo que cualquier título académico se volvería cada vez menos útil para conseguir trabajo, que la universidad podría volverse irrelevante para las carreras de los profesionistas. Pero en 2016, Charles Sykes, miembro principal del Instituto de Investigación de Políticas de

Wisconsin, escribió que "enviar a un hijo a una universidad privada ahora es como comprar un BMW cada año y conducirlo por un acantilado". Citó los costos astronómicos y el hecho de que, en lugar de garantizar un trabajo, una educación universitaria puede entorpecer la preparación de muchos graduados para el mundo real.

Pink también dijo que las grandes empresas contratarían a cada vez más "personas del hemisferio derecho". No dijo que las grandes empresas empezarían a colapsar a medida que las nuevas tecnologías permitieran que las pequeñas empresas o incluso los individuos las superaran en competencia y precios. Y al igual que Weber, Pink no podría haber predicho que las pandemias se volverían cada vez más probables a medida que la gente invadiera los ecosistemas naturales y entrara en contacto con nuevos microorganismos. Las pandemias, como ya sabemos, aceleran muchas transiciones sociales, cambiando de manera permanente negocios como los viajes, el trabajo administrativo, los casinos, los gimnasios, los supermercados, los restaurantes y muchos otros.

Todas estas listas deleitan a mi pequeño Sapo Sociólogo, así que por favor permítanme darles una más. (¡Claro que tengo un Sapo Sociólogo! ¿Creen que estaría escribiendo esto si no lo tuviera?). Aquí algunos de los trabajos que surgieron de la nada a medida que muchas grandes empresas comenzaron a tambalearse:

- Gestión de comunidades en línea
- Desarrollo de sitios web y aplicaciones
- Arte tridimensional
- Análisis de marketing en línea

- Desarrollo de juegos
- Alojamiento en airbnb
- Investigación *freelance*
- Tutoría en línea
- Diseño de interfaz de usuario
- Edición de video
- Entrega de comida por doordash
- Lectura de ensayos personales humorísticos, una industria lucrativa compuesta por David Sedaris

Muchos de estos trabajos son parches en una economía de microempleos, donde la gente apenas sobrevive sin prestaciones como seguro médico o vacaciones pagadas. No son ideales, pero son una señal de que las grandes empresas, antes necesarias para prestar servicios como la producción y entrega de alimentos, están siendo suplantadas por proveedores más pequeños y más ágiles.

Para muchas familias, ganar suficiente dinero en efectivo para cuidar a niños, enfermos, discapacitados y ancianos requiere ahora de al menos dos personas trabajando de tiempo completo. Y recordemos: estos trabajos "normales" los diseñaron para personas que *se suponía que tenían esposas que se quedaban en casa*. Esta es la razón por la que uno de los sectores de más rápido crecimiento en nuestra economía es el de la atención médica domiciliaria y cuidados personales. A medida que nosotros, organismos biológicos, nos debatimos en un sistema económico que asume que funcionamos como máquinas, nuestras necesidades físicas y psicológicas quedan desatendidas. Necesitamos el tipo de apoyo que las personas "premodernas" se ofrecían de manera mutua viviendo y trabajando en estrecha conexión.

Para cuando leas esto, aún más industrias a la antigua habrán desaparecido o sido reemplazadas por personas que no necesitan más que sus teléfonos y sus intereses de genio creativo para ganarse la vida. Sus acciones no encajan en el patrón de un trabajo de jaula de hierro, donde un hombre ficha trabaja como un engranaje y recibe un flujo constante de riqueza que pueda llevarle a casa a su humilde esposa.

Todas estas son muy malas noticias si planeas depender de la economía de la jaula de hierro para que te mantenga para siempre. Pero si estás dispuesto a poner tu energía en diseñar tu vida y tu carrera como un ser creativo, las noticias son maravillosas.

Durante el resto de este capítulo, veremos formas en las que podemos volver al modelo ecosistémico de la naturaleza para reemplazar la pirámide de riqueza de nuestra cultura, que es muy injusta, inhumana y está colapsando. Empieza con esto: al imaginar cómo te ganarás la vida, no pienses en una fábrica. Piensa en un bosque. Permíteme dar algunos ejemplos para mostrarte lo que quiero decir.

CÓMO PUEDEN FUNCIONAR LOS ECOSISTEMAS ECONÓMICOS

Emma Gannon no tiene un trabajo, solía tenerlo. Por un tiempo, trabajó en publicidad, luego pasó a escribir para revistas. Pero durante los últimos años, Emma ha ganado dinero de muchas fuentes, incluyendo pódcast, enseñanza en línea, autoedición, charlas, enlaces de afiliados y una plataforma de boletines por suscripción llamada Substack. Hace poco vendió los derechos de su pódcast a la plataforma de resúmenes de libros Blinkist. Ella explica su proceso de desarrollo profesional en libros como *El mito del éxito* y *El método de guion múltiple. Trabaje menos, cree más y diseñe una carrera que funcione para usted.*

"Siempre tengo dinero que entra de múltiples fuentes de ingresos", dijo Emma durante un almuerzo en un restaurante de Nueva York, "incluso si cada fuente no es mucho dinero, juntas me hacen sentir muy segura".

Como los seres vivos en un ecosistema, diferentes elementos de la carrera de Emma crecen y disminuyen. Esto no le molesta, dice; se adapta al cambio constante y cambia su enfoque dependiendo de sus propios intereses variables. Por ejemplo, dejó de grabar su exitoso pódcast no porque no estuviera funcionando bien, sino porque sintió que su atención se estaba desviando. "El pódcast ya no era mi punto de pasión", dijo. "Sentía que se me cerraba la garganta cuando me acercaba al micrófono. Todo lo que quería era dedicar tiempo a Substack".

En un año, los ingresos de Emma de Substack pasaron de ser "dinero de bolsillo" a un nivel de ganancias que podría haberla mantenido. Pero ella continúa entregando su genio al mundo de muchas maneras, haciéndolo por amor, no por dinero, y ofreciendo muchos servicios de forma gratuita. "A veces, si eliminas la presión y el intercambio monetario de la ecuación, obtienes un espacio para experimentar. Si sale mal, ¿a quién le importa? Si a la gente no le gusta, ¿a quién le importa? Así que es un buen lugar para probar cosas". Ella cobra por los servicios cuando está segura de que son valiosos e interesantes para los demás. La forma en que describió su proceso reveló que era un ejemplo perfecto de "práctica lúdica":

> Mi carrera es como ondas de sonido que voy modulando. Es como [decir]: "Esta funciona mejor, así que... súbele, sube la intensidad. Esta se está apagando. Baja el volumen". Siento que estoy jugando. Todo es un juego.

Esto no significa que no trabaje duro para dominar cualquier oficio que emprenda para ganar dinero. "No me siento cómoda con eso de 'Ah, dejaré mi trabajo y me convertiré en *influencer* de TikTok'", dijo. "No estamos hablando de eso". Ella cree en dominar habilidades que sean valiosas.

"Un negocio próspero comienza cuando piensas: 'Eso parece divertido' y luego experimentas para ver qué funciona. Se nos dice que solo podemos ganar dinero de cierta manera, que debemos ir a una oficina y hacer un trabajo. Pero estamos en un universo infinito de oportunidades... Puedes ganar dinero con cosas que te encanta hacer", dijo.

Tu lista de pasatiempos favoritos e impulsos creativos puede ser diferente a la de Emma. Pero debido a que la tecnología ahora te pone en contacto con personas que comparten casi cualquier interés, algo que te encante hacer o crear —tal vez varias cosas que te encante hacer o crear— le interesará a alguien. Si dejas que tu creatividad florezca, dominando un arte hasta el punto en que puedas ejecutarlo sin dificultad, tus esfuerzos tendrán un valor real para otros, quienes querrán lo que crees o querrán aprender cómo lo creaste.

El ecosistema económico de David Sedaris es algo similar al de Emma Gannon. Consiste en una creatividad continua en forma de libros, artículos, historias, actuaciones y grabaciones que resaltan su habilidad para escribir y su peculiar visión del mundo.

Hemos visto un ejemplo muy diferente, pero no menos relevante, en mi amigo Alex van den Heever, a quien conocimos en el capítulo 9. Alex se gana la vida rastreando animales, haciendo conservación de la naturaleza, produciendo papillas, entrenando guías de safari, dando discursos públicos y escribiendo. Percibe todas sus actividades como parte de su misión personal, y cada una apoya a las demás; por ejemplo, un niño que se benefició de sus nutritivas papillas podría crecer con conciencia de su pasión por la rehabilitación de la vida silvestre, luego unirse a su academia de rastreadores y aportar nueva información e historias para sus libros y discursos. No hace esto de manera calculada, pero, dado que todas sus actividades fluyen de su centro creativo, terminan beneficiándose unas a otras como los componentes de cualquier ecosistema.

He visto a muchas personas formar ecosistemas económicos (lo que Emma Gannon llama "el método del guion múltiple") al dar rienda suelta a todo tipo de intereses creativos. Rob combina su amor por los deportes al aire libre, desde el esquí y el surf hasta el alpinismo, con una pasión por el autoconocimiento. Sus clientes le pagan para que los convierta en mejores atletas mientras enfrentan sus miedos físicos, una habilidad que luego aplican para afrontar y silenciar sus demonios internos. Cecily ama hornear y ha creado transmisiones en línea de sus proyectos de repostería para cientos de clientes, quienes le pagan unos pocos dólares al mes para verla en vivo mientras crea y ejecuta nuevas recetas. Owen y Greg son hermanos que escriben e interpretan su propia música. Aunque nunca han tenido un contrato discográfico, su cuenta de Patreon les genera una suma considerable de forma regular.

Todas estas personas siempre están buscando nuevas plataformas, añadiendo intereses y monetizando habilidades que han desarrollado durante años. No han creado nuevos trabajos de jaula de hierro; han constelado nuevos ecosistemas que esperan que cambien con el tiempo, y tienen la intención de dejar que sus carreras cambien con ellos.

"Es algo vivo", dijo Rob sobre su propio ecosistema. "Cambiará. Todo está cambiando siempre. Eso es un hecho. Si dejas de obsesionarte con tener el tipo de trabajo que tenían nuestros abuelos, puedes descubrir la belleza de estar siempre retado a cambiar y permitir que esos cambios transformen la manera en que te las arreglas para salir adelante".

CÓMO EMPEZAR

Me gustaría decirte que el día que dejé la academia, sentada en la oficina de Delmer Sombrerazo, me sentía segura y confiada. Pero, de hecho, estaba cerca de un ataque de pánico. Mi ansiedad solo creció en los días posteriores a mi renuncia. Traté de pensar en otros trabajos que pudiera seguir, pero entre mis discapacidades y mis hijos, no se me ocurrió nada.

Como resultado, terminé haciendo algo que desearía que todo el mundo hiciera: lidiar con mi ansiedad como un problema en sí mismo antes de tener una fuente de ingresos. Aunque parece contradictorio, este enfoque fue lo que al final me permitió ganarme la vida. A medida que comencé a sacar mi energía de las espirales de ansiedad y a seguir mi creatividad, también animé a otras personas y muchas se interesaron tanto que se ofrecieron a contratarme. Lo que hoy llamo mi carrera se fue formando poco a poco, casi sin que supiera cómo había ocurrido.

Ahora sé que esta forma de vida puede funcionar. Pero también sé cuánto coraje requiere, cuánta fe. Cada día me encuentro con más personas que están listas —a veces desesperadas— para abandonar sus jaulas de hierro y comenzar a vivir de forma creativa. A menudo, lo único más fuerte que su anhelo es su ansiedad. Han sido socializados para favorecer sus hemisferios izquierdos, con toda la espiral de ansiedad incorporada. Y quieren romper las reglas de los roles sociales, lo que atrae muchos "no" y presión negativa de la mayoría de las personas que los rodean. Si eso te resuena, dejo aquí mi tarea favorita para quienes están en este aprieto: alimenta a los pájaros.

Nueva habilidad
CONSTELA UN ECOSISTEMA REAL

1. Si puedes permitirte un comedero para pájaros, consigue uno. Si no, clava un plato de metal en una rama y llénalo con semillas de girasol. O esparce alpiste en el alféizar de la ventana de tu departamento.
2. Mantén tu suministro de semillas limpio y fresco.
3. Observa cómo los pájaros no aparecen para comerlo.
4. Hasta que lo hagan.

Le di esta tarea a Marielle, una psicóloga escolar que vivía cerca de mí durante el tiempo que pasé en Phoenix. A menudo me preguntaba si la capital de Arizona recibió su nombre de ave mitológica porque los veranos eran tan calurosos que los pájaros estallarían en llamas si volaban cerca de los límites de la ciudad. Quizá el calor fue una de las razones por las que Marielle se sentía agotada y deprimida. Aunque quería dirigir su propio centro educativo para niños en situación de riesgo, sentía que su economía estaría más segura si conservaba su trabajo estable, aunque mal remunerado, en el sistema de educación pública.

Marielle estaba tan agotada y tan acostumbrada a seguir órdenes que cuando le dije que enfrentara sus miedos financieros repartiendo comida para pájaros, casi ni preguntó por qué. Se lo expliqué de todos modos. Quería que viera cómo ofrecer algo nutritivo atrae a seres que necesitan ese alimento, de la misma manera que yo creía que los padres necesitaban la capacidad de Marielle para ayudar a sus hijos.

El primer intento de Marielle de alimentar a los pájaros fue un fracaso rotundo. Al inicio colgó el comedero en un lugar oculto desde el aire. Pasó una semana. No había pájaros. Diez días. Nada. Entonces un día se le ocurrió que podía mover el comedero a un lugar más visible. Al día siguiente vio a un par de gorriones comunes; una semana después, tórtolas. Cuando vio a su primer jilguero, pequeño y brillante, quedó fascinada. En resumen: terminó aprendiendo mucho sobre las aves locales y poniendo todo tipo de comida. Atrajo a cientos de hermosas criaturas pequeñas, incluyendo loros autóctonos poco comunes y una bandada de periquitos verdes y rosados que escapó de las tiendas de mascotas y se instaló en el desierto.

Las cosas no se detuvieron allí (con los ecosistemas, nunca ocurre así). Mientras Marielle aprendía, experimentaba e incluía más elementos interesantes en su estación de alimentación de aves, pequeños zorros, coyotes y jabalíes también visitaban su comedero. Si hubiera seguido expandiendo el ecosistema que se formó en su modesto patio trasero, quizá habría visto algunos jaguares. Tal vez hasta un dragón.

Mientras observaba cómo se formaba un ecosistema real alrededor de su comedero para pájaros, Marielle llegó a creer que los padres le pagarían por ayudar a sus hijos. Comenzó a diseñar lo que llamó un "proceso de juego" para ayudar a reconstruir la felicidad y la autoestima en niños que odiaban la escuela. Ofreció este servicio en línea a los padres locales. Al principio, nadie se apuntó... hasta que alguien lo hizo.

Marielle me dijo que sus primeros clientes eran solo amigos; de hecho, no los consideraba verdaderos clientes. Pero su trabajo resultó tan potente que esos clientes, encantados, hablaron de ello con otros padres, quienes a su vez hablaron con otros, hasta que Marielle hizo tan buen negocio que pudo dejar su trabajo y dedicar su tiempo no solo a trabajar con niños de maneras que los ayudaban, sino también a idear nuevos servicios. Así, una consejera agotada ofreció sustento a un grupo de niños agotados y a sus padres agotados, y en el proceso, creó un próspero ecosistema económico.

Al alimentar a los pájaros encenderás la creatividad que te ayuda a encontrar los lugares donde tu alegría y las necesidades del mundo se encuentran. Pero primero tendrás que alejar tu mente de los títulos de trabajo de jaula de hierro que siempre has llamado "trabajo". De hecho, deja de pensar en términos de títulos laborales por completo; puede que la carrera que crees ni siquiera tenga nombre. En su lugar, concéntrate en cualquier actividad que ponga tu sistema nervioso en una paz "verde profundo", y permítete deslizarte en la creatividad sin palabras de tu hemisferio derecho.

ENERGÍA, AGUA Y ESPACIO: AYUDANDO A TU ECOSISTEMA A FLORECER

Como escribió Michael Crichton en *Parque jurásico*, "la vida se abre camino". Los ecosistemas surgen en lugares incluso más inhóspitos que Phoenix, como las profundas y oscuras aguas alrededor de las fuentes termales. Si te abstienes de limpiar tu refrigerador durante unas semanas, encontrarás todo tipo de nuevas y emocionantes especies e interacciones allí, sin que tengas que hacer nada más.

La palabra para esto es *autopoiesis*, que significa "la propiedad de un sistema vivo que le permite mantenerse y renovarse a sí mismo". No puedes *hacer* autopoiesis. Solo la inteligencia de la naturaleza puede. Pero lo hace de manera constante, implacable e imparable.

Los ecosistemas biológicos se constelan donde confluyen tres cosas: energía, agua y espacio. Tú tienes un conjunto metafórico de estos mismos componentes. La energía es tu deseo, el anhelo de lo que quieres. El agua es tu creatividad, fluye de los pozos profundos de tu genio personal en formas que tú no puedes predecir o comprender por completo. Por último, el espacio en el que tu ecosistema económico puede formarse es tu vida, este precioso lapso durante el cual ocupas el planeta.

Este libro no trata solo de manejar tu ansiedad mientras funcionas en un sistema que *1)* es hostil ante la vida humana y *2)* se está desmoronando. Está destinado a ayudarte a ir mucho más allá de la ansiedad creando las condiciones para la autopoiesis de tu mejor vida posible.

Si sigues todas las sugerencias que te he dado hasta ahora, creo que generarás las condiciones necesarias para que tu ecosistema económico florezca. Calmar a tu criatura ansiosa elimina las toxinas internas, las historias aterradoras e inexactas que la ansiedad inventa. Luego podrás comenzar a reavivar tu curiosidad infantil y tu espíritu lúdico, pero con los recursos y el conocimiento de un adulto. Cuando comiences a pasar más tiempo en lo que sea que te ilumine —quizá rompiendo las reglas de tu rol—, algunas personas lo desaprobarán, pero otras sentirán curiosidad. Estas últimas se convertirán en compiladores, clientes, socios, ayudantes.

Si te mantienes más allá de la ansiedad el tiempo suficiente, no podrás evitar que los sistemas de energía y de valor, incluido el dinero, se constelen a tu alrededor. Descubrirás ideas y te sentirás atraído por personas que te interesan. Te sentirás cómodo con la fluidez de un ecosistema, la forma en que diferentes partes de él crecen y disminuyen. Verás cómo tu verdadera carrera muestra su asombrosa autopoiesis: formándose, creciendo y desarrollando nuevas características casi por sí misma, como el moho en la parte trasera de tu refrigerador. La vida se abre paso. Tu vida se abrirá paso.

LA MIRADA VACÍA DEL GENIO: OFRECIENDO EL "ALPISTE" QUE ATRAE INGRESOS

Es 2020, y durante todo un año, me he estado recuperando de una complicada cirugía de pie. Mi cuerpo es un desastre: una pierna atrofiada, la otra con calambres por el uso excesivo, mi espalda y mis caderas son un nudo de espasmos musculares. He recurrido a hacer pilates porque me permite ejercitarme sin tener que ponerme de pie.

Un día, mi profesor de pilates, Ray, me dice:

—Necesitas ir con mi fisioterapeuta.

—Ya he ido a fisioterapia antes —digo con duda—. Por lo general termino sintiéndome peor. Tengo este cuerpo todo torcido. No funciona como uno normal.

—Mmm —exclama Ray, con la mirada perdida en la distancia—. Bueno, Bridget no es una fisioterapeuta normal. Es más bien... magia.

El propio Ray es como magia. He intentado hacer pilates con otros profesores y lo he *odiado,* pero Ray parece saber cómo ayudarme a estresar mi cuerpo lo suficiente como para fortalecerlo sin causar daño.

Me lleva semanas, pero al fin logro entrar en la apretada agenda de Bridget Sanphy. Resulta ser una mujer de unos treinta años, de voz suave, con el cabello leonado, los ojos y el físico tenso de una puma. Me pregunta sobre mi reciente cirugía y mi decrepitud general, luego me observa cojear para "verme en movimiento". Hay algo casi inquietante en la blancura de su expresión, la calidad de su silencio. Siento que se me erizan los vellos de los brazos.

—De acuerdo —dice ella después de unos minutos—, intenta esto. Luego muestra una serie de ejercicios que parecen muy sencillos cuando ella los hace, pero a mí me convierten en un hobbit que suda, jadea y tiembla. Un hombre que se está aplicando hielo en la rodilla le dice, pensativo:

—Vas a tener que enviar a esa mujer al hospital.

Pero Bridget se niega a hacerlo. Sospecho que trata de matarme.

Al día siguiente, todo mi cuerpo se siente mejor de lo que se ha sentido en años.

No puedo permitirme *no* contratar a Bridget. Comprometida con la buena salud y bendecida con un toque de masoquismo, vuelvo a su estudio semana tras semana, gruñendo a través de muchos ejercicios tan tortuosos que estoy bastante segura de que son ilegales. También, milagrosos. Mil pequeñas molestias y dolores que acepté hace mucho tiempo comienzan a desaparecer.

Es claro que Bridget está muy bien entrenada. Pero su capacidad para ayudarme tanto supera con creces la de los muchos médicos y fisioterapeutas que he consultado en el pasado. Un día, le pregunto cómo sabe siempre con tanta precisión qué curará mis diversas punzadas y lesiones. Hace una pausa. Sus ojos se desvían hacia abajo y hacia la izquierda, lo que a menudo indica la activación del hemisferio derecho. Después de un minuto, levanta la vista y dice:

—Observo la manera en la que el cuerpo de una persona se mueve y luego tengo una corazonada. La pruebo para ver si estoy en lo cierto y partimos de ahí.

—¿Cuándo fue la última vez que tu corazonada estuvo equivocada?

Bridget vuelve a pensar y luego sonríe un poco.

—Para ser sincera, no lo recuerdo.

A lo largo de mi vida adulta, he interrogado a "personas atípicas" como Ray y Bridget, personas que son tan buenas en lo que hacen que clientes y pacientes acuden a ellos como los jilgueros a un comedero. He entrevistado a artistas, chefs, físicos, músicos, contadores, agentes literarios, organizadores de casas, productores de cine, periodistas, humoristas, organizadores de eventos; cualquier habilidad es válida, siempre que la persona a la que estoy interrogando haya alcanzado el éxito ofreciendo su pasatiempo favorito al mundo.

Una y otra vez, he visto los mismos comportamientos que noté en Bridget: una quietud interior casi perturbadora; esa mirada de ojos abiertos, inexpresiva; los ojos que se desvían, casi siempre hacia la izquierda, al reflexionar sobre una pregunta.

Cuando imito esa expresión, las neuronas espejo de mi cerebro se activan y me recuerdan los momentos en los que hago lo mismo. A menudo sucede cuando salgo a caminar, pero también cuando estoy dibujando, escribiendo, dando sesiones de *coaching* o meditando. De hecho, cuando tengo que resolver un problema apremiante, adopto la "mirada del hemisferio derecho". Mencioné esto en el capítulo 2 cuando te pedí que relajaras el enfoque de tus ojos, que perdieras la mirada aguda del estado de alerta de luz amarilla y entraras en el estado contemplativo de un animal en reposo.

Cuando alguien "trabaja" desde este estado, la gente se da cuenta. La reputación crece de boca en boca: "Tienes que ver a esta persona. Es como magia". Por eso los pacientes esperan semanas para ver a Bridget, aunque haya muchos otros fisioterapeutas. Por eso Marielle tiene una lista de espera de un año para sus talleres con padres y estudiantes. Por eso la gente se suscribe con gusto al Substack de Emma Gannon, aunque internet está repleto de competidores. Así es como David Sedaris llena el Carnegie Hall en una era en la que nadie va a las lecturas de libros.

LA MAGIA SUAVE DE LA CONSTELACIÓN

La autopoiesis es un atributo central de la naturaleza, pero cuando ocurre puede parecerse mucho a la magia. Han pasado treinta años desde el día en que Delmer Sombrerazo me condenó a una vida como una humilde esposa de profesor. Durante ese tiempo, a medida que aprendía a confiar en la naturaleza, experimentaba cosas inexplicables con más y más frecuencia. Y aún me asombran.

Por ejemplo, cuando comencé a investigar este libro, estaba obsesionada con el ya mencionado trabajo de Jill Bolte Taylor, Richard Schwartz (fundador de la terapia de IFS) y Gavin de Becker, cuyo libro clásico, *El valor del miedo*, publicado en 1997, sigue siendo la mejor guía para eliminar la ansiedad mientras se honra el miedo saludable. Nunca había conocido a ninguna de estas personas. Pero mientras investigaba, recluida en mi casa durante el confinamiento global, los tres me contactaron de la nada.

Nadie sabía lo que estaba investigando. Nadie sabía qué trabajo me parecía interesante. Sin embargo, sin *ningún* esfuerzo de mi parte, terminé teniendo largas conversaciones con ellos y recibí el increíble regalo de basarme en su genialidad. Jill y yo pasamos muchas horas hablando sobre el cerebro y sobre cómo formar ecosistemas económicos. Gavin me envió un correo electrónico en el momento exacto en que le decía a un amigo que quería releer sus libros. No recuerdo por qué Richard me contactó; solo lo hizo. Es obvio que existen razones lógicas por las que me contactaron. Pero desde aquí parece magia.

Así que el último consejo que me gustaría darte mientras te dispones a crear una carrera más allá de la ansiedad es este:

permítete relajarte y rendirte ante la magia. En la mayoría de los libros infantiles o novelas de fantasía, hacer magia es un esfuerzo agotador, uno que hace que las venas del mago se hinchen y deja al héroe exhausto. Solo un escritor que conozco, Philip Pullman, autor de la trilogía de libros *La materia oscura*, lo describe de manera diferente. En la primera novela de esta serie, *Luces del norte*, Lyra, la heroína, aprende a leer una brújula mágica adoptando la suave atención del hemisferio derecho que he visto en tantos genios.

> [Lyra] descubrió que si ella [...] la miraba de una manera perezosa [...] la larga aguja comenzaría a moverse con mayor propósito [...]. [Se] balanceaba suavemente de una imagen a otra [...]. Obtenía de ello un goce profundo y sereno, distinto a cualquier cosa que hubiera conocido.

Así es como creo que funciona la "magia". Nos convierte en torres satélite, sintiendo y transmitiendo buenas ideas como Bridget, la fisioterapeuta. Atrae a las personas y las condiciones que necesitamos, y *el proceso se siente como un disfrute tranquilo y profundo, no como un esfuerzo espantoso*. Si estás comprometido a vivir sin ansiedad, un día te adentrarás de manera tan profunda en tu hemisferio derecho que te encontrarás con el encantamiento. No soy fanática de la religión, pero creo en lo metafísico. Después de todo, el amor es metafísico, al igual que nuestras esperanzas y nuestros sueños. Las realidades metafísicas no solo existen, sino que son aspectos primordiales de la naturaleza, esenciales para la vida fuera de la jaula de hierro. Para terminar este capítulo, aquí tienes un ejercicio para ayudarte a aprovecharlas mientras constelas tu ecosistema económico.

Nueva habilidad
USA LA MAGIA "VERDE PROFUNDO" PARA CONSTELAR TU ECOSISTEMA

1. **Entra en un estado "verde profundo".**
   Usa cada técnica para aliviar la ansiedad que funcione para calmar tu sistema nervioso. Incluye cada técnica de respiración, cada tipo de DIA, cada destello. Recuerda los momentos más relajantes de tu vida y concéntrate en ellos. Entra en una energía de luz verde, como mencioné en el capítulo 3, y luego en una energía verde *profundo*.
2. **Mantente relajado e imagina un ecosistema natural que te atraiga.**
   Puede ser en el océano, las montañas, un bosque, una sábana o un delta de río. Imagina este ecosistema tal como podría haber existido hace diez mil años. Observa cómo todo en el ecosistema está equilibrado y responde, donde cada elemento se cuida de manera mutua año tras año, siglo tras siglo.
3. **Percibe la *sensación* general de este sistema pacífico y autosuficiente.**
   Imagina tu cuerpo llenándose con la energía de ese ecosistema, como si estuviera dentro de tu cuerpo. Siente cómo zumba y prospera. Imagina esa energía como tu propio estado interno. Eres el prado, la sabana, el arrecife de coral.
4. **Visualiza tu vida ideal de aquí a tres o cuatro años.**
   En esta fantasía, no tienes una gran suma de dinero en el banco, pero tienes todo lo que necesitas para satisfacer cualquier deseo verdadero, de la misma manera en que la luz del sol da energía a las flores o el agua cae del cielo en una selva tropical.
5. **Calma de nuevo a tu criatura.**
   Si el deseo de esta vida provoca alguna preocupación o pregunta ansiosa ("¿Cómo puedo construir esto?" o "¿De dónde sacaré el dinero?") o incluso emoción ("¡Oh, ojalá eso sucediera!" o

"¡Espero poder tener esto!"), calma a tu criatura. Vuelve a la paz y a la profunda tranquilidad verde.

6. **Usa esta pequeña meditación cada mañana o noche durante al menos una semana.**
   Luego, a medida que transcurre cada día, observa cómo las cosas relacionadas con tu juego imaginario "aparecerán" a medida que entrenas tu atención. Anótalas en un diario o cuaderno.
7. **Espera y permite que los elementos de tu vida ideal se constelen a tu alrededor.**
   Si comienzas a tener pensamientos ansiosos ("¿Por qué no sucede todavía?" o "¿De dónde sacaré el dinero?") calma a tu criatura, calma a tu criatura, calma a tu criatura.

Al vivir de esta manera, tu cerebro puede seguir deslizándose hacia la ansiedad; el mío sí que lo hace. Si dejamos que la ansiedad tome el control, todo el proceso de autopoiesis puede hacer cortocircuito. No veremos nuestros deseos intentar constelar porque se ocultarán tras las historias de miedo que genera nuestro hemisferio izquierdo. No te preocupes. Si notas que esto sucede, usa los procesos descritos en este libro para volver a tu estado de calma verde profundo. Si estás ansioso por el dinero, primero lidia con la ansiedad. Cuando vuelvas a la paz, podrás atraer y manejar el dinero de manera mucho más efectiva.

De hecho, vivir más allá de la ansiedad invertirá la forma en que te han enseñado a pensar sobre el dinero. Aunque aún te desempeñes en trabajos de jaula de hierro para pagar tu alquiler o enviar a los niños a la escuela, tu mente permanecerá abierta a tus pasiones naturales, y las ideas para satisfacerlas pueden convertirse en nuevas formas de ganarse la vida.

Te sorprenderá lo mucho menos aterradoras que se sienten las cuestiones financieras cuando tu primer objetivo es vivir una vida con propósito, de manera que ganar dinero queda subordinado a eso. Y cuando comiences a ganar dinero a través de la creatividad, el propósito y una imaginación liberada, los altibajos de la vida financiera serán mucho menos molestos. Sentirás que las estaciones cambian, que las mareas suben y bajan. Todo forma parte del equilibrio con el que la naturaleza hace que los ecosistemas funcionen de manera indefinida.

Al pasar más tiempo en la creatividad, también verás oportunidades para construir múltiples formas de satisfacer tus necesidades, las cuales pueden servir a tu sentido más profundo de propósito. Tendrás ideas que no habías pensado antes y comenzarás a explorarlas. Y entonces comenzarás a experimentar esa magia increíble y benéfica: una sensación de que el mundo se extiende hacia ti desde todas partes, como si la vasta inteligencia de la naturaleza te estuviera explorando.

Para cuando esto suceda, te darás cuenta de que ganarse la vida tiene menos que ver con acumular dinero y más con financiar un estilo de vida creativo. No se trata de cumplir un horario rígido, de abrirte paso a duras penas por horas miserables en un trabajo de jaula de hierro. Se trata de perderte en la magia verde profundo mientras caminas por el camino que elijas, recogiendo basura, limpiando tu pedacito de mundo, disfrutando del aire fresco y reflexionando sobre lo que podrías crear a continuación.

11
LA MENTE DEL NO SABER

Aquí hay algo para reflexionar: tu cuerpo tiene, como máximo, siete años. En un proceso conocido como regeneración celular, el cuerpo humano libera y reemplaza sus átomos cada siete años. Todas las formas físicas que llamaste "yo" hace más de siete años (el "tú" que pasó por la pubertad, que aprendió a conducir, que se hizo ese desafortunado tatuaje) estaban hechas de otros átomos. Incluso el tatuaje, aunque todavía se ve igual, tiene moléculas diferentes a las que se inyectaron en tu piel. Una piel muy distinta a la que tienes ahora.

Entonces, si ni un átomo de tu cuerpo actual estuvo presente durante todas esas experiencias pasadas, ¿qué las recuerda? ¿Qué vivió esos eventos? Tu conciencia. Lo que sea que eso sea. Es muy difícil precisar una definición verbal de la conciencia porque no podemos comprenderla, contarla o describirla de manera clara. Solo la usamos. Solo *somos eso*.

La mayoría de los científicos afirmará con confianza que el cerebro crea la conciencia. La sabiduría convencional es que la vida emergió de la sopa primigenia, evolucionó en animales que eran algo conscientes, y al final produjo la asombrosa máquina del cerebro humano, que genera todas las maravillas de la conciencia tal como la experimentamos. Otros científicos, siguiendo las complejidades de la física cuántica, creen lo contrario: la materia no crea la conciencia, afirman; la conciencia crea la materia. Estoy de acuerdo con esta versión, pero ya sea que creas que la conciencia crea la materia o viceversa, la relación entre ellas es muy misteriosa.

Aún más misterioso: ¿cómo llegó a existir tu conciencia *particular* y cómo sigue regenerando tu cuerpo año tras año? Ni idea. Nadie lo sabe. Como dijo el filósofo Jerry Fodor: "Nadie tiene la más mínima idea de cómo algo material podría ser consciente. Nadie sabe siquiera cómo sería tener la más mínima idea de cómo algo material podría ser consciente".

Todo esto es solo para decir que tu propia existencia es un misterio. Y a medida que avanzas cada vez más allá de la ansiedad, puedes encontrarte con el misterio de una manera que te cambiará la vida. En este capítulo, discutiré el cambio de perspectiva que a veces se denomina "despertar de conciencia". Si decides llevar tu creatividad *muy* lejos, creo que es posible que vivas esta experiencia indescriptible.

QUÉ ES EL DESPERTAR DE CONCIENCIA

"Despertar de conciencia" es uno de los muchos términos para una dramática transformación en la forma en que un individuo experimenta la realidad. Aunque muy raro, personas de todo el mundo, en cada punto de la historia, han reportado este fenómeno. También lo llaman con otras etiquetas: "iluminación", "perspicacia", "comprensión", "liberación" y miles de otros términos en lenguas vivas y muertas. Todas las personas *despiertas* coinciden en que el lenguaje no puede describir su experiencia, pero sus intentos son muy consistentes, cualquiera que sea la cultura a la que pertenezcan.

En el momento en que una persona despierta, según nos dicen estos sabios, todo se ve diferente de repente. El universo ya no parece ser una colección de objetos sólidos y separados; en cambio, es un campo indivisible de energía viva: un Ser interconectado. Todo en él comparte una conciencia de compasión infinita. La persona despierta se *convierte* en esta conciencia, dejando de identificarse como un cuerpo vulnerable para pasar a ser la conciencia que mira a través de la forma física.

Es fácil ver la similitud entre las historias de despertar que la gente ha contado y, por ejemplo, la descripción de Jill Bolte Taylor sobre la percepción del hemisferio derecho. Pero la mayoría de las personas que han reportado estas experiencias no tuvieron derrames. Algunas calmaron sus mentes pensantes a través de la meditación hasta que se disolvieron en la percepción plena del momento presente. Otros sufrieron tanto por dolorosas historias internas que, en momentos de gracia, rendición o puro agotamiento, las áreas de sus mentes que creaban historias cedieron al fin y ellos experimentaron una profunda sensación de liberación de sus problemas individuales e interconexión con cada aspecto de un universo benevolente.

Después de décadas de estudiar el despertar de conciencia desde todos los ángulos que he podido encontrar, he llegado a sospechar que implica cambiar la identidad de una mentalidad dominada por el hemisferio izquierdo a una cosmovisión que fundamenta el sentido de uno mismo (o "no yo", como lo expresan muchas personas despiertas) en las percepciones del hemisferio derecho. Es un poco como cambiar la sintonía de una radio: al cambiar el foco de nuestra atención, captamos "música" diferente, percepciones distintas. Ambas versiones de la realidad transmiten todo el tiempo en frecuencias paralelas. *Esto no significa que el cerebro sea la última fuente de la mente consciente, del mismo modo en que una radio no es la última fuente de Bach o de Beyoncé.* En esta analogía, el cerebro es solo el transmisor de diferentes formas de percibir la realidad.

Aunque la mente no despierta no puede ver la realidad de la percepción despierta, lo contrario no es cierto: las personas que están despiertas pueden acceder a toda la información que entra a través de sus sentidos y pensamiento lógico. Después de recuperarse de su ictus, Jill Bolte Taylor cuidó de nunca abandonar por completo la parte de su mente que la había llevado a la dicha durante su derrame. En *Cerebro lúcido*, habla de conectar con su hemisferio derecho identificando su perspectiva sabia y tranquila como su punto de vista principal, y cuidando con amor las ansiedades del hemisferio izquierdo. Ella lo llama "reunión cerebral", o reunir todas las perspectivas de varias partes de su cerebro para calmarlas y consolarlas, apreciando que cada una tiene un papel, pero designa a su tranquilo hemisferio derecho para que reúna y lidere al resto.

Creo que, como Jill, las personas despiertas a lo largo de la historia han aprendido a usar todo su cerebro. Pero cuando lo han hecho, se identifican con la conciencia no física y no con sus cuerpos físicos. Y esta visión del mundo se siente mucho más real y razonable que su forma anterior de percibirlo. Se sienten tranquilos, seguros y amados por todo el universo. Todo tiene más sentido, sin más, de la misma manera que nuestras vidas cotidianas aparecen después de despertar de sueños aterradores.

EXTRAÑO, PERO NO LOCO

Una persona que parece haber "despertado" es el filósofo Platón. En la *República*, pide a sus lectores que imaginen un mundo donde todos viven encadenados en una cueva, de espaldas a la luz. Estas personas creen que la realidad se reduce a las sombras que ven en la pared de la cueva.

Si alguien saliera de ella y deambulara, escribe Platón, esa persona experimentaría un mundo mucho más vívido, interesante y convincente que el muro de sombras. Es probable que adoptaría un conjunto de prioridades diferente basado en lo que hubiera descubierto sobre la realidad del mundo fuera de la cueva. Y la gente de la cueva que todavía permaneciera encadenada, dice Platón, quizá pensaría que el viajero se habría vuelto loco.

He mencionado varias veces en este libro que ir más allá de la ansiedad te hará sentir bien y te hará parecer extraño. Si te alejas de las normas sociales dominadas por el hemisferio izquierdo, si comienzas a crear una vida a partir de lo que te brinda más alegría y, en definitiva, si tienes una experiencia de despertar de conciencia, otras personas pueden confundirse, burlarse de ti, proclamar que perdiste la cabeza o atacarte por no seguir sus creencias.

Así que permíteme asegurarte una vez más que el despertar de conciencia no implica ninguna psicosis descabellada. De hecho, muchas personas despiertas han dicho que es lo más normal que han experimentado. He conocido a varias personas que, creo, han "despertado". Todas me dijeron que el estado despierto siempre habita en todos y que permanecer en él es una elección continua de dirigir nuestra atención hacia lo que nos conecta con la percepción de un universo benevolente.

Quizá has tocado este estado en muchos momentos ordinarios. Si alguna vez has observado a una persona o a un animal durmiendo, y de repente los has visto como seres de una belleza profunda, incluso perfectos, los has visto a través de ojos despiertos. Tal vez recuerdes haber tenido una discusión con un ser querido y de repente ver todo el conflicto como tonto, incluso hasta el punto de reírte a carcajadas. Eso es un cambio a una perspectiva despierta. Cada vez que te sientes envuelto por una ola de paz, amor profundo o asombro, creo que estás tocando el estado despierto. Por supuesto, para las áreas de tu mente que controlan el miedo, este tipo de experiencias parecen no contener nada interesante: ni drama, ni historias, ni eventos. Así que es probable que la parte de ti que está leyendo estas palabras ni siquiera haya notado tus propios destellos de percepción despierta. Recuerda, el hemisferio izquierdo podría no reconocer la realidad de tu propia pierna izquierda, así que no podemos esperar que advierta un estado de ser quieto y silencioso.

Al final de este capítulo, compartiré un ejercicio que podría ayudarte a sumergirte a propósito en los límites de la percepción despierta. Pero primero hablemos del hecho de que todo lo que estoy diciendo puede sonar fantasioso o demasiado simplista. Si eres como la mayoría de los ciudadanos del mundo WEIRD, la sociedad te entrenó para no darle importancia al despertar de conciencia o para no considerarlo en absoluto. Esa socialización puede haber creado obstáculos internos que me encantaría abordar ahora.

POR QUÉ PODRÍAS SENTIRTE INQUIETO AHORA MISMO

Si toda esta charla sobre "despertar" y enamorarse del universo te está haciendo poner los ojos en blanco hasta marearte, quizá creciste en una cultura WEIRD que equipara la verdad con la evidencia empírica. O puedes ser una persona religiosa que se siente ofendida porque he reducido la inefable experiencia del despertar de conciencia a un mero cambio neurológico. En cualquier caso, es posible que se te hayan puesto los pelos de punta.

Todos aprendimos a reaccionar así ante las discusiones sobre la conciencia despierta. El mundo occidental no contiene un gran legado cultural que invite o acepte el despertar. Las religiones dominantes que ayudaron a dar forma a esta civilización pueden atribuir el despertar a figuras famosas, pero al establecer las leyes sobre lo que hay que hacer y creer, estas religiones rara vez incluyen instrucciones para inducir transformaciones de la conciencia. De hecho, el despertar podría hacer que alguien cuestione o incluso se aleje de las enseñanzas de los líderes religiosos.

El método científico apareció en siglos más recientes, en parte para combatir este tipo de opresión religiosa. Ciencia y religión han estado enfrentadas desde entonces. Hoy día, al menos en las culturas WEIRD, muchas personas religiosas ven la ciencia como una amenaza a la bondad básica, mientras que muchos científicos consideran a los devotos religiosos como peligrosos y delirantes.

He experimentado ambos lados de este sesgo cultural desde dentro de las trincheras, una experiencia que me hizo huir de alguna manera. De niña, una vez le pregunté a una maestra mormona sobre algunas afirmaciones en el Libro de Mormón que no concordaban con la evidencia científica (como la creencia de que todos los nativos americanos descienden de una familia de Oriente Medio que migró hace seiscientos años). Mi maestra me dijo: "Puedes saber que la ciencia está equivocada porque cambia todo el tiempo. Un día los científicos dicen esto, al día siguiente dicen aquello. Puedes saber que la Iglesia es verdadera porque nunca cambia".

Cuando dejé Utah para ir a Harvard, siendo todavía una adolescente moldeable, me alegró desechar las ideas de "¡los intelectuales son malos!", "¡los mormones lo saben todo!", y reemplazarlas por "¡la gente religiosa es estúpida!", "¡los intelectuales lo saben todo!". Pero me encontré con un obstáculo como estudiante de posgrado cuando a mi hijo le diagnosticaron síndrome de Down. Todos mis asesores académicos y los doctores del centro médico de Harvard me dijeron que la vida de Adam no valdría la pena y me aconsejaron que lo internara en una institución. Ni mi corazón ni mi cerebro lógico sintieron esto como la Verdad.

Fue entonces cuando noté que mis consejeros y médicos parecían adorar la inteligencia analítica de manera muy similar a cómo mi comunidad infantil adoraba el Libro de Mormón. A pesar de todas sus diferencias, los creyentes religiosos anticiencia y los pensadores científicos antirreligiosos compartían el mismo credo básico:

"¡LO SABEMOS TODO!".

Puede que reconozcas esto como el punto de vista característico del hemisferio izquierdo. Cuando estamos inmersos en el pensamiento del hemisferio izquierdo, creemos cualquier historia que nos estamos contando. También queremos manipular a otras personas para que la crean con nosotros. Religiosa o atea, una mente que se encierra en la idea de que LO SABEMOS TODO piensa dogmáticamente. Cuando estamos atrincherados en esta mentalidad, nos volvemos ciegos a gran parte de lo que estamos experimentando. Vivimos en proyección mental (la existencia aterradora y llena de ansiedad que las personas despiertas llaman "el mundo de los sueños"). Entonces, ¿cuál es la alternativa que puede ayudarnos a recuperar nuestra lucidez mental? No es ciencia espacial. Solo es reconocer esto:

Tal vez no lo sabemos todo.

LA ALEGRÍA DE LA MENTE QUE NO SABE

Sócrates dijo su célebre frase "Solo sé que no sé nada". El filósofo francés René Descartes estuvo de acuerdo. La gente a menudo lo cita diciendo: *Cogito, ergo sum* ("Pienso, luego existo"). Lo que escribió fue "No podemos dudar de nuestra existencia mientras dudamos". Luego concluyó: *Dubito, ergo sum, vel, quod idem est, cogito, ergo sum* ("Dudo, luego existo o, lo que es lo mismo, pienso, luego existo"). Fue la duda, pues, no el pensamiento, lo que formó la base de la realidad de Descartes. Pero nadie menciona eso. La duda es un anatema tanto para los dogmáticos religiosos como para los científicos.

Cuando tenía veinte años, habiendo absorbido ambas versiones religiosas e intelectuales de la mentalidad de "LO SABEMOS TODO", fui a vivir y estudiar a Asia. Esperaba encontrar nuevas versiones, del Lejano Oriente, de "LO SABEMOS TODO", y las encontré. A veces. El confucianismo, por ejemplo, tiene el punto justo de rigidez como para complacer a la Inquisición española. Pero muchas ramas de la filosofía asiática adoptan un enfoque que nunca había encontrado. Se basan en la creencia de que *nunca sabremos todas las cosas*.

Se necesita medio segundo de pensamiento lógico para darse cuenta de que la mente humana no puede comprender la totalidad del universo. Pero cuando conocí a personas que se sentían cómodas con esa idea, me sentí algo mareada. Fue como intentar tocar una pared sólida y encontrar… nada.

En lugar de llenarse de conocimiento como siempre me enseñaron, los filósofos asiáticos más venerados aspiraban a un estado que llamaban "la mente del que no sabe", lo que me sonaba a la definición de estupidez. Sabía que la Ilustración europea ocurrió cuando muchos intelectuales aprendieron sobre muchos acontecimientos y procesos lógicos. Pero estos sabios asiáticos usaban el término "ilustración" para describir la *liberación* de todas las ideas fijas.

Al principio, vi todo esto como una especie de abstracto juego de palabras. Pensé que no tenía nada que ver conmigo. Tal vez seguiría pensando así si no fuera por mi vieja némesis, la ansiedad.

Con el paso de los años, mi ansiedad se volvió cada vez más insoportable y el dolor crónico se sumó a mi lista de preocupaciones, hasta que al fin recurrí a lo único que aún podía *hacer* de manera activa: aprender a meditar. Así que me embarqué en interminables horas de aburrimiento insoportable y de creciente inquietud. Y entonces, cuando ya había dejado de esperar nada, sentí los primeros indicios de aquello de lo que todos esos místicos asiáticos hablaban. Durante instantes fugaces, a veces me deslizaba hacia un mundo más suave, más dulce, más vívido, y tenía la breve pero intensa sensación de haber "vuelto a casa".

Las habilidades sobre las que has estado leyendo en este libro son algunas de las prácticas que me trajeron estos momentos de gracia. Si practicas estas habilidades o cualquier otra que puedas encontrar por ahí, podrás sentir una pausa en tu propia ansiedad, como la calma en el ojo de un huracán.

En estos momentos, es posible que pierdas la noción del tiempo, junto con la culpa, el arrepentimiento y el miedo. De nuevo, tu mente verbal —la parte que está leyendo esto— puede no estar registrando estas experiencias, ya que nada que valore sucede dentro de ellas. Pero si empiezas a prestar atención a los espacios silenciosos en las corrientes de pensamiento, en lugar de a los pensamientos mismos, no solo te alejarás de la ansiedad: despertarás. Y hoy día incluso la ciencia está descubriendo que cada paso que damos hacia esta mentalidad es muy bueno para nosotros.

LA CIENCIA DEL DESPERTAR

La doctora Lisa Miller tiene mucho valor. Lo digo en el mejor sentido. Profesora en Columbia, Miller ha recopilado una pequeña montaña de investigaciones que sugiere que nuestros cerebros tienen lo que ella llama "una estación de acoplamiento para la conciencia espiritual".

Miller y sus colegas han descubierto que los individuos que están abiertos a la idea de una realidad espiritual en el universo son, según las estadísticas, mucho más felices que otros. Cuando abrimos nuestras mentes a la posibilidad de un elemento metafísico en el universo, dice, "accedemos a beneficios psicológicos insuperables: menos depresión, ansiedad y abuso de sustancias, y más rasgos psicológicos positivos, como la determinación, la resiliencia, el optimismo, la tenacidad y la creatividad".

La razón por la que digo que Miller tiene tanto valor es que, aunque su investigación es impecable, también es, en su ámbito, vergonzosa. Defender la espiritualidad en una institución de la Ivy League es como levantarse durante la misa dominical en un monasterio y gritar a los monjes: "¡Oigan, amigos, todos tenemos sentimientos sexuales, y es hora de que los exploremos!".

Cuando Miller presentó sus datos por primera vez, sus colegas, que no estaban de acuerdo, dijeron que debía haber "factores ocultos" que explicaran todo el asunto espiritual. Pero hasta ahora nadie los ha encontrado. Y otros científicos están observando fenómenos que respaldan los hallazgos de Miller.

Por ejemplo, el neurólogo Andrew Newberg y su coautor Mark Robert Waldman, quienes llaman al cerebro "iluminado" de manera espiritual, reportaron el mismo vínculo entre la apertura espiritual y los beneficios para la salud mental que Miller. Cuando Daniel Goleman y Richard Davidson de Harvard usaron máquinas de resonancia magnética para observar las cabezas de esos monjes tibetanos, vieron cerebros que parecían mucho más jóvenes y mucho más conectados a la felicidad que los de la mayoría de las personas. El efecto fue más fuerte en los monjes que habían pasado más tiempo meditando, lo que significa que los hombres no nacieron con cerebros felices, sino que habían transformado su propia neurología mediante la práctica espiritual. Estas prácticas no se trataban de aprender creencias dogmáticas, sino de *dejar ir la necesidad de certeza.*

Los profesionales de la salud mental también informan que el núcleo compasivo del yo está abierto al misterio del universo. Los terapeutas que utilizan IFS informan que el Ser de las personas, el núcleo de identidad amoroso, sabio e intrépido, a menudo parece ser abiertamente espiritual. De hecho, Richard Schwartz me dijo que a la gente le cuesta describir a su Ser sin usar conceptos y vocabulario espirituales. Cuando "se adentran en su interior" para hablar con varias partes, muchos pacientes dicen que encuentran aspectos espirituales de sí mismos, uno de los cuales es el Ser. Otras partes pueden identificarse como guías, aspectos de la conciencia de una persona que les ayudan a encontrar su camino en la vida.

En resumen, muchos enfoques diferentes en la investigación neurológica y en la psicología clínica están llevando a investigadores con buena formación académica y de un escrupuloso rigor científico a un lugar donde "aceptar los datos" incluye reconocer que el cerebro humano tiene la "estación de acoplamiento" para la conexión espiritual que describe Miller.

Si seguimos la espiral de creatividad muy lejos, podemos empezar a "acoplarnos" con experiencias que se sienten misteriosas y metafísicas. En estos momentos de despertar de conciencia, sentimos que somos extraídos de nuestros pequeños y asustados seres para mezclarnos con la vasta extensión de la Creación. Nuestra ansiedad desaparece. Nuestra salud, felicidad y capacidad para realizar nuestro propósito experimentan un drástico cambio de rumbo.

Me encantaría ayudarte a experimentar esto. Pero no voy a sugerir que necesitas un cambio de personalidad o que salgas a bailar con ángeles. Creo que aceptar los límites de nuestras propias percepciones es todo lo que debemos hacer para empezar a despertar. El camino para despertar no está pavimentado con nuevos conocimientos, sino con la *ignorancia*: saber de verdad cuán profundo es nuestro desconocimiento de las cosas, como qué es la realidad en sí. Comenzamos este camino aceptando el no saber como una cualidad fundamental del ser humano.

EL CAMINO HACIA EL DESPERTAR DE CONCIENCIA: ACEPTAR LA DUDA

Acabo de mencionar la investigación del doctor Andrew Newberg, director de investigación en el Marcus Institute of Integrative Health y médico en el Hospital Universitario Thomas Jefferson. De joven, Newberg se embarcó en una búsqueda compulsiva de la verdad absoluta. Estaba ansioso y deprimido, con un profundo dolor psicológico. "Pero entonces, sucedió", escribe:

> De repente... me encontré flotando en lo que solo puedo describir como un mar de duda infinita [...]. En lugar de luchar contra la duda, me uní *a* ella [...]. La experiencia fue de una intensidad increíble, con una claridad profunda, muy edificante, una emoción honda y de un placer extraordinario. De hecho, se convirtió en el punto de inflexión más importante de mi vida y de mi filosofía. [Énfasis en el original.]

No fue *pensar en la duda* lo que ayudó a Newberg a empezar a despertar, sino *habitar la conciencia en la que la duda surge*. He conocido a otras personas que también abandonaron la certeza y se adentraron en el aspecto incierto, abierto, curioso y presente de sí mismas, y sintieron como si el mundo entero se volviera "una experiencia de una intensidad increíble, con una claridad profunda, muy edificante, una emoción honda y de un placer extraordinario".

Muy pocas de estas personas son famosas o veneradas, de hecho llevan vidas ordinarias. Por ejemplo, mi clienta Dinah, madre y escritora independiente, visitó Taiwán cuando era adolescente, antes de que existieran internet o incluso los teléfonos móviles. Se alejó de su grupo de estudiantes y se perdió durante tres días. Sin hablar chino, incapaz de leer las señales de las calles, se volvió consciente de la energía que la rodeaba. Se sintió atraída por ciertas personas y de alguna manera se hizo entender por ellas, a pesar de que no hablaban inglés. La alimentaron, le dieron un lugar para dormir y con el tiempo la ayudaron a contactar a su grupo a través de la embajada estadounidense.

Esta experiencia transformó a Dinah. Años después, me dijo: "Me di cuenta de que *no saber* nada de mi entorno me obligó a sintonizarme con un tipo de conciencia más abierta. En el no saber, encontré una manera de conectar con todo y con todos. Sentí la belleza y el amor como una matriz que nos sostiene a todos, todo".

Desde entonces, Dinah ha vivido de acuerdo con una frase que escuchó en una clase de yoga: "Existo en continua respuesta creativa a lo que sea que esté presente". Este es el estilo de vida que surge cuando aceptamos que en realidad no sabemos mucho y que lo que creemos saber puede ser falso.

Asher es otra persona común y corriente que creo que podría estar despierta. La nieta de Asher, como mi hijo, tiene síndrome de Down. Nos conocimos en una conferencia y terminamos hablando durante horas con otros dos o tres asistentes. A altas horas de la noche, Asher nos contó una experiencia que, en sus palabras, le "voló la cabeza" y le "salvó el alma".

Asher llegó a la mediana edad sintiendo que la vida no tenía sentido y era deprimente. Sufría de una ansiedad terrible y estaba atormentado por el sufrimiento, la muerte y los horrores que veía en la historia humana. "Entonces, un día", dijo, "dejé de huir de todo ese dolor y de alguna manera di un paso mental *hacia* él. No sé cómo. Pero al hacerlo me uní a todas las personas y seres que habían sufrido alguna vez, solo que yo no era ellos; yo era aquello que los hacía existir. Y pensé: '¡Oh, es como una película! Todas estas historias son reales, pero son solo proyecciones reales de algo mucho más real'. Y ese algo es el amor. Amor más allá del amor. No puedo expresarlo. Solo intento vivir en ello".

Estas personas no son sobrehumanas, solo humanas. Newberg es solo un científico. Dinah es solo una escritora. Asher es solo un paisajista jubilado. Son personas comunes, pero están mucho menos ansiosas y son mucho más creativas que la mayoría de nosotros. En lugar de generar sufrimiento interno, crean de forma constante. Newberg crea experimentos. Dinah crea poemas, ensayos y libros. Asher crea actividades y aventuras para atletas en las Olimpiadas Especiales. Eligen, momento a momento, permanecer despiertos. Y todos creen, como escribe Newberg, que "en cada niño, y quizá en cada adulto, hay un artista capaz de ir más allá de los confines de una mente humana limitada para tocar una esencia más profunda de la vida".

La forma de descubrir a este artista interior es adentrarse en la duda con asombro y curiosidad en lugar de ansiedad. Aquí tienes un ejercicio que me ayuda a hacerlo.

Nueva habilidad
ACCEDE A TU MENTE DEL "NO SABER"

A continuación, presento algunas descripciones de eventos documentados. Responde a cada descripción indicando si sabes o no qué está pasando con exactitud en esa situación. Utiliza tus habilidades para calmarte si comienzas a sentirte ansioso.

- Eşref Armağan es un artista turco. Nació con un ojo, del tamaño de una lenteja y nada funcional. Carece por completo del otro ojo. Armağan nunca ha visto nada. Sin embargo, pinta retratos reconocibles y paisajes realistas que presentan pájaros en el aire con una perspectiva lineal. Investigadores de múltiples universidades, incluyendo Harvard, han estudiado a Armağan. Verificaron que nadie lo ayuda de ninguna manera mientras pinta estas imágenes realistas.

  ☐ Sé con exactitud lo que está pasando aquí.
  ☐ No sé con exactitud lo que está pasando aquí.

- Estudios han encontrado que los gemelos criados por separado a menudo comparten muchas características, incluso experiencias de vida. En un caso muy estudiado, separaron a dos gemelos y los adoptaron diferentes familias a las cuatro semanas de edad. Se reunieron a los treinta y nueve años. Poco después de enterarse de la existencia del otro, se dieron cuenta de que también tenían estas cosas en común:

  - Ambas familias adoptivas los llamaron Jim.
  - De jóvenes, cada Jim tenía un perro llamado Toy.

- Cada Jim se había casado dos veces. Sus primeras esposas se llamaban Linda, y sus segundas esposas se llamaban Betty.
- Un Jim llamó a su hijo James Allan. El otro llamó a su hijo James Alan.
- Cada gemelo había conducido varias veces su Chevrolet azul claro de Ohio a la misma pequeña playa en Florida para vacaciones familiares, aunque nunca se vieron allí.
- Ambos Jims fumaban cigarrillos Salem y bebían cerveza Miller Lite.
- Ambos Jims ocuparon en algún momento empleos de medio tiempo como alguaciles.

☐ Sé con exactitud lo que está pasando aquí.
☐ No sé con exactitud lo que está pasando aquí.

- La investigadora Monica Gagliano de la Universidad de Sídney ha publicado numerosos artículos científicos revisados por pares sobre la forma en que las plantas pueden aprender, recordar y comunicarse. Sus experimentos muy exitosos y replicables han demostrado que las plantas descansan, juegan, aprenden, emiten sonidos y responden a los sonidos en sus entornos.

  Gagliano afirma que las ideas para estos experimentos vinieron de las propias plantas. Utiliza prácticas aprendidas de los chamanes de la selva tropical para "escucharlas". Y los experimentos que lleva a cabo para probar la información resultan ser válidos desde el punto de vista científico.

☐ Sé con exactitud lo que está pasando aquí.
☐ No sé con exactitud lo que está pasando aquí.

- En 1898, un escritor llamado Morgan Robertson publicó una novela sobre el naufragio de un barco llamado El Titán. Aunque esto fue años antes de que el barco real, el Titanic, fuera siquiera concebido, la historia de Robertson se parece mucho a la del hundimiento del Titanic. Por ejemplo:

- o Ambos barcos —ficticio y real— eran los más grandes jamás construidos en su momento.
- o Ambos barcos fueron descritos como “insumergibles”.
- o Los dos eran británicos.
- o El Titán medía 244 metros de largo, el Titanic 269.
- o Ambos estaban hechos de acero y tenían tres hélices y dos mástiles.
- o Cada barco tenía una capacidad de tres mil pasajeros.
- o Los dos tenían 24 botes salvavidas.
- o Ambos chocaron contra un iceberg alrededor de la medianoche.
- o Los dos barcos tuvieron una brecha en el casco en la misma ubicación.
- o Ambos se hundieron en abril.

☐ Sé con exactitud lo que está pasando aquí.
☐ No sé con exactitud lo que está pasando aquí.

- Durante el último siglo, los físicos han sabido que el universo no es un conjunto de objetos físicos que chocan entre sí. Las partículas subatómicas, los bloques de construcción de toda la materia, son solo campos de energía hasta que los medimos. De alguna manera, cada vez que nos proponemos hacerlo, las probabilidades de las ondas “colapsan” en puntos físicos de materia.

  Algunos piensan que esto significa que ser observado por la conciencia crea materia a partir de la energía. Otros dicen que la forma en que percibimos las cosas no se parece en nada a la realidad: que vemos el universo como materia, pero de hecho, cada electrón, cada investigador, cada pieza de equipo y todo el universo son solo campos de energía.

☐ Sé con exactitud lo que está pasando aquí.
☐ No sé con exactitud lo que está pasando aquí.

¿Cómo te fue? ¿Hay algo que puedas explicar con certeza o te contentas con dudar de que sabes algo con seguridad? Quizá estés pensando: "De ninguna manera todo eso puede ser cierto. Y aunque lo sea, no voy a ponerme sentimental por unas pocas anomalías. Me quedo con una versión probada de la realidad".

Hola, hemisferio izquierdo. Hola, espiral de ansiedad.

Todos estos hechos extraños, y muchos más, te estarán esperando si alguna vez decides soltar tu apego a la certeza y adentrarte en el misterio. Y si ocurren, tus momentos de despertar no se sentirán ajenos, sino del todo familiares, como volver a casa. No pensarás: "¡Nunca supe esto hasta ahora!". En cambio, te darás cuenta: "¡Ah, sí! Esta realidad amorosa es lo que siempre he sabido en mi corazón. Solo estaba enmascarada por la forma en que estaba pensando". Tendrás mucho menos "pensamiento mágico" en un momento de despertar, sumergiéndote en la situación presente, de lo que tendrías en un día de ansiedad comprando boletos de lotería y esperando ganar con *El secreto*.

Dicho esto, cuanto más a menudo nos permitimos acceder a nuestra conciencia, la vida empieza a sentirse cada vez más llena de propósito, amorosa y capaz de darnos aventuras que —al menos para el hemisferio izquierdo— se parecen mucho a la magia.

ALGUNAS AVENTURAS MÁGICAS

Parece que tengo muchas aventuras "mágicas", no porque sea alguien especial o una de las personas "despiertas", sino porque aplico de manera repetida todos los consejos que te he dado en este libro. Mencioné en el último capítulo que la magia sucede cuando nos liberamos de la ansiedad. Creo que esto puede deberse a que un cerebro que funciona de manera normal tiene la "estación de acoplamiento para la espiritualidad" que describe Lisa Miller. Ella afirma que necesitamos acceso al misterio para "aprovechar al máximo cómo estamos construidos". Libres de ansiedad, felices de saber que no sabemos, entramos en una realidad donde cosas improbables y maravillosas parecen suceder todo el tiempo.

A estas alturas ya te he contado algunas historias "mágicas" de mi propia vida. Las uso porque sé con seguridad que no son exageradas, ya que me sucedieron de manera personal. Aquí te presento un par más, solo para mostrarte lo extraña que puede ser la realidad.

Una tarde, invité a cenar a una antropóloga, una mujer que había dedicado su carrera a estudiar el chamanismo siberiano. Quería interrogarla sobre los aspectos metafísicos de esa antigua cultura. Mientras conversábamos y comíamos, ella mencionó con naturalidad que existen aplicaciones prácticas al reconocer que la realidad física está entrelazada de forma fundamental con la conciencia. Cuando le pedí un ejemplo, dijo que una cuchara puede permitirte doblarla si te conectas con tu propia conciencia central, que está entrelazada con la conciencia de la cuchara, y le pides a la cuchara que juegue contigo. Si acepta, puedes doblarla como arcilla.

Sé que suena descabellado. Es cierto que a mí me sonó así. Sonó descabellado mientras tomaba un tenedor, le pedía que jugara conmigo y, de repente, sentí que se doblaba bajo una ligera presión de mis manos. Intenta esto si quieres, pero recuerda que para que funcione, necesitas estar en un estado libre de ansiedad, la "manera perezosa" y el "disfrute profundo y tranquilo" de los que Philip Pullman escribió en *Luces del norte*. Si te mantienes en la mente tranquila del "no saber" y juegas de manera profunda, dominarás esta habilidad. (Solo, por favor, usa tus propias cucharas. La gente de los hoteles adonde voy a dar charlas siempre me pide que demuestre esto y luego practican doblando cucharas en sus habitaciones. Se ponen ansiosos cuando no pueden regresarlas a su forma original exacta, lo que deja muchos cubiertos destrozados, y me siento responsable).

Este pequeño truco de fiesta está lejos de ser la forma más extraña en que he sentido la conciencia de las cosas físicas que parecen jugar conmigo. A menudo sucede en la naturaleza, sobre todo cuando tengo la oportunidad de interactuar con animales salvajes. Por ejemplo, un día de invierno helado en Pensilvania, donde vivo, mi familia rescató de nuestro patio trasero un arrendajo azul con un ala rota. Lo envolvimos en una toalla y lo pusimos en una caja para que pudiera llevarlo al centro de rescate de vida silvestre. Era un camino bastante largo. Cada vez que giraba, frenaba o aceleraba, un sonido inquietante salía de la caja. "Está bien", me dije. "No se puede salir".

Llegamos a un tramo de la autopista donde aceleré a unos cien kilómetros por hora para incorporarme al tráfico pesado. El ruido de la caja se hizo más fuerte. Comenzó a sonar de una manera frenética. Mantuve mis ojos en la carretera y repetí en silencio: "No se puede salir. No se puede salir. No se puede salir... ¡Oh, Dios mío, se salió!".

No sé cómo lo hizo. Solo miré y allí estaba, de pie sobre su caja en el asiento del pasajero, a la altura de mis ojos, luciendo mucho más grande y vívido de lo que recordaba.

Mientras me obligaba a navegar fuera del tráfico de alta velocidad hacia un lugar donde pudiera detenerme, mi mente recreó un millón de escenarios aterradores: el pájaro intentando volar por las ventanas, aleteando en mi cara, luchando conmigo mientras lo sujetaba, tal vez hiriendo su ala rota, picoteándome los ojos, causando un accidente múltiple con varias víctimas mortales. El pobre arrendajo azul estaba en un entorno nuevo, uno que imaginaba que aterrorizaría a cualquier animal salvaje.

Como no sabía qué hacer, hice lo que sabía. Estacioné el auto y apliqué todas mis técnicas para calmar la ansiedad. Me di cuenta de que, como siempre, mi ansiedad era el temor a lo que podría suceder en el futuro, incluso si ese futuro era el segundo siguiente. Respiré lento, relajé mis músculos y comencé a repetir pequeñas frases DIA: "Estás bien. Todo está bien. Estás bien. Esto está bien. Todo está bien".

Tardé uno o dos minutos, pero al fin sentí que mi ansiedad bajaba, luego disminuía más hasta detenerse. Me adentré en ese estado abierto y presente que siempre espera más allá de la ansiedad. Solté un largo suspiro y volteé para mirar al pájaro. En ese mismo instante, saltó de su caja, caminó sobre la palanca de cambios, se subió a mi regazo y se acomodó como si hubiera vuelto a su propio nido.

Mi corazón dio un pequeño vuelco, luego volvió a latir. Acaricié las sedosas plumas del arrendajo azul y le hablé de forma suave hasta que cerró los ojos; parecía disfrutarlo. Luego lo envolví en su toalla y lo puse de nuevo en la caja, un procedimiento al que se sometió con mucha calma. Con cuidado, puse mi bolso encima de la caja y retomé el camino, un poco aturdida, al centro de rescate de vida silvestre. Una mujer llevó la caja a una oficina, de la cual surgieron de inmediato muchos gritos y exclamaciones.

"¡Vaya!", dijo la mujer, trayéndome mi toalla. "Es muy vivaz, ¿verdad?".

Bueno, no siempre.

Nunca sabré por qué el arrendajo azul actuó como lo hizo. Quizá, al calmarme, las neuronas espejo en su cerebro reflejaron mi rápido descenso a la paz. Quizá sintió algún tipo de emanación energética. Quizá desarrolló el síndrome de Estocolmo. O quizá lo pensó bien y decidió intentar derretir mi blando corazón humano. Si esa fue su intención, funcionó.

Es cierto que yo no podría haber obligado a ese arrendajo azul a calmarse, del mismo modo que no puedo curar los miedos de todos en este mundo ansioso. Lo que puedo hacer es liberarme con gentileza de la ansiedad, dirigirme hacia la curiosidad y la conexión, y convertirme en un punto de conciencia intencional y enfocado en el mar de la creación.

Mi práctica favorita para lograr esto es el siguiente ejercicio meditativo. Comienza usando una técnica descubierta por el psicólogo Les Fehmi en el Centro de Biofeedback de Princeton. Él descubrió que decir o pensar ciertas oraciones hacía que el cerebro entrara en lo que llamó "enfoque abierto". Este es el mismo estado de calma y relajación que puede ayudarte a comunicarte con una cuchara, un pájaro o tu propio mejor Ser. Es uno de los infinitos caminos hacia el despertar.

Nueva habilidad
DISUÉLVETE EN EL ESPACIO, EL SILENCIO Y LA QUIETUD

1. Comienza dedicando unos minutos para ti en un espacio tranquilo. Siéntate o acuéstate y relájate. Respira de manera natural y regular.
2. Repite esta pregunta en silencio varias veces: "¿Puedo imaginar la distancia entre mis ojos?". No intentes encontrar una respuesta. Solo repite la pregunta.
3. Ahora repite en tu mente: "¿Puedo imaginar la distancia entre mi coronilla y mi barbilla?".
4. A continuación, repite en tu mente: "¿Puedo imaginar la distancia entre la parte superior de mi cabeza y el centro de mi pecho?".
5. Ahora recuerda que los átomos de tu cuerpo están casi en su totalidad compuestos de espacio vacío. En silencio, pregúntate varias veces: "¿Puedo imaginar el espacio dentro de los átomos de mi cuerpo?".
6. A continuación, piensa: "¿Puedo imaginar el espacio dentro de mi cuerpo como un continuo del espacio que me rodea?". Repite la pregunta en silencio varias veces.
7. A continuación: "¿Puedo imaginar el silencio que subyace a todos los sonidos que escucho?". Repite la pregunta en silencio varias veces.
8. Ahora: "¿Puedo imaginar la quietud en la que ocurre toda actividad?". Repite.
9. Permite que cualquier reacción física y emocional aflore mientras te haces estas extrañas preguntas. Sé muy amable, gentil y poco exigente. Siente el campo de espacio que llena tu cuerpo y se extiende hasta los confines del universo. Escucha el silencio debajo de cualquier sonido que percibas. Descansa en la quietud vibrante que contiene toda actividad.

Es posible que hayas notado, como informó Fehmi, que hacer estas preguntas pone tu sistema nervioso en "verde profundo" más rápido que casi cualquier otra indicación. Esto es extraño para la mente del "¡lo sé!", porque toda la meditación consiste en hacer preguntas sin preocuparse por las respuestas. Si podemos dejarnos llevar por el no saber más allá de nuestros cuerpos y hacia el espacio, el silencio y la quietud —los cuales son infinitos—, nuestros pequeños cerebros parecen abrirse a un estado de calma casi surrealista. Cuando eso sucede, mantente atento a la magia.

LA MENTALIDAD DE "AMBAS COSAS A LA VEZ"

Creo que esta calma verde profundo es lo que los textos sagrados llaman "la paz que sobrepasa todo entendimiento". No llegamos a esa paz sabiendo algo. Llegamos ahí esforzándonos con diligencia por saber todo lo que podamos y luego estando dispuestos a no saber. Pasamos muchas horas en una dedicada práctica lúdica, luego reconocemos el hecho obvio de que todavía no somos omniscientes.

Un experimento que muchos llamaron "el más elegante en la historia de la física", el experimento de la doble rendija, mostró que cada objeto es *a la vez* energía unificada sin límites y una colección de cosas físicas separadas. Einstein probó que el tiempo, que parece implacable e irrefutable desde nuestra perspectiva habitual, es "solo una ilusión terca y persistente".

En otras palabras, lo que la ciencia nos muestra —incluso trabajando a través de la mente del "¡yo sé!"— es la mente del "no saber". La realidad es paradójica de manera inconcebible.

La mente que excluye no puede manejar lo que somos en realidad. Solo la mente que incluye puede sostener las paradojas de la existencia. Cuando abrazamos la mente del "no saber", podemos encontrarnos como gotas de conciencia existiendo más allá del espacio y el tiempo, y como pequeñas criaturas físicas que se acercan a la muerte incluso mientras lees esto.

¿Lo de la muerte te causó un escalofrío de ansiedad? Sí, eso pasa. Incluso después de mil momentos en los que observas al universo y te das cuenta de que estás tan conectado a él como a tu propia pierna izquierda, puedes resbalar y salir de la paz que sobrepasa todo entendimiento y caer en la ansiedad que es del todo comprensible.

Pero, como creo que ya hemos establecido, la ansiedad se siente fatal. Puedes usar ese sufrimiento como motivación para relajarte, respirar y preguntarte: "¿Puedo imaginar el espacio, el silencio y la quietud que comparto con todo?". En otras palabras, puedes usar ese sufrimiento para regresar a la paz. Para despertar, momento a momento.

He hecho esto para relajarme ante un dolor físico insoportable y he encontrado un alivio paradójico. Lo he usado para afrontar el fracaso, la muerte de seres queridos y el rechazo de las personas que más me importaban. Siempre está ahí: no un fantasma etéreo que tengo que imaginar, sino el hecho inquebrantable de mi propio no saber. Es como descubrir el mismo regalo inestimable, luego olvidarlo, luego encontrarlo de nuevo, una y otra y otra vez. El Ser sostiene las paradojas del espacio y la existencia, el tiempo y la eternidad, en un abrazo reconfortante e inalterable.

Creo que esta puede ser la razón por la que la monja budista Pema Chödrön, después de años de práctica espiritual, escribió: "Estoy despierta. Dedicaré mi vida a quitarme esta armadura". No hay nada nuevo que debamos aprender, ningún ritual o ceremonia necesarios para conectarnos con nuestro don natural del despertar espiritual. Para estar despiertos por completo, todo lo que debemos hacer es quitarnos la armadura, una y otra vez, hasta que un día nos olvidemos de volver a ponérnosla.

12
SER VERDE PROFUNDO, TIERRA VERDE PROFUNDO

La primera vez que volé en un avión por la noche, la vista me dejó sin aliento. Las ciudades debajo de mí brillaban como galaxias, las carreteras entre ellas destellaban como hilos de estrellas en el espacio negro azabache. Recordé esta visión unos años más tarde, cuando leí una famosa descripción del cerebro escrita por el neurofisiólogo Charles Sherrington. Esto es lo que dijo que ocurre dentro de nuestra cabeza cada mañana:

> El cerebro está despertando y, con él, la mente regresa. Es como si la Vía Láctea hiciera una danza cósmica. Con rapidez, la masa cerebral se convierte en un telar encantado donde millones de lanzaderas centelleantes tejen un patrón que se disuelve, siempre un patrón significativo, aunque nunca uno que perdure; una armonía cambiante de subpatrones.

Este tejido brillante de energía nos permite hacer cosas exclusivas del ser humano: pensar en el nuevo día, conversar con seres queridos, consultar el calendario para ver si tenemos citas y revisar nuestra cuenta de correo electrónico para ver si tenemos mensajes. Todo esto se basa en el neocórtex humano, una estructura que sorprende por su pequeñez, del grosor de unas cuatro tarjetas de crédito apiladas. De esta pequeña balsa de células envueltas alrededor de nuestros cerebros ha surgido cada invento humano: la agricultura, la ciencia, la literatura, las matemáticas, la Gran Muralla china, el transbordador espacial, el mocha frappuccino.

En muchos sentidos, los humanos somos como el neocórtex de la Tierra: una fina capa de entidades activas, interactuando y comunicándose de manera constante a través de la superficie exterior de una esfera. Como las células cerebrales que influyen en todo el cuerpo, tenemos un poder desproporcionado sobre el globo en el que vivimos. Podemos —y a diario lo hacemos— erradicar especies, demoler biomas enteros, cambiar el clima del planeta. Y, como el cerebro, tenemos la capacidad colectiva de despertar, no solo de nuestra siesta nocturna, sino de nuestras ilusiones. Y casi todas nuestras ilusiones más dañinas, desde el miedo a nuestra propia mortalidad hasta el rechazo de personas que parecen diferentes a nosotros, tienen la ansiedad en su núcleo.

Las psiques sanas, como las células cerebrales sanas, son autogeneradoras, autorreparadoras y autodirigidas hacia la acción creativa. Si nos permitimos gravitar hacia los lugares que amamos, haciendo las cosas que amamos, con las personas que amamos, generamos resultados mucho mayores que la suma de sus partes. Hoy día, cuando los pensamientos pueden pasar de una mente a miles de millones en un abrir y cerrar de ojos, podemos encender ideas que iluminen a toda la población humana: un efecto eureka planetario.

Este capítulo discutirá el impacto que puedes tener en el mundo si eliges vivir más allá de la ansiedad. Dado que las personas se sienten atraídas por la calma, la alegría y la creatividad, existir de esta manera tiende a atraer de manera automática a personas afines a grupos llamados "células sociales".

Esta estructura social no se mantiene unida por un conjunto de reglas que reúnen grupos para fabricar objetos, riquezas o guerras. En cambio, las personas que forman una célula social están unidas de forma laxa por el idealismo y el afecto. Como veremos, las células sociales pueden generar una sabiduría colectiva que es mayor que la suma de sus partes. A lo largo de la historia, tales grupos han sido a menudo la fuente de cambios monumentales en las ideas y las actividades humanas. En otras palabras, si puedes calmar tu ansiedad y vivir desde tu creatividad, solo para tu propio bienestar, podrías terminar ayudando a salvar el mundo.

CUIDADO DE LA CÉLULA, DEL SER Y DEL ALMA

La mayoría de las células son pequeñas cosas blandas y delicadas. Sin embargo, pueden repararse a sí mismas, como nuevas, después de ser perforadas, desgarradas o incluso partidas por la mitad. Lo mismo ocurre con nuestros seres y con nuestras almas. Todos enfrentamos un mundo lleno de aristas afiladas. Los golpes y flechazos de la fortuna nos perforan, cortan y desgarran a todos. Pero incluso después de sufrir un daño terrible, una célula —o un ser, o un alma— no solo puede sobrevivir, sino también sanar y prosperar. Podemos recuperarnos de casi cualquier cosa siempre que hagamos las dos cosas para las que nuestras células están diseñadas: mantener fuera las toxinas y absorber los nutrientes.

Las toxinas de la mente, las cosas que se meten dentro de nosotros y nos desgarran como un virus que destruye una célula, son las mentiras. Como hemos aprendido una y otra vez a lo largo de este libro, nuestros cerebros y nuestros cuerpos odian mentir. Creer cualquier cosa que no se alinee con la verdad de *toda* nuestra experiencia (pensamientos como "¡No hay suficiente para mí!" o "Soy un inútil que ocupa espacio" o "No puedo hacer nada bien" o "¡A nadie le importo!") erosiona nuestra salud mental y física. Las mentiras, incluso las que creemos de manera inocente porque forman parte de nuestra socialización, pueden llevarnos por caminos peligrosos, hacernos autodestructivos o distanciarnos de la realidad para que nada de lo que hacemos parezca funcionar.

Por eso escribí un libro llamado *El poder de la integridad*, en el que sostengo que la integridad es lo único necesario para el bienestar psicológico. No me refiero a la "integridad" performativa (un político piadoso sosteniendo una Biblia para impresionar a los creyentes), sino a la integridad *estructural*: estar unido y alineado, como un cuerpo vivo con todas sus partes en funcionamiento. Este tipo de integridad requiere que nos permitamos saber lo que sabemos, sentir lo que sentimos y actuar de acuerdo con lo que de verdad creemos.

Después de que salió *El poder de la integridad*, muchos lectores me dijeron: "Vivo con integridad, pero todavía me siento fatal. ¡Estoy tan ansioso!". Esa reacción me llevó a escribir este libro. Porque estas personas buenas y honestas se estaban mintiendo a sí mismas sin saberlo. No podían ver un hecho que quizá ahora te sea claro, aunque tal vez no lo habrías aceptado si lo hubiera soltado al principio de este libro:

La ansiedad siempre miente.

Siempre.

Recuerda, el *miedo* saludable es la verdad: un impulso claro para actuar cuando, por ejemplo, hay un leopardo en tu habitación. La ansiedad es solo un pensamiento: el miedo a los leopardos cuando no hay leopardos presentes. Siempre tendrás tu miedo saludable, este puede salvar tu vida; la ansiedad solo puede arruinarla. Los psicólogos Dan Grupe y Jack Nitschke llamaron a la ansiedad "respuesta anticipatoria aberrante y excesiva bajo condiciones de incertidumbre de amenaza". En otras palabras, es el terror a monstruos imaginarios en un futuro imaginario que quizá nunca ocurra.

MANTENIENDO FUERA LAS TOXINAS

Dadas las estructuras de nuestra neurología y de nuestra sociedad, es obvio por qué nos aterrorizamos con tales ficciones. No es fácil mantenerse arraigado en la verdad cuando las terribles historias de la ansiedad no solo están grabadas en nuestro cerebro, sino también entrelazadas en toda nuestra cultura.

De manera individual y colectiva, sufrimos del solipsismo del hemisferio izquierdo, su convicción absoluta de que sus creencias son correctas, por extrañas que puedan ser. Creemos de verdad que un partido político —el que no nos gusta— nos llevará a la destrucción total. Podemos sentirnos seguros de que una dieta —sin carne, sin carbohidratos, sin conservantes, sin lo que sea— prevendrá todas las enfermedades que tememos. Algunos damos órdenes a los niños, mientras que otros les permiten hacer lo que quieran, todos creyendo que su propio método preferido de crianza los protegerá de las dificultades de la vida.

La realidad es que todas estas creencias bien intencionadas y basadas en la ansiedad —y muchas más— son imposibles de probar. No podemos saber con certeza qué pasará si gana uno u otro político. Algunas personas se enferman a pesar de comer "bien" toda su vida. Los niños experimentan sufrimiento sin importar cómo sean criados. Insistir en lo contrario, tratar de probar puntos indemostrables, es estresante y agotador. Pero si usas habilidades para calmar la ansiedad, incluidas las de este libro, comenzarás a ver a través de los engaños de la ansiedad. Notarás, cuestionarás y descartarás historias que solo sirven para asustarte y elegirás, en cambio, concentrarte en lo que hace que tu vida sea placentera y significativa. Serás como una célula sana, una que reconoce y repele de manera automática el virus de una mentira aterradora.

En este punto, quizá estés pensando: "¡Espera un minuto! ¿Has visto las noticias? Las cosas malas sí suceden; sí están sucediendo y algún día me pasarán a mí. ¡Mis historias de ansiedad son verdad!". De nuevo, esta es una reacción comprensible, pero sigue sin ser la verdad sobre tu propio momento presente. Respira profunda y lentamente. Ahora exhala. Busca a tu alrededor "leopardos" (es decir, cualquier peligro inminente que esté de manera física aquí y ahora, a diferencia de los pensamientos aterradores). Si ves peligro, actúa. Pero si estás a salvo en este momento, quizá quieras decir en voz alta: "¡Oh, qué interesante! Estoy teniendo respuestas anticipatorias aberrantes y excesivas en condiciones de incertidumbre de amenaza". O, mucho mejor: "Estás bien. Tenemos esto bajo control. Puedes relajarte. Estoy aquí contigo".

Mantén el DIA hasta que puedas acceder a la energía del Ser, la suficiente para empezar a respirar con más facilidad y sentir que tus músculos se relajan un poco. Esto te pondrá de nuevo en contacto con lo que *eres* de manera innata: una conciencia que es tranquila, clara, segura, curiosa, valiente, compasiva, conectada y creativa.

Recuerda, no hay nada que *hacer* aquí. No tienes que dirigir el proceso de curación de tu psique, así como no tienes que curar tus propias células después de que sufren un daño. No podrías aunque lo intentaras. Pero la inteligencia de la naturaleza sí puede y lo hará si te entregas a lo que está aquí y ahora.

ABSORBIENDO LOS NUTRIENTES

Evitar la toxicidad de las falsas creencias es la mitad de lo que necesitamos para prosperar. La otra mitad es absorber los nutrientes. Esto comienza cuando observamos nuestra ansiedad en lugar de creer en ella, como una madre tranquila que observa a su hijo asustado. En el momento en que comenzamos a *observar* y a *preguntarnos* qué nos está sucediendo, despertamos la curiosidad, lo que lleva a la valentía y a la conexión. Recuperamos esa masa crítica del Ser. Entonces podemos usar nuestra imaginación, no para contar historias horribles, sino para transformar situaciones desafiantes en catalizadores para la creatividad.

Por ejemplo, en 2021, la periodista María Ressa ganó el Premio Nobel de la Paz por informar sobre la corrupción en Filipinas bajo el mandato del presidente Rodrigo Duterte. En respuesta, Duterte lanzó una campaña de desprestigio a gran escala y muy bien organizada para destruir la reputación de Ressa y amenazar su vida. Cientos de miles de correos electrónicos de ataque y publicaciones en redes sociales inundaron internet. En un momento dado, Ressa recibía más de noventa mensajes de odio y de amenazas de muerte por hora.

¿Y qué hizo Ressa? Ella y su equipo se negaron a sucumbir a lo que podría provocar una verdadera ansiedad generalizada. En cambio, accedieron a la curiosidad. Decidieron estudiar la campaña de ataque en sí. Encontraron algo fascinante: en internet, las mentiras se propagan más rápido que los hechos, seis veces más rápido. La sencilla verdad sobre lo que sucedió no puede competir. Pero el equipo de Ressa también encontró lo único que se propaga de manera tan rápida y poderosa como las mentiras: la inspiración.

Así como la ansiedad es el producto final de una imaginación *paranoica*, la inspiración lo es de una imaginación *creativa*. Cuando nos permitimos estar inspirados, nuestra mente se relaja y deja de estar ansiosa, elige centrarse en posibilidades que nutren nuestra alma.

Puedes hacer eso ahora mismo, dondequiera que estés. Enraízate en el momento presente respirando de manera lenta y profunda, notando lo que te rodea. Sabiendo que estás a salvo por este momento, recuerda uno de los eventos que enumeraste en el capítulo 4: un momento en el que te sentiste tranquilo, claro, valiente, creativo, etcétera. Recuerda esta ocasión con el mayor detalle posible. Detente. Deja la falsa humildad e inspírate con tu propia capacidad para dar un paso adelante y encarnar tu mejor Ser. Eres un ser humano de valentía extraordinaria que hace todo lo posible para navegar por un mundo difícil. Eso es inspirador.

Una persona paranoica atrapada en el modo de lucha, huida o parálisis puede propagar mucha ansiedad. Pero una persona que vive con valentía creativa puede propagar mucha inspiración. Una de las heroínas de mi vida, Ruth Killpack, era ama de casa y madre de cinco adolescentes cuando su esposo murió de un tumor cerebral. "No sabía qué hacer, pero sabía que podía resolverlo", me dijo. Ruth regresó a la escuela a los cuarenta y tantos, obteniendo una licenciatura y luego un doctorado en Psicología. La conocí unos veinte años después, cuando yo luchaba contra la ansiedad, la depresión y una enfermedad física. Ruth se convirtió en mi terapeuta.

Para ser sincera, no era tan gentil como la mayoría de los terapeutas. En la terapia grupal que compartí con otras siete mujeres, Ruth fungía más como una *coach*. "No me importa lo que esté pasando en tu vida", nos decía. "Hay una manera de hacer que funcione. *Siempre* hay un camino hacia algún tipo de solución. Resuélvelo, resuélvelo, resuélvelo".

Con el apoyo de Ruth, mis compañeras y yo abordamos todo tipo de problemas no terapéuticos: cómo podía cuidar a mis hijos los días en que tenía demasiado dolor para caminar o usar mis manos; cómo otra mujer podía arreglar las tuberías de su propio baño (no podía permitirse un plomero); cómo otras podían iniciar carreras después de dejar situaciones abusivas; cómo todas podíamos convertirnos en activistas que desafiaran los sistemas sociales injustos.

En general, Ruth daba terapia practicando lo que predicaba y eligiendo respuestas tranquilas, creativas, valientes y compasivas ante cualquier dilema de la vida. Nunca fue rica ni famosa, pero la inspiración se extendía de ella a todos los que conocía para cambiar incontables vidas, la mía entre ellas.

CONSTELACIONES GLOBALES

Al igual que Ruth y Ressa, las personas inspiradoras tienden a atraer grupos de otros que desean aprender de ellas o servir las mismas causas. Es interesante que, como he mencionado, tales grupos de individuos también pueden llamarse "células". Todos los seres humanos tendemos a autoconstelarnos en células cuando encontramos personas que comparten nuestros gustos, intereses o valores. Es posible que pertenezcas a varias células sociales: un círculo de amigos de la escuela o del trabajo, otros fans de tu grupo de música favorito, otros aficionados a los cerdos barrigones, escaladores comprometidos, videojugadores, pasteleros o jardineros.

Las células dentro de nuestros cuerpos también se agrupan, y nadie sabe con exactitud cómo. Cuando eras más pequeño que un frijol (o sea, cuando quizá medías unos dos milímetros), algunas de tus células se agruparon y comenzaron a pulsar en sincronía. Todos estos años después, tu corazón, ahora con tres mil millones de fuertes células, sigue latiendo. El cerebro es aún más asombroso. Sus 171 mil millones de células no solo dirigen tu cuerpo y originan tus pensamientos, sino que también se moldean de manera constante, agrupándose para lograr diferentes fines. Cuando te enfrentas a un problema que de verdad quieres resolver, algunos grupos de tus células completan "transferencias lejanas", iluminando tu mundo interior.

Tanto los grupos de células en nuestros cuerpos como las células sociales formadas por ideales compartidos son de una resiliencia increíble. Esto no es tan cierto para nuestras organizaciones sociales habituales (gobiernos, burocracias, fábricas), que no funcionan con el deseo de conectar. En estas organizaciones que se asemejan a máquinas, las personas que podrían no conocerse o caerse bien se organizan según reglas abstractas. Asumen títulos y rangos particulares: algunos emiten órdenes, otros las siguen.

Puedes destruir una estructura así eliminando a los principales líderes, fomentando la rebelión entre la gente de la base de la pirámide o colocándola en un entorno más grande donde ocurren cambios rápidos. Las células sociales, por otro lado, son casi imposibles de destruir. Por eso, los combatientes de la resistencia en territorios ocupados utilizan esta estructura, al igual que aquellos con intenciones más oscuras, como los terroristas. Para bien o para mal, las personas cuyos ideales son contraculturales tienden de forma natural hacia esta estructura. Si una persona de una célula es "desenmascarada", no puede delatar a todos en el grupo, porque no los conoce a todos. Y no puede entregar a los líderes del grupo, porque no hay líderes. Las células se forman y se reparan solas, sus conexiones siempre cambian con suavidad de maneras flexibles y voluntarias, como un cerebro con la "armonía cambiante de subpatrones" de Sherrington.

Si has vivido toda tu vida en jerarquías estructuradas, puede que no seas capaz de ver cómo las células sociales pueden formarse a tu alrededor. Quizá naciste en una jerarquía familiar donde los hombres eran más poderosos que las mujeres, o te criaste en una sociedad donde las personas blancas eran favorecidas sobre las personas de color, o fuiste empleado por un sistema cuya "regla de oro" era que "quien tiene el oro hace las reglas". Podrías haber pasado tu vida adulta en organizaciones donde todos se despiertan aterrorizados y trabajan muy duro para acaparar cosas todo el día, todos los días.

Cada vez que dejes de seguir esta cultura de ansiedad y empieces a sintonizar con tu creatividad, experimentarás la magia consteladora de la creación. Y la palabra *magia* no sonará como una exageración. Como ejemplo, permíteme describir una constelación que parece haberme acompañado toda mi vida, aunque no tengo idea de por qué.

Incluso de muy pequeña, sentía un intenso sentido de misión. Me desesperaba no tener idea de cuál era mi misión. Pero al crecer, veía a otras personas —extraños, en su mayoría— que parecían casi iluminadas, como si un foco de luz brillara sobre ellas. Mirando a una persona así, pensaba: "¡Oh! ¡Estamos en el mismo equipo!".

¿Qué equipo? No tenía ni idea.

Durante décadas, no le conté esto a nadie. Me parecía muy extraño, y estaba segura de que sonaría como una loca si hablaba de ello. Pero a medida que llegué a la edad adulta, las cosas seguían poniéndose más raras. Mucho antes de convertirme en cualquier tipo de figura pública, personas que apenas conocía a veces se me acercaban y me preguntaban: "Estamos aquí en la misma misión, ¿verdad? ¿Sabes lo que estamos haciendo?". Esto parecía suceder al azar. No tenía nada que decirles excepto: "No lo sé, pero valga lo que valga, siento lo mismo".

A medida que estudiaba para mi doctorado y empezaba a pensar como socióloga, comencé a hacer una lista de patrones que veía en este "equipo" autoorganizado. Además de ese poderoso sentido de misión, las personas que se conectaban conmigo tendían a compartir otros rasgos, como los siguientes:

- Todos sentían un intenso deseo de sanar cosas rotas: corazones individuales, culturas humanas, ciertos biomas como océanos o bosques, incluso todo el mundo natural.
- Muchos se habían sentido impulsados a aprender ciertas materias: biología, ecología, ciencias sociales, medicina, idiomas.
- Tenían poco interés en ejercer poder; sin embargo, a menudo estas personas habían alcanzado posiciones de autoridad en los negocios, la ciencia o la política.
- Muchas tenían una neurodivergencia significativa o un ser querido que era neurodivergente hasta el punto de no poder funcionar de forma "normal" en la sociedad.
- Con frecuencia eran de género no binario o resistentes a las definiciones de género de la sociedad.
- Eran pensadores muy imaginativos, creativos y originales.
- Amaban la naturaleza y les disgustaba vivir en comunidades o entornos jerárquicos muy estructurados.
- Eran sensibles hasta el extremo; no podían ignorar el sufrimiento de otros seres.
- Su sensibilidad los hacía vulnerables a la ansiedad, la depresión y diversas conductas adictivas que ayudaban a mitigar su dolor emocional.
- Todos tenían la sensación, que suele estar presente desde la primera infancia, de que estaban aquí para ayudar con un cambio enorme en la forma de pensar de los seres humanos.

Mucha gente tiene algunas de estas características, pero a medida que conocía a más y más de estas personas del "equipo", la consistencia y especificidad con la que encarnaban la *mayoría de* o *todas* estas cualidades me pareció mucho más que una coincidencia. Buscando con fervor un vínculo común, me di cuenta de que mi "equipo" coincidía con el perfil de personalidad común a los curanderos, los chamanes y otras personas místicas en muchas culturas tradicionales. De hecho, algunas *eran* curanderas o chamanes en culturas tradicionales.

Cuando llegué a la mediana edad, al fin decidí "salir del armario" como creyente en mi comunidad libre y autogeneradora de miembros del "equipo". Escribí sobre ello en un libro llamado *Encontrando tu camino en un mundo nuevo y salvaje*. Esperaba que me criticaran, y así fue. Muchas personas en el ámbito académico, editorial y el público lector en general me dijeron que me salí de mi género, de mi profundidad, de mi mente. Pensé que mi carrera de escritora había terminado. Pero luego hubo otras personas que me escribieron para decirme que leyeron mi descripción del "equipo" y estallaron en lágrimas porque se dieron cuenta por primera vez de que podría haber otros como ellos.

Hoy día, por supuesto, no guardo ningún secreto sobre mi sentido de equipo y misión. Algunos comediantes gritan cosas como "¿Hay alguien de Cleveland por ahí?". Así es como yo grito a las audiencias: "¿Cuántos de los presentes siempre han sospechado que están aquí para ayudar con una transformación en la conciencia humana?". Dependiendo de la audiencia, el 5 por ciento puede levantar la mano, o el 25 por ciento, o casi todos.

Tras una investigación más profunda, resulta que algunos creen que el Santo Queso de Bola vendrá en una nave espacial para cubrirlos de oro justo después del almuerzo del jueves. Pero la abrumadora mayoría parece del todo cuerda. Muchos son exitosos: médicos, terapeutas, profesores, CEO, científicos, educadores.

Durante décadas, me he preguntado sobre esta constelación, este grupo de "células durmientes" compasivas que parece seguir formándose, guiadas por algo que no puedo pretender entender. ¿Qué está pasando aquí? ¿Qué hacen estas personas y por qué?

La única respuesta que obtengo, lanzada por mi hemisferio derecho (que, como recordarás, usa el lenguaje sobre todo para hacer bromas, canciones y poesía), proviene del poema "East Coker", de T. S. Eliot, que dice: "Le dije a mi alma, quédate quieta", especificando que su alma debe esperar sin esperanza, amor, fe, ni siquiera pensar. "Espera sin pensar", dice Eliot, "porque no estás lista para el pensamiento".

Desde la perspectiva de una cultura WEIRD, estas son instrucciones muy extrañas. Son una receta para la mente del "no saber". Y son excelentes para cualquiera que espere experimentar una transformación de la conciencia. Porque si el cambio va a ser en la manera de pensar, ninguna forma actual de pensamiento puede anticiparlo, y mucho menos entenderlo.

Así que observo y me pregunto, constelando mi camino a través de situaciones desconcertantes como un Sapo de Misión Global Poco Comprendida. Me mantengo en la mente del "no saber" (lo cual no es difícil, ya que es la única mente que tengo) y me pregunto si mi sentimiento de atracción hacia mi "equipo" es lo que siente una célula cerebral cuando se alinea con otras. ¿Qué guía tales cosas? ¿El Tao? ¿La Fuerza? ¿El Mar de la Duda Infinita? No lo sé. Así que espero, y la fe, el amor y la esperanza están todos en la espera. Y cada vez que la oportunidad y la inspiración llegan, estoy disponible para jugar.

TUS CONSTELACIONES

Imagina que cumplir tu misión (tejer tu edredón de cordura, vivir la vida que nadie más que tú puede crear, pasar de un cerebro ansioso a uno despierto) es la mejor manera de constelarte con otros miembros de tu "equipo". Imagina que jugar con estos compañeros afines, aprendiendo y creando con la mayor práctica profunda posible, te permitirá contribuir a ideas y soluciones tan vastas, sutiles y complejas que tu pequeño hemisferio izquierdo nunca podría comprenderlas por completo.

Deja que esa imagen sea tu inspiración.

No puedes solo *pensar* para que tal aventura exista, del mismo modo que una sola célula cerebral no puede pensar a través de su yuxtaposición con las células que la rodean. Pero sí puedes alejarte de las mentiras de la ansiedad. Puedes salir de las espirales de ansiedad y seguir tu curiosidad hacia la creatividad y la creación una y otra vez. Con cada recuperación, te acercarás más a la verdad, a la magia, a la misión. Como escribió David Foster Wallace: "La verdad te hará libre. Pero no hasta que haya terminado contigo". A medida que tu verdad te libere, te encontrarás siendo usado de las maneras más notables.

LO QUE PODEMOS HACER

Cada vez que visito Londolozi, siento cómo todo mi cuerpo se relaja en un entorno natural muy parecido al que los humanos experimentamos por primera vez cuando evolucionamos en el sur de África. Pero la historia de Londolozi es la de un paraíso interrumpido. La tierra sirvió una vez para el ganado, que la pastoreó en exceso hasta que las plantas nativas murieron y el suelo se volvió estéril. Luego, dos adolescentes, David y John Varty, quienes heredaron la tierra tras la repentina muerte de su padre, decidieron intentar algo que llamaron "restaurar el Edén". Comenzaron cortando matorrales de espino exóticos y compactándolos en surcos erosionados en el suelo, lo que reparó el ciclo natural del agua de la zona. Las plantas nativas regresaron y los animales las siguieron. Hoy ese ecosistema es casi salvaje de nuevo: *casi*, porque las personas que viven allí cuidan su entorno, sirviendo a todos sus habitantes, desde plantas y animales hasta humanos.

En todo el mundo, muchos grupos llevan a cabo esfuerzos de restauración similares. En 2011, una organización llamada Rewilding Europe comenzó a trabajar para restaurar los ecosistemas de diez paisajes diferentes en 12 países europeos, incluyendo Alemania, Italia, Rumanía y Bulgaria. En China, los proyectos de reforestación han renovado 31.74 millones de hectáreas de tierra, con planes de añadir 2.7 millones de hectáreas para 2025. Estos esfuerzos transformaron un área que los humanos cultivaron hasta convertir en desierto hace miles de años. Después de solo una década de restauración, se convirtió en una "Gran Muralla Verde" que previene las tormentas de arena, conserva el agua y el suelo, y salvaguarda la agricultura.

En 2001, conocí al ambientalista Paul Hawken, cuyo objetivo es "poner fin a la crisis climática en una generación". Cuando nos conocimos, estaba a punto de publicar un libro llamado *Drawdown. El plan más completo jamás propuesto para revertir el calentamiento global*. La palabra *drawdown* se refiere a la eliminación de las emisiones de carbono de la atmósfera y la reversión del cambio climático. En su libro, decenas de científicos y ecologistas ofrecen planos descriptivos que muestran diferentes formas en que podemos hacerlo.

Y sí, de verdad podemos.

Las palabras iniciales del libro de Hawken describen el primer paso que cada uno de nosotros debe dar cuando se enfrenta a algo que le causa ansiedad: "La génesis del Proyecto Drawdown", escribe, "fue la curiosidad, no el miedo". Es obvio que le importa mucho prevenir la destrucción apocalíptica de la atmósfera de nuestro planeta. Pero al elegir de forma deliberada la curiosidad sobre el miedo, Hawken llevó su propia investigación en una dirección positiva. Terminó entrevistando a decenas de ecologistas y especialistas en clima y encontró múltiples soluciones que podrían sanar los sistemas biológicos que necesitamos para sobrevivir.

Este grupo nació como cualquier otra célula social. "Para ser claros", señala Hawken en la introducción, "nuestra organización no creó ni ideó un plan... [Nosotros] encontramos un plan, un proyecto que ya existe en el mundo en forma de la sabiduría colectiva de la humanidad". Una y otra vez, esa sabiduría elige la creatividad sobre la ansiedad.

Pequeños grupos de personas que siguen su creatividad, compasión y genio individual pueden lograr grandes cambios, y rápido. Piensa en el bombero Wag Dodge, que mientras veía lo que parecía ser una perdición inevitable, supo con exactitud la manera de sobrevivir. Sus propios hombres estaban luchando y huyendo demasiado rápido para entender, pero después de que Dodge sobrevivió, los bomberos de todo el mundo comenzaron a usar su epifanía.

Si toda nuestra especie es un neocórtex global, una idea originada en el hemisferio derecho creativo de una persona puede viajar de forma instantánea a toda la población. Un cerebro despierto puede crear una explosión de comprensión y motivación que logre inspirarnos a todos a vivir una vida más plena y con propósito, mientras reparamos el ciclo de la Tierra.

Hawken y yo no nos conocimos en una cumbre de ecología o en una conferencia científica, sino en casa de una amiga en común, una maestra espiritual llamada Byron Katie. Su especialidad es sanar individuos ayudándoles a cuestionar los pensamientos que los hacen miserables. Como mencioné antes, su método —que te recomiendo investigar— me ayudó a ver que mi ansiedad siempre miente y que, de hecho, lo *opuesto* a un pensamiento aterrador es a menudo mi siguiente paso hacia el despertar.

Un ejemplo de esto es la inversión que Hawken hizo del pensamiento de que "el calentamiento global es algo que *nos está* sucediendo" para llegar a otra posibilidad: "El calentamiento global *está* sucediendo *para* nosotros".

> Si cambiamos la preposición y consideramos que el calentamiento global está sucediendo *para* nosotros —una transformación atmosférica que nos inspira a cambiar y reimaginar todo lo que hacemos y creamos—, comenzamos a vivir en un mundo diferente [...]. Vemos el calentamiento global [...] como una invitación a construir, a innovar y a generar cambios, un camino que despierta la creatividad, la compasión y el genio.

Por extraño que parezca ir en contra de las convicciones temerosas del hemisferio izquierdo, pensar de esta manera —creativa en lugar de ansiosa— nos abre a la posibilidad. Tanto Hawken como yo necesitábamos esta comprensión para avanzar en la misión de nuestra vida, así que nos constelamos en una célula flexible y autoorganizada en torno al trabajo de Katie. Compartimos instrucciones e ideas, y luego pasamos a nuestros respectivos equipos y tareas.

Una cultura que se forma de esta manera es como un organismo, no una máquina. Es lo opuesto a la jaula de hierro. Donde nuestra cultura del hemisferio izquierdo es rígida, las células sociales son fluidas. Donde las sociedades WEIRD exigen escalar pirámides de riqueza, poder y estatus, las células sociales se forman por entusiasmo, intercambio e interconexión de ideas creativas. Como los niños de cinco años que pueden construir una torre de espaguetis más rápido y mejor que un grupo de ingenieros capacitados, las personas que sirven a su propio genio creativo llegan a soluciones que una estructura jerárquica nunca podría encontrar.

Abundan en la historia ejemplos de este proceso. Los padres fundadores de la democracia estadounidense, con todos sus defectos, unieron fuerzas con un plan de gobierno que rompió con los sistemas monárquicos de Europa. Los impresionistas franceses superaron los límites de lo literal y comenzaron a pintar la luz y la emoción. El Grupo Bloomsbury, que incluía pensadores y escritores como Virginia Woolf y E. M. Forster, cambió la forma en que la gente piensa sobre la literatura, la estética, la economía, el feminismo, el pacifismo y la sexualidad.

Si quieres acceder al poder de una célula social para resolver problemas en tu propia vida, únete a un grupo en línea que comparta tu interés por decorar una casa sin gastar mucho dinero, o criar hámsteres más amigables, o planificar vacaciones familiares encantadoras, o vivir cómodo en una miniván, o hacer sillas con madera arrastrada por el mar. No seas demasiado intenso con esto y no te aferres a todas las personas que conozcas. Permítete divagar y deambular; fíjate qué personas o comentarios despiertan tu creatividad o te ayudan a sentirte conectado.

Sea lo que sea que quieras abordar, ya sean temas fantasiosos como los que acabo de mencionar o habilidades de alto impacto como lidiar con una enfermedad grave, hay otros allá afuera que se están cuestionando sobre los mismos problemas y trabajando en las mismas soluciones. Unir fuerzas con algunas de estas personas —lo cual puede ser tan simple como publicar tu propia pregunta en un foro en línea— te vinculará a un intercambio de ideas e información, una célula social viva que podría cambiar todo tu mundo.

LA PIRÁMIDE Y LA POZA

Un día, mientras divagaba por mi cerebro neurodivergente, saltando como un sapo de un pensamiento basado en un interés a otro, me pregunté cómo sería la cultura humana si una masa crítica de individuos experimentara su propio despertar. La respuesta no llegó a través de conceptos del hemisferio izquierdo, sino a través de una imagen del hemisferio derecho. En mi mente, vi una poza de agua, una metáfora de la concentración del pensamiento, el sentimiento y la experiencia humanos. La contribución de cada individuo era como una gota de lluvia que caía sobre la superficie de la poza, y cada gota creaba ondas que interactuaban: la energía de cada ser humano afectando a todos los demás.

Pero, pensé, ¿cómo nuestra cultura, una rígida pirámide de riqueza y privilegio, se convierte en una poza donde no existe la jerarquía? En el siguiente instante, mi cerebro arrojó otra imagen, tan clara e intensa que me dispuse a hacerla realidad. Encontré un molde de vidrio plano para pastel. Dentro construí una pirámide de terrones de azúcar. La estructura era sólida, angular, cristalizada. Esa, pensé, *es la conciencia que ha dominado la sociedad humana durante los últimos siglos*. Luego tomé un vaso de agua y pensé: *esa es la conciencia despierta*.

Vertí el agua en el plato y esperé.

Al principio, no pasó nada. Pero luego los terrones de azúcar en la base de la pirámide comenzaron a desmoronarse y a deshacerse. La acción arrastró el agua hacia la siguiente fila de terrones, que también comenzaron a disolverse. La pirámide comenzó a colapsar con suavidad de abajo hacia arriba. La cima permaneció seca y sólida hasta que casi todos los terrones de azúcar se derritieron. Entonces, incluso el cubo más alto comenzó a absorber agua y desapareció.

Ni un solo trozo de ese azúcar se destruyó. Todo lo que había comenzado en esa fuente seguía allí. Solo la rigidez y la opacidad desaparecieron. Y con el tiempo, el agua también puede desgastar el suelo, el cemento o el granito. Para nosotros, con nuestro enfoque del hemisferio izquierdo en las *cosas* tangibles, las cosas fluidas parecen menos poderosas que las rígidas. Pero "el agua que cae, día tras día, desgasta la roca más dura". Aquello que se adapta e incluye vencerá a aquello que rechaza y excluye. O, como dice el Tao Te Ching: "Cuando dos grandes fuerzas se oponen, la victoria será para la que sabe ceder".

Desde el día de mi experimento de la "pirámide y la poza", he observado nuestro momento en la historia a través del lente de esa metáfora. Debido a que el sufrimiento hace que las personas busquen el despertar, los individuos que están cerca de la base de nuestra pirámide social —o que han sido excluidos de ella— tienen más probabilidades de despertar temprano. Solo tienen menos que perder que las personas nacidas con privilegios. A medida que estas personas "despiertan" y sus estructuras egoicas se disuelven, cada una de sus mentes se vuelve fluida y abierta, capaz de abrazar en lugar de polarizar.

No necesitamos más "revoluciones", esas masacres brutales en las que un grupo poderoso depone a otro, apoderándose de la cima de la pirámide. Lo que necesitamos es la *disolución* del ego que ocurre en el despertar. La conciencia del hemisferio derecho (el agua en esta ecuación) no rechaza el azúcar; incluye su esencia mientras la vuelve clara y fluida. De la misma manera, nuestros hemisferios derechos reconocen todos los puntos de vista, manteniendo la paradoja y la polaridad, tanto la mente del "¡sí sé!" como la del "no sé", sin destruir nada.

CÓMO EL SER DERRITE EL EGO

La abogada y activista Valarie Kaur quedó devastada cuando un amigo querido fue asesinado por un racista que anunció en un bar que iba a salir a disparar a cualquiera que llevara turbante, y luego lo hizo. Pero Kaur se negó a permitir que el asesino le cerrara la mente y el corazón. Ella y su familia sanaron siguiendo un proceso que Kaur describió a la revista *Parenting*. Consiste en tres pasos:

1. **Sostén el dolor.** "Pregúntate dónde aparece en tu cuerpo", dijo Kaur. "Es importante notar el dolor, porque si lo reprimimos, aparecerá más tarde".
2. **Deja entrar el amor.** "Imagina un lugar o una persona que te ame y nota cómo se siente en tu cuerpo", aconsejó Kaur. "Cuando dejamos entrar el amor, es como el agua tibia que poco a poco derrite el hielo en nuestro cuerpo y nos permite sentirnos empoderados de nuevo".
3. **Elige el arte y la acción.** "Escribe un poema, pinta un cuadro, crea una historia o inicia una campaña que dé sentido a lo que sucedió", dijo Kaur. Cuando accedemos a nuestra creatividad y la compartimos, descubrimos que "no estamos solos y tenemos el poder de crear algo amoroso que libere a otros".

Para el hemisferio izquierdo, esto suena patético, pura idiotez en el mejor de los casos o una invitación a una mayor destrucción en el peor. Pero también se parece mucho al consejo de Chris Voss, el negociador de rehenes del FBI, para calmar la parte emocional del cerebro y mitigar situaciones peligrosas. Y aquí está la clave del agua, el amor y la conciencia despierta: no puedes apuñalarlos, dispararles ni golpearlos hasta la muerte. Permanecerán ilesos, desgastando tu energía y tus armas. Nada puede dañar el espacio, la quietud y el silencio.

Por eso Gandhi dijo: "Cuando me desespero, recuerdo que, a lo largo de la historia, los caminos de la verdad y el amor siempre han ganado. Ha habido tiranos y asesinos, y por un tiempo pueden parecer invencibles, pero al final, siempre caen. Piénsalo, siempre".

Si sigues tu alegría lejos de la ansiedad y hacia la creatividad, te encontrarás interactuando de manera fluida en células sociales impulsadas por la creación misma. Cada persona, cada reunión, creará ondas que afectarán a toda la poza de la humanidad. Las estructuras mantenidas por la ansiedad, dentro de tu psique y a tu alrededor, comenzarán a derretirse. En este momento, toda la población humana de la Tierra ya está interactuando con una fluidez sin precedentes. Y cuanto más nos conectamos, más aumentamos nuestro acceso a la sabiduría.

LA SABIDURÍA DE LAS MULTITUDES

En 1907, un científico llamado Francis Galton informó de un fenómeno peculiar: invitaron a una multitud a adivinar el peso de un buey en una feria de pueblo. Cuando se sumaron todas las estimaciones y se dividieron entre el número de estimaciones para calcular el *promedio*, la cifra resultó ser más cercana al peso real del buey que la estimación de cualquier individuo en la multitud. Los economistas creen que este fenómeno, denominado la *sabiduría de las multitudes*, se cumple en muchas situaciones; las multitudes pueden ser más precisas que cualquiera de los individuos que las componen.

Tú y tus células sociales, las personas que interactúan contigo, pueden ser este tipo de "multitud". Juntos podemos crear resultados que nos incluyan pero que nos trasciendan a todos, así como una molécula incluye pero trasciende a sus átomos, las células incluyen pero trascienden a sus moléculas, y tu cuerpo incluye pero trasciende a sus células. Si se permite que corazones y mentes despiertos interactúen de forma libre, podemos incluir pero trascender nuestra sabiduría individual, creando algo más sabio que incluso el más sabio de nosotros.

Una de las cosas más contraintuitivas de la sabiduría de las multitudes es que *cuanto más diversa es la multitud, más sabia es.* Algunas multitudes están poseídas por la propaganda o la ilusión. Esto es menos cierto cuando una multitud se caracteriza por una diversidad de opiniones y experiencias. Así como un ecosistema o una célula social es más resiliente si es más diverso —con más flujos de entrada, más seres vivos, más formas de vida—, las multitudes humanas necesitan la diferencia para ser sabias. Y la opinión de cada persona debe ser "independiente y libre de la influencia de otros".

EL MENSAJE

Si una multitud sabia es una multitud diversa, entonces una multitud que incluye a mi hijo, Adam, quien tiene síndrome de Down, puede ser más sabia que una multitud compuesta solo de intelectuales. Adam admite que sabe muy poco ("No tengo ni idea" es una de sus respuestas favoritas a cualquier pregunta). Pero también reside en el misterio, en una realidad mucho más maravillosa que cualquier cosa que nuestra cultura nos enseñe a valorar. Muchas veces, en breves destellos, ha mostrado una relación profunda e inefable con la inteligencia de la creación.

Adam puede pasar años sin hacer nada inusual, pero de vez en cuando, destruye lo que queda de mi mente de "¡sí sé!". Eso es lo que pasó un día cuando algunos amigos y yo nos reunimos alrededor de mi laptop para escuchar un video de YouTube llamado “Sonidos de todos los planetas del espacio (en nuestro Sistema Solar)”.

Deberías buscar esta frase en Google, no te decepcionará. Tu computadora o teléfono reproducirá las emisiones de radio recopiladas por las naves espaciales mientras pasan junto a diferentes cuerpos astrales de nuestro sistema solar. Traducidas a sonido, estas grabaciones muestran que todo allí afuera tiene su propia melodía característica, inquietante o hermosa. El planeta Tierra emite un sonido salvaje y revuelto, como el viento aullando a través de árboles densos. Venus zumba como un enorme cuenco tibetano. Júpiter al parecer está tocando un órgano de tubos. Urano suena como el gorjeo de un millón de pequeños pájaros (y te desafío a que le digas esto a alguien en una fiesta sin perder la seriedad).

Mientras mis amigos y yo escuchábamos todo esto, fascinados, Adam pasó junto a nosotros, luego se detuvo en seco y entró en la habitación.

—¿Qué son esos sonidos? —preguntó—. Tengo esos sonidos en mi cuerpo.

¿En su *cuerpo*? Guardé lo extraño de esa afirmación en el fondo de mi mente y le expliqué a Adam que estábamos escuchando los planetas.

—Ah, claro —dijo, asintiendo de forma casual, como si acabara de recordarle que era miércoles. Luego, antes de darse la vuelta para irse, añadió—: Eso es el mfflve.

Tiene problemas para pronunciar palabras, incluso después de décadas de práctica, a menudo no lo entiendo.

—Espera, ¿qué dijiste? ¿El… mfflve? —pregunté.

—Sí. Siempre envía el mismo mfflve. Siempre.

Uno de mis amigos se unió:

—Adam, ¿podrías decirlo una vez más para que podamos entender? No somos muy buenos en esto.

Adam sonrió con paciencia y llevó su mano a su oído como un teléfono, con el pulgar y el meñique extendidos.

—¡El MFFLVE! —repitió—. ¡La llamada!

—¡Oh, un *mensaje*! —dijimos todos al unísono.

Adam sonrió y asintió.

—¡Correcto!

Estábamos tan contentos con este avance que casi me olvido de preguntar:

—¡Espera, Adam! ¿Nos estás diciendo que los planetas nos están enviando un mensaje?

—Sí —dijo, sorprendido de que yo no lo supiera—. Siempre.

—Bueno, ¿qué es? —preguntó una de mis amigas—. ¿Cuál es el mensaje?

Adam sacudió la cabeza con aparente lástima por nuestra ignorancia y dijo:

—Que estamos a salvo.

PERTENECES

Cuando estoy perdida en el salón de espejos de la ansiedad, esto suena imposible. ¿Cómo podemos estar a salvo con catástrofes pequeñas y grandes sucediendo en todas partes de nuestras vidas, en todas partes de nuestro planeta? ¿Cómo podemos estar a salvo cuando todos "nacemos al borde de la tumba"? ¿Cómo puede esta frágil especie estar alguna vez *a salvo* en un universo regido por la entropía?

Porque podemos despertar.

Porque no somos solo estos cuerpos, ni solo nuestra ansiedad. Porque podemos permitir que la inteligencia de la naturaleza trabaje en nuestra misión, en nuestro genio creativo único, como parte de su estrategia general. Tu misión es una parte esencial del edredón que es tejido en todo el mundo por una inteligencia que puede ser nuestro subconsciente colectivo, el Tao, la Fuerza, la sabiduría de la naturaleza. Ninguna etiqueta puede definirla, pero podemos experimentarla. Es, de hecho, el estado final de ir más allá de la ansiedad.

Cuando hayamos dejado atrás la ansiedad, ¿qué ocupará nuestra mente y nuestro tiempo? La inmersión total en el momento presente y la ecuanimidad que surge de nuestro Ser central de forma natural. En este estado, sabemos que somos elementos indispensables de la creación. Pertenecemos. Todo en nosotros pertenece, incluso la parte que teme no pertenecer. En lugar de vivir como una bola de ansiedad tensa y apretada, podemos elegir abrirnos a nuestra propia creatividad hasta que nos encontremos mezclados con la creación misma. Podemos soltar y disolvernos. Así es como todos nos convertimos en una fuerza emergente de amor.

¿Sé que esto puede salvar el mundo? Por supuesto que no. Podría estar imaginando todo este libro en una especie de sueño muy largo y enfocado. *Dubito, ergo sum.* Dudo, luego existo. Sabiendo que no puedo saber, mi mente está abierta. Estoy aquí mismo, quitándome la armadura. Y creo que eso es todo lo que este peligroso momento en la historia nos llama a hacer: mantener la calma, la curiosidad, la creatividad y la disposición.

He aquí una visualización que puede ayudar.

Nueva habilidad
MANTENER LA CALMA A PESAR DE TODO

1. Ponte en un estado de calma usando las técnicas que has aprendido en este libro. Dedica un poco más de tiempo a conectar con tu Ser central, tu centro compasivo. Ofrece DIA a cualquier parte que pueda sentirse ansiosa.
2. Piensa en algo que deseas controlar mucho, algo que ha resultado difícil o imposible controlar para ti: una enfermedad, el envejecimiento, la guerra, la injusticia, el comportamiento de alguien a quien amas.
3. Imagínate saliendo de tu cuerpo, a través del techo de la habitación, y subiendo a la atmósfera. Mira desde la distancia el problema que te preocupa. Quédate quieto.
4. Dile con amabilidad a todas tus partes internas: "No podemos controlar esta situación".
5. Observa si surge la ansiedad. Si lo hace, ofrece más DIA ("Que estés bien. Que seas feliz...").
6. Respira de forma profunda y regular, mantente en el Yo, y diles a todas las partes de tu psique: "Está **bien** que no podamos controlar esto. No **necesitamos** hacerlo". Permite que este pensamiento se asiente.
7. Observa cualquier resistencia. Si una de tus partes protesta (por ejemplo, "¡No! ¡Debo controlarlo!"), recuérdale con amabilidad: "Pero, querida, no podemos controlarlo".
8. Cuando puedas calmarte respecto a tu incapacidad para controlar la situación, haz una oferta a la Gallina Mágica del universo, a la Fuerza, al Tao, o como quieras llamar a la creación. No necesitas creer en esta oferta; solo necesitas sentirte tranquilo mientras la dices. La oferta es:

    Estoy disponible para actuar en esta situación si es necesario. Me gustaría que fuera diferente, y estoy dispuesto a presentarme y hacer lo mejor que pueda para que así sea. Por favor, avísame cuándo y cómo puedo ayudar.

9. Respira hondo una vez más y sacude tus manos y tus pies. Luego, haz algo que disfrutes. Intenta soltar todo el problema. Si lo logras, ¡HAS TERMINADO! Si no, continúa con el paso 10.
10. Si no puedes soltar tus preocupaciones, di: "No puedo controlar el hecho de que no puedo dejar de querer controlar esto". Repite todo este ejercicio, usando tu incapacidad para soltar como lo que no puedes controlar.
11. Presta atención: puede surgir una oportunidad para tomar una acción positiva. Puede ser una idea o una situación que aparezca a tu alrededor. Cuando ocurra, haz lo que te parezca más pacífico.

Cuando has comenzado a despertar, puedes mantener "una masa crítica del Ser" en todo momento. Esto significa que siempre tienes un lugar al cual ir cuando necesitas sentirte tranquilo. Significa que puedes calmar otros cerebros, tanto humanos como animales. Significa que el mundo coopera contigo de formas inesperadas. Significa que puedes ayudar. Sigue el flujo de tu verdad a medida que se manifiesta, tu mente creativa abrazando todas tus ansiedades, esperando tranquila hasta que su frenesí se disuelva en la quietud.

Siente lo que está funcionando en ti, a través de ti, para ti.

Esto es Lila, el juego de la conciencia mientras se materializa, se forma en seres y luego abandona esas formas. Es la conciencia jugando en el campo de la materia, bailando con los cuerpos humanos más bellos de lo que ellos saben bailar. Es la conciencia como una generación de seres humanos que va mucho mucho más allá de sus capacidades que los miembros de cualquier generación anterior. Es la conciencia usando tecnologías increíbles y luego saltando hacia delante con el efecto eureka, resolviendo problemas de maneras que solo parecerán obvias cuando alguien las piense. Es toda la naturaleza, toda la Tierra, como un organismo inteligente trabajando sus algoritmos complejos, jugando con la forma.

Aquí está el verdadero milagro de la vida: cuando está despierta, sana. No solo quiero que lo creas. Quiero que lo vivas. No todo a la vez, y no sin tropiezos, pero de forma consistente y luego continua, puedes liberar tus ilusiones. Llegará un momento en que sientas el mensaje de "estoy a salvo" en cada célula. Vivir más allá de la ansiedad sanará tu corazón desgarrado y perforado, te llenará de paz, de alegría y del impulso de compartir tu libertad con todos los demás seres.

Así que ahora imagina la Tierra de noche, todos esos puntos de luz moviéndose, agrupándose, extendiéndose y conectándose. Alrededor de las personas que usan esas luces, otras formas de energía fluyen: ondas de radio, comunicación digital, electromagnetismo. Todos somos campos superpuestos de energía y materia, lanzaderas relampagueantes en el telar encantado del mundo, donde tejemos un patrón que se disuelve poco a poco.

Cuando vamos más allá de la ansiedad, cuando rechazamos las mentiras que causan tanta angustia, no solo descubrimos la magia de la vida, somos esa magia. Es mágico que, mientras la conciencia habita una forma física, pueda moverse, actuar, pensar y reparar de forma automática sus partes rotas. Es mágico que tú y yo podamos sanar de las penas y tormentos de nuestras vidas. Usando esa "magia", podemos sanar como especie, conectando con el coraje y la curiosidad que conducen a una cooperación armoniosa sin necesidad de una estructura rígida. Y juntos podemos sanar nuestro hogar, este planeta donde nos movemos como un pequeño neocórtex atareado, cansado de sus miedos, listo para ir más allá de la ansiedad.

Si somos el cerebro de la Tierra, el cerebro está despertando.

AGRADECIMIENTOS

Me quedo pasmada de gratitud cuando pienso en cuántas personas contribuyeron a la concepción y conclusión de este libro. En primer lugar, me gustaría agradecer a los miles de clientes, lectores y participantes de mis cursos en línea que compartieron sus experiencias y me ayudaron a probar varios métodos para resolver problemas de la vida. Si tú eres una de esas personas, quiero que sepas que aprecio profundamente tu apertura y tus ideas.

Mi agente, Linda Loewenthal, fue una presencia invaluable en mi mente (¡y por teléfono!) mientras esbozaba las ideas generales de *Más allá de la ansiedad*. Escuchó con paciencia mis apasionadas divagaciones sobre varios científicos, luego me recordó con gentileza que quería escuchar *mis* ideas. Ah, sí, eso. Linda es una amiga, una campeona y una editora maravillosa. Tengo mucha suerte de conocerla y de trabajar con ella.

Mis primeros lectores y constante apoyo mientras me abría paso entre los diversos borradores incluyen a algunos de mis seres más queridos: Kitt Forster, Sam Farren Beck y Paula Keogh. Gracias a todos por su brillantez literaria, su inmensa generosidad y su amabilidad. Los quiero.

Mientras escribía *Más allá de la ansiedad*, intercambié llamadas telefónicas y visitas con mi querida amiga Elizabeth Gilbert, durante las cuales cada una leyó en voz alta nuevo material de nuestros respectivos libros. Me encantaba ver las hermosas y espontáneas ilustraciones que Liz dibujaba mientras escuchaba. Nunca he conocido a nadie tan talentosa para transformar todas las formas de energía en creación artística. Qué regalo es ella, y cuán agradecida estoy por su presencia.

También tuve la increíble oportunidad de hablar en persona con algunos de los expertos y científicos cuyo trabajo formó el armazón de este libro. Muchísimas gracias a Jill Bolte Taylor, quien generosamente compartió su conocimiento y experiencia durante pláticas y en sus poderosos libros, que espero que todos lean. El corazón de Jill es tan grande como su experiencia, y me siento bendecida de conocerla. Richard Schwartz, fundador de la terapia de sistemas de la familia interna (IFS), también fue muy generoso con su tiempo y sus ideas. Alexandra Barbo, una experta capacitada en IFS, no solo me dio una terapia excelente, sino que explicó el proceso de manera brillante. Estoy muy agradecida con estas personas increíbles, cuyo trabajo ayuda a tantos todos los días.

Por supuesto, nada de esto vería la luz sin un equipo dedicado a publicar lo que he escrito. Muchas gracias a todos en The Open Field, Penguin Life y Penguin Books.

Pam Dorman fue la primera en creer en este libro y en leer la propuesta. Es una leyenda, y estoy muy agradecida por su ayuda y apoyo con este libro y el anterior. Brian Tart, Kate Stark y Meg Leder estuvieron allí para iniciarme en el proceso de escritura y apoyar mis esfuerzos. No puedo agradecerles lo suficiente.

The Open Field opera bajo la guía de mi inimitable y querida amiga de toda la vida, Maria Shriver. Su compromiso de servir al mundo, su amabilidad y su energía son casi insondables. ¿Mencioné que me siento abrumada por la gratitud?

Mi editora, Nina Rodríguez-Marty, es un ser humano encantador, con un ojo agudo para el detalle y la historia, una manera gentil de corregir el rumbo cuando me desviaba, y una constante disposición para ofrecer aliento. Trabajar con ella ha sido maravilloso. Randee Marullo, mi editora de producción, y mi correctora de estilo, Lauren Morgan Whitticom, también hicieron un esfuerzo adicional, revisando el manuscrito en busca de errores y corrigiendo. Muchas gracias a ambas.

Sobre todo, agradezco a mi familia. Lila Mangan y Adam Beck traen gracia y alegría a cada día. Nunca habría terminado ningún libro sin la paciencia infinita y el apoyo constante de mi amada Karen Gerdes, quien asume tareas que detendrían mi escritura de forma incansable. Mi gratitud hacia ella es inexpresable.

Rowan Mangan, mi otra amada, es mi constante y amorosa caja de resonancia. Ella está allí para discutir cada nueva idea titubeante, para leer los primeros, segundos, terceros y décimos borradores, para desafiar mis errores y aportar su propia perspectiva brillante a cada página. Ella ideó la frase "sentirse bien pareciendo extraño", que describe a nuestra familia —y mi vida— tan bien como cualquier cosa podría hacerlo.

Por último, gracias a cada lector que lee o escucha *Más allá de la ansiedad*. Cuando llega a tus manos, ojos, oídos y mente, te conviertes en un factor en la construcción de una nueva interpretación, única para ti. Todos somos parte de cada pensamiento que compartimos. Estoy muy feliz de compartir y crcar contigo.

Esta obra se terminó de imprimir
en el mes de enero de 2026,
en los talleres de Impresora Tauro, S.A. de C.V.
Ciudad de México.